SHIZHENG SHENDU
XINWEN SHIJIAN

时政深度新闻实践

谭海清　著

·广州·

版权所有　翻印必究

图书在版编目（CIP）数据

时政深度新闻实践/谭海清著.—广州：中山大学出版社，2021.12
ISBN 978-7-306-07358-7

Ⅰ.①时…　Ⅱ.①谭…　Ⅲ.①新闻报道—研究　Ⅳ.①G212

中国版本图书馆 CIP 数据核字（2021）第 251879 号

出 版 人：	王天琪
策划编辑：	王　睿
责任编辑：	王　睿
封面设计：	曾　斌
责任校对：	井思源
责任技编：	靳晓虹
出版发行：	中山大学出版社
电　　话：	编辑部 020-84110283，84113349，84111997，84110779，84110776
	发行部 020-84111998，84111981，84111160
地　　址：	广州市新港西路 135 号
邮　　编：	510275　传　真：020-84036565
网　　址：	http://www.zsup.com.cn　E-mail：zdcbs@mail.sysu.edu.cn
印 刷 者：	广州市友盛彩印有限公司
规　　格：	787mm×1092mm　1/16　16.25 印张　260 千字
版次印次：	2021 年 12 月第 1 版　2022 年 10 月第 2 次印刷
定　　价：	39.00 元

如发现本书因印装质量影响阅读，请与出版社发行部联系调换

为什么写这本书？

一

小时候，我的理想是当一名作家，长大后却成了一名记者。

于是自我安慰：都是写字的，也算是实现理想了吧。

一转眼二十多年过去了，我一直吃着新闻这碗饭，干过采访、写稿、编稿、审稿，新闻策划与统筹，媒体运营与管理，等等。其间，我换过工作单位，调整过工作岗位，职业却从没变过。

说到底，我还是喜欢这个工作，不仅仅是因为写字。

有时候扪心自问，新闻工作有什么吸引力？说收入吧，也就刚刚迈入"小康"；说职业优越性吧，偶尔也有"人微言轻"的无力感。一份职业干久了，要找毛病都可以找出一大堆，新闻工作也不例外。

可我还是喜欢，并且离不开。

当后辈问起职业特点时，我会很郑重地告诉他：新闻的魅力在于每天都能接触到新东西，在于你下一个采访对象永远是你不曾见过的人，在于职业的亢奋感可以一天持续24小时、一年持续365天，在于你的一篇小稿件可能影响一个从未谋面的人的一生……

工作的成就感和职业的荣誉感，都体现在一个个小小的细节中：很多事故或案件的受害者，在求助无门、手足无措时，把最后的一线希望，用最原始的一跪的方式向你求托，让你肩上的压力变得前所未有地大；碰上某个素不相识的读者，从办公桌的抽屉里找出三年前或五年前的一份旧剪报，上面的"本报记者"就是你；当登山运动员在山巅狂欢时，跑前跑后拍照和采访的你，是不是脑海中也有念头一闪而过"我怎么也上来了？""我怎么上来的？"这时候记者除了是个杂家还是个运动员……

历史是昨天的新闻,新闻是明天的历史。这是一个书写历史的职业。

二

2013年是我的新闻生涯转折性的一年。

2013年10月,我正式加入《小康》杂志社。《小康》杂志由中共中央机关刊《求是》杂志主管主办,是一本中央级政经类新闻刊物,被中宣部列为国家重点时政新闻类期刊。该杂志创刊于2004年,集权威性、参考性、务实性和知识趣味性于一体,是一本深受中国政商界喜爱的时政期刊。

对我个人而言,此前一直在地方媒体工作,加入《小康》杂志社大大开阔了我的眼界,增强了我的政治意识、整体意识、宏观意识和大局意识,业务能力也得到了锻炼和提升。我以前多从事时效性强、机动性强的采编工作,到了《小康》杂志社后更加重视对时政新闻、深度新闻进行报道,同时也对媒体管理与运营方面的工作进行了有益的探索与实践。

感谢杂志社领导的信任和支持,2013年以来,我和所在部门有幸参与了杂志社一系列重大时政新闻的采编工作,对党和国家大政方针、发展战略、政策法规,对各省(区、市)的社会经济发展与进步,进行了准确、及时、全面的报道。这些报道既权威又有深度,既高屋建瓴又脚踏实地,可读性强,影响力大,产生了良好的社会效益。例如,2015年12月,《小康》杂志推出封面报道"三亚首创旅游警察",引起国家旅游局和其他旅游大省的高度关注,当期杂志在海南省更是"洛阳纸贵"、一纸风行;2017年11月,《小康》杂志第一时间推出深度报道"企业家精神解读",受到全国工商界的重视与好评,不少国内知名企业家接受杂志专访,畅谈新时代企业与企业家的内核与精髓;2018年11月,《小康》杂志全面、深入地报道广州市对口贵州省毕节市、黔南州扶贫攻坚的专题新闻,报道刊发后粤黔两省主要领导、两省近200位厅级干部对报道给予热烈好评;2019年8月,《小康》杂志以34个版的篇幅,报道"新时代中国空降兵",

这是非军内媒体第一次如此大规模地报道军队新闻，也是中国媒体第一次如此大规模地对一个独立的兵种进行全面、深入的报道。

时政新闻，要及时报道国家实现全面小康和走向现代化征程，要及时报道神州大地经济发展与社会进步，更要及时关注亿万人民的柴米油盐民生大事。

在一个伟大的时代，见证奇迹，记录历史。

这就是时政新闻的魅力。

三

为什么要写《时政深度新闻实践》这本书？

最早萌发这个念头时，是有一点实用主义考量的：我几乎每年都要给新入职的同事做一些基础知识的培训工作，年复一年，"新瓶装旧酒"，案例虽然年年更新，骨架却是岁岁相仿。何不整个集子出来，让新同事有更丰富的阅读资料，了解全貌、领略精华？于是就有了出书的初衷。

所以，这本书与鸿篇巨制不沾边，也没有什么理论高度，仅仅是我对八年来从事的时政深度报道（时政系列报道），进行了阶段性、系统性的归纳与总结，便于新入职从事时政深度报道的同事与同行，略做借鉴与参考。书中绝大部分案例，也是我和同事们八年来亲自策划、亲自采编的一些典型报道，实操性比较强。

记得自己刚入行时，前辈们总是把自己经历过的经验与教训的典型案例反复讲，"那里有一堵墙，我碰过头，我不希望你们再去碰"。然而人性就是这样：你讲一百遍，也没有自己亲自碰一次头印象深刻。

年年岁岁花相似，岁岁年年人不同。该讲还得讲，写作《时政深度新闻实践》，肯定有让人"少碰头"的意思在里面。

做时政新闻，与各级党委宣传部门和各级政府新闻发布部门的领导干部联系比较多。有人说"优秀人才多在体制内"，时政新闻工作者与众多"优秀人才"相识相处，只要做个有心人，就会进步快、收获多。《时政深度新闻实践》也尝试在媒政关系方面做一些有益的探索和努力，此书相关内容可与各级新闻宣传干部进行商榷。

时政深度新闻（时政系列报道），属于新闻分类中一个细分类型，学术界关于这个细分类型的研究成果还不太多，本书在写作过程中，可供查阅、借鉴的理论依据较少。因此，整本书缺憾错漏肯定不少，也请读者诸君见谅。

谭海清
2021年夏于广州

第一章 时政深度新闻的基础概念 /1
　　一、政治与新闻 /1
　　二、政治新闻的概念 /2
　　三、时事新闻的概念 /3
　　四、时政新闻的概念 /3
　　五、政治、时事、时政概念的异同 /3
　　六、深度新闻的概念 /8

第二章 时政深度新闻选题策划 /32
　　一、时政深度新闻选题来源 /33
　　二、时政深度新闻选题特征 /53

第三章 采访前的准备工作 /74
　　一、采编方案的准备 /74
　　二、采前会议 /80
　　三、预案的准备 /81

第四章 时政深度新闻的采访 /85
　　一、政治权威性与采访工作 /85
　　二、时政专业性与采访工作 /124
　　三、内容丰富性与采访工作 /136
　　四、个案典型性与采访工作 /142

第五章　时政深度新闻的版面编辑工作 /157
一、版面风格与定位 /158
二、版面语言的细节与技巧 /186

第六章　时政深度新闻的二次传播 /196
一、全面理解时政深度新闻影响力的延续性 /196
二、重视二次编辑工作 /203
三、因媒制宜灵活应对 /219

第七章　时政深度新闻的记者素养 /237
一、政治素养 /237
二、专业素养 /246
三、心理素质 /249
四、身体素质 /250

后　记 /251

第一章　时政深度新闻的基础概念

"时政深度新闻"从字面上理解即"时政新闻"与"深度新闻"的结合。"时政新闻"是从新闻内容角度进行的分类,"深度新闻"则是从新闻体裁角度进行的分类。

如果说"时政新闻"在新闻内容分类中占据重要的地位,"深度新闻"作品也是新闻体裁中的重要组成部分,那么"时政深度新闻"在主流政治经济社会生活中,同样有重要意义和重大影响,但是相对"时政消息""时政通讯"等新闻类别,"时政深度新闻"在呈现的数量上稍少一些。要全面、客观、详细地了解和理解"时政深度新闻"这一新闻报道类别,首先必须了解"政治新闻""时事新闻""时政新闻""深度新闻"等新闻概念。

一、政治与新闻

在谈论政治新闻的时候,首先要了解什么是政治。不同时代和地方对于政治的定义不同。不少西方语言中的"政治"一词都来自希腊语"政治"这个词,可以考证的最早的文字记载是在《荷马史诗》中,最初的含义是城堡或卫城。古希腊的雅典人将修建在山顶的卫城称为"阿克罗波里",简称为"波里",城邦制形成后,"波里"就成为具有政治意义的城邦的代名词,后同土地、人民及其政治生活结合在一起而被赋予"邦"或"国"的意义。后来,又衍生出"政治""政治制度""政治家"等词。因此,"政治"一词一开始就是指城邦中的公民参与统治、管理、斗争等各种公共生活行为的总和。柏拉图认为,政治有点类似于当前社会的义涵;亚里士多德认为,政治逐渐与伦理分离出来,政治主要指国家权力。

中国先秦诸子也使用过"政治"一词。《尚书·毕命》有"道洽政治，泽润生民"，《周礼·地官·遂人》有"掌其政治禁令"。中国古代更多的情况下是将"政"与"治"分开使用。"政"主要指国家的权力、制度、秩序和法令；"治"则主要指管理人民和教化人民，也指实现安定的状态等。这与西方和古希腊的"政治"含义不完全相同。

当英文的"politics"传入中国时，孙中山认为应该使用"政治"来对译，认为"政就是众人之事，治就是管理，管理众人之事，即是政治"。他的这一说法在当时的中国非常具有影响力。

现在我国公认的政治概念是：政治是指政府、政党等治理国家的行为。政治是以经济为基础的上层建筑，是经济的集中表现，是以国家权力为核心展开的各种社会活动和社会关系的总和。政治是牵动社会全体成员的利益并支配其行为的社会力量。

什么是新闻？关于新闻的定义，古今中外，略有不同。李良荣教授在《新闻学概论》一书中对新闻的定义是这样表述的：①新闻是新近发生事实的报道；②新闻是新近事实变动的信息。这两个定义的共同点是，它们都概括或反映了新闻的"真"和"新"这两个基本特点。新闻是报道，表达出新闻的形式；新闻是信息，表达出新闻的实质。

二、政治新闻的概念

政治新闻是新闻的一种类别。政治新闻是指包括新闻工作者在内的政治传播者，通过一定的媒介就新近发生的政治事实向公众进行报道和评述的活动。"政治新闻"表现出鲜明的行为主义特征，即政治新闻是政治人物或参与者等人的行为（如政治意见、行为等）造就的一种信息形式。

政治和政治新闻的关系表现在以下三个方面：新闻必须报道事实，但不是所有的事实都能成为新闻。政治事实是政治中的一部分，政治新闻只报道一部分政治事实，而非全部的政治事实。①政治新闻既然是新闻，就必须讲求客观性。政治在与政治新闻的关系中是摆在第一位的，两者之间是事实与反映的关系。②政治是"源"，政治新闻是"流",没有作为"源"的政治,也就没有作为"流"的政治新闻。从这个角度来说,政治和政治新闻具有源流关系。③政治新闻报道在挑选政治领域中发生的事实(信息)时,遵循新闻价值原则和政治价值原则的统一。这种重合标准,使得政治新闻在一定的时空中会表现为与政治行为的同一关系,即政治新闻自身变成了某种政治行为。

新闻传播学界长期的研究表明,政治和政治新闻之间的上述关系,是伴随着大众媒介来进一步被加强的。可以这么说,没有政治、政治事实就没有政治新闻;同样,若没有政治新闻的传播与变革,也不会有当代政治。

三、时事新闻的概念

时事,指最近时期内发生的大事。《中华人民共和国著作权法》和《中华人民共和国著作权法实施条例》中所指的时事新闻,是指通过报纸、期刊、广播电台、电视台等媒体报道的单纯事实消息,是在与国计民生、社会建设、人民生活密切相关的领域里发生的重要新闻。

四、时政新闻的概念

时政是时事政治的简称,时政新闻,即时事政治新闻,指国家政治生活中新近或正在发生的事实的报道。主要表现为政党、社会集团、社会势力在处理国家生活和国际关系方面的方针、政策和活动,它是由政治关系在社会生活中的重要性所决定的。

五、政治、时事、时政概念的异同

从上述释义中可以看出,政治是指政府、政党等治理国家的行为,相对来说是个比较宽泛的大概念;时事,指最近时期内发生的大事,相对来说比较具体;时政,就显得更加具体并有清楚的指向性,指的是新近发生的重要政治事件。

从新闻角度来看政治新闻、时事新闻与时政新闻的联系与区别:

政治新闻从属于时事新闻，是时事新闻的一部分。而时政新闻，则是政治新闻中的一部分。三者的关系为时政新闻从属于政治新闻（可以理解为时政新闻是政治新闻中时效性最强的那部分新闻），政治新闻从属于时事新闻（时事新闻不仅有政治新闻，还有文化、体育、社会等新闻），三者关系有由窄到宽，由部分到整体，外延逐步扩大的程度、范围不同的区别。

我们从新华社连续两天所发的三则新闻中分析比较时事新闻、时政新闻和政治新闻的异同。

◆案例◆

守护故土乡愁：《中国传统村落文化抢救与研究》第一辑发布[①]

【新华社北京4月3日电】"十三五"国家重点图书出版规划项目、国家出版基金项目《中国传统村落文化抢救与研究》丛书日前在京发布了第一辑《中国传统村落文化抢救与研究·文化区系列》。

该丛书由海天出版社出版，第一辑由100多位专家学者通力合作，历时5年完成。全书分为《中国传统村落概论》《黄淮海传统村落》《客家传统村落》《关东传统村落》《滨海传统村落》《荆楚传统村落》《东南传统村落》《吴越传统村落》《藏蒙传统村落》《徽州传统村落》《中原传统村落》《江淮传统村落》《巴蜀传统村落》《西南传统村落》《西北传统村落》15卷本，包含图片1059幅。

丛书全面梳理了中国传统村落产生、时空分布与演变的深层机制，景观概况、特点和形成原因，乡土文化的特征与变迁，典型传统村落的资源概况、发展模式等，并在此基础上提出了保护与活化传统村落的建议。

深圳出版集团、海天出版社日前在京主办的新书首发式上，专家

[①]《守护故土乡愁：〈中国传统村落文化抢救与研究〉第一辑发布》，见新华社（https://baijiahao.baidu.com/s? id =1695986719221457354&wfr = spider&for = pc），2021年4月3日电。

表示,这是一部全景式、档案式的著作,对中国传统村落图景进行了真实记录,有助于找准传统村落的"根"与"魂"。在守护故土乡愁、留住文化根脉的同时,创新保护与发展村落文化,呈现了中国灿烂多姿的乡村文明画卷。

◆ 案例 ◆

王毅谈对缅甸局势的"三个支持""三个避免"①

【新华社福州4月3日电】 国务委员兼外长王毅近日在福建南平分别同新加坡、马来西亚、印度尼西亚、菲律宾四国外长讨论了缅甸局势。4月2日,王毅向菲律宾外长洛钦表示,中方对当前缅甸局势秉持"三个支持",同时主张应做到"三个避免"。

王毅表示,中方支持缅各党各派在宪法和法律框架下,通过对话寻找政治解决分歧的路径,继续推进得来不易并适合缅国情的民主转型进程;中方支持东盟坚持不干涉内政原则和协商一致传统,作为成熟的地区组织,以东盟方式鼓励并建设性参与缅内部和解进程;中方支持尽快举行东盟领导人特别会议,在东盟框架内,共同探讨缓解局势、解决问题的有效办法。

王毅就"三个避免"强调,一要避免继续发生流血冲突和平民伤亡,防止局势恶化甚至失控。二要避免联合国安理会不当介入,损害缅主权并导致事态进一步复杂化。三要避免一些外部势力在缅国内推波助澜、火上浇油,通过搞乱缅甸谋取私利。

王毅强调,中方将同各方保持沟通协调,同东盟一道加大劝和促谈,全力推动缅局势尽快回稳降温。

---

① 《王毅谈对缅甸局势的"三个支持""三个避免"》,见新华社(https://baijiahao.baidu.com/s? id=1695977287446389260&wfr=spider&for=pc),2021年4月3日电。

◆案例◆

三座无名红军墓，山村瑶胞接力守护了87年①

【新华社长沙4月2日电】"安息吧，红军战士！"清明节将近，在湖南省江永县千家峒瑶族乡程义家村，10多名村民自发来到村边的古银杏树下忙活："今年堆土、围墓，明年立碑、修缮墓园……"

"每年清明节，村民都自发来清除杂草、烧香祭拜。"64岁的村民义明舜介绍，村中老银杏树下掩埋着3名红军烈士，87年过去了，村民代代相传守护着这块"红色墓地"。

程义家，是个山区瑶族村落，住有90户人家。从村口看得到的三座山峰及周围地区，便是当年红军三峰山激战地。如今时隔几代人，提起红军三峰山这场战斗，村里人无不知晓。

这场战斗惨烈，许多红军战士壮烈牺牲，由山上散居瑶民就地安葬，轻重伤员转移到程义家村。由于当时缺医少药、医疗设备简陋，3名红军伤员没能挺过第二天。部队接到上级紧急转移命令，村民只能将牺牲的3名红军战士掩埋在村边的银杏树下。由于安葬匆忙，来不及立碑。

虽然红军在程义家村的时间不长，但给村民留下了深刻的记忆。"村民们代代相传，当年红军处境很艰难，入冬了，红军战士身上穿着两件单衣，鞋子都是破的，有的甚至穿草鞋，但战斗意志极为坚强。红军纪律严明，战士们都自觉遵守。在村里，从不拿老百姓的东西，哪怕喝一口水也是礼貌讨要。"义明舜说。

红军故事也一直流传至今——那时，红军三峰山战斗指挥部设在程义家村，村民把祠堂和一栋书房让给红军居住。后续部队又进驻不少红军官兵，村民便把房间腾出来，地上铺上干稻草让给红军官兵们睡觉。战斗即将打响，村民赶紧制作担架，有的还自告奋勇上山带路当向导，家家无闲人。

---

① 《三座无名红军墓，山村瑶胞接力守护了87年》，见新华社（https://baijiahao.baidu.com/s? id = 1695929450235471439&wfr = spider&for = pc），2021年4月2日电。

"这是红军墓地，不能乱动"观念在村民心中深深扎根，周春芝老人（1910—2012年）保护墓地的故事也被村民铭记、缅怀。周春芝在20世纪50年代就已入党，在村里声望很高。周春芝总是提醒村里人"哪怕杀头也要保护这块红军墓地"。

　　红军走后，常有地方民团进村杀人放火抢东西，周春芝则每天冒着生命危险看护红军墓，白天在墓地周边转悠，防止有人乱铲乱挖。每到清明节，周春芝约上几名村民，趁着夜幕，悄悄来到红军墓前祭拜……由于村民不敢给红军墓添土，几年后，红军墓慢慢降为平地。但不论过多久，古银杏树下的三座红军墓就是老百姓永久的惦念。

　　村民不知道这3名红军姓甚名谁，但村民们认为"红军就是老百姓的部队"，"3名烈士就像我们的亲人一样"。在村里，人人都是守护红军墓地的传承人。"尽管墓地这里地势平坦，土质肥沃，但子子孙孙都不在这里建房，不开荒种地。"89岁的村民蒋明荣说。

　　在这个藏在深山的小山村，如今朴实的瑶乡村民已经过上了富足的生活。爷辈、父辈们的初衷，红军三峰山的战斗精神，已根深蒂固地扎在村民心中："没有前辈的流血牺牲，就没有我们的美好生活。"

　　讲述红军故事，传承红色基因，仍在持续。2017年12月，江永县县乡两级党委政府在千家峒瑶族乡修建了红色文化展馆，已成为江永县国防教育基地、廉政教育基地。2020年，由程义家村筹资300万元修建的红军纪念碑一期工程已完工，红军烈士墓正在修缮。通往战场遗址道路畅通，已纳入今年（2021年）江永县重点项目申报审批。

　　这三则新闻，都是时事新闻。但从新闻时效上仔细分析，其时效强弱又有所区别，以第二则新闻时效性最强（内容中的时效因素不可替代），第一则次之（时效是重要的新闻由头，内容与新闻由头关联度较强），第三则稍弱（内容时效性弱，新闻由头时效性较强——时效由一个时间段构成。当年的清明节是4月4日，新闻发于4月2日，虽然属于整个清明节期间，但以清明节做为时效主要因素与内容搭配，与新闻一、新闻二比较起来就显得弱了一些）。从新闻内容上分类，第一则属于文化新闻类的时事新闻，第二则属于政治新闻类的时事新闻，第三则属于政治新闻属性较强、时政新闻色彩偏弱的时事新闻。

这三则新闻也说明，时事新闻包括了政治新闻、文化新闻等；政治新闻里，有时效性强的新闻（时政新闻），也有时效性较弱的新闻。在时事新闻里，广义的政治新闻时效性可以稍弱于包含在政治新闻中的时政新闻。

六、深度新闻的概念

深度新闻，是围绕同一新闻题材、新闻主题从不同侧面、不同角度做多次、连续的报道，各条报道之间没有外在的时态连续，却有内在的必然联系。多个独立报道集合在同一主题思想下，以求对新闻事实做比较系统、全面且有一定深度的报道。深度新闻多为事件性新闻，每天连续传播，所以称之为深度新闻，也有不少人称之为系列报道。

解析这个定义，可以得到的关键词是：同主题、多侧面、多次报道。而它跟连续报道的最大不同是，连续报道面对的是同一新闻事件；深度新闻面对的是多侧面事实，打造的是同一主题。组成深度新闻的多个报道都是独立的，它们没有外在的联系，却有内在的联系。这就是要集合在同一主题思想之下，实现对新闻事实做比较系统、全面且有一定深度的报道。

深度新闻的题材多是非事件性新闻，又多是重大题材或重要题材，所以，不管是轻松好看的"软新闻"，还是严肃题材的"硬新闻"，都容易引起人们关注；加之深度新闻形式多样、气势恢宏、内容深刻，具有很强的舆论导向作用，因而被电视新闻工作者、报刊深度（专题）报道工作者所推崇。

深度新闻的基本特点可以概括为三条：一是主题集中。围绕同一主题来展开，不能分散，不能跑题。二是内容广博。多侧面、多角度地围绕同一主题反映各方面的情况，内容博而不散，信息量较大。三是主题深刻。深度新闻的题材都是重大的非事件性新闻，适合做成深度报道。所谓深度报道，就是把今天的新闻事实放在昨天的背景之下，做出思辨性的剖析，讲清来龙去脉、发展变化，得出规律性认识，给明天的发展以理性的启迪。例如，各新闻媒体在2018年做的"改革开放四十年成就深度新闻"、2019年做的"中华人民共和国成立七十周年成就深度新闻"、2019年做的"澳门回归祖国20年深度新闻"、2020年做的"中国全面建成小康社会深度新闻"，等等，都属于这种深度报道。在主题思想深刻性上，深度新闻独具优势。

做好深度新闻，有一些基本要求，主要有三点：一是周到策划。主题确定后，成立临时报道组，大家一起做策划。策划的具体内容包括：共做多少篇深度新闻、每一篇的内容是什么、可拟什么题目、采访目标是什么、分工由谁来完成，等等，以上都要策划到位。二是精心设计。按策划要求分到篇目的记者，出发采访前要对自己的篇目做出设计。设计的具体内容包括：拟定什么题目，怎样开头、结尾，每个段落层次的内容，采录哪些人物的谈话，谈话录音和其他内容放在哪一段，等等，设计得越细致越好。如果展开采访后，发现实际情况与设计不一致，也要按实际情况及时做出调整。三是写作时要尽可能做到微观切入、宏观展开。具体来说，就是由一个点的情况写起，逐步过渡到整体情况，包括体现整体情况的数据、整体面貌的描写等，都要写出来。换句话说，就是要有点有面，写得立体、厚重，有思想，有亮点。

下面是国内一家新闻期刊2014年做的一期深度新闻，通过对该深度新闻的分析与点评，可以了解深度新闻的属性与特点。

（1）深度新闻第一篇：综述。

◆案例◆

广东抗倭英雄陈璘纪事[①]

2014年，又是一个甲午年，120年前的那场甲午战争，给中国人、给中华民族、给中国的近现代史，留下了一道百年都无法愈合的

[①] 谭海清：《广东抗倭英雄陈璘纪事》，载《小康》2014年第8期，第18～22页。

伤口。用中国国家主席习近平的话说，"给两岸同胞留下了剜心之痛"。今天，当中国社会经济高速发展，中华民族崛起已成不可阻挡之势时，曾给中国人民造成巨大伤害的日本，其右翼势力也急剧膨胀，军国主义复活步伐加快，包括中国人民在内的全世界人民正对此高度警惕。

历史是一面镜子，而历史上的英雄人物和英雄事迹，对今天我们推动社会发展和进步，仍会提供源源不断的精神支柱和动力。距今400多年前的广东抗倭英雄陈璘，就是这样一位典型人物。

总书记赞赏的抗倭名将

2014年7月3日，中共中央总书记、国家主席习近平开始上任以来首次对韩国进行国事访问。这也是去年韩国总统朴槿惠访问中国后的回访。自习近平、朴槿惠分别主政中韩两国以来，两国关系发展更加紧密，尤其是面对日本右翼势力不断否定、歪曲历史，日本军国主义气焰嚣张之际，两国对日外交政策渐趋一致。

7月4日上午，习近平总书记到韩国国立首尔大学进行题为《共创中韩合作未来，同襄亚洲振兴繁荣》的演讲，30多分钟的演讲，30多次掌声，500多名师生和政要人物聆听了习近平的演讲。演讲中，习近平总书记说："历史上，每当面对危难时，中韩两国人民都相濡以沫、患难相助。400多年前，朝鲜半岛爆发壬辰倭乱，两国军民同仇敌忾、并肩作战。明朝邓子龙将军和朝鲜王朝李舜臣将军在露梁海战中双双殉职，明军统帅陈璘今天还有后人生活在韩国。"

陈璘，这位曾经鲜为人知的抗倭英雄，从总书记口中讲出，立即引起中韩两国人民的高度关注。

陈璘其人其事：明朝中后期国之栋梁

陈璘，是从广东走出的抗倭英雄，是岭南人民的骄傲。

陈璘出生于1543年（明朝嘉靖年间），去世于1607年（明朝万历年间）。出生地为今天的广东省翁源县周陂镇龙田村，并在此度过了童年、少年时期。陈璘17岁从军，为国为民，征战一生。他几乎参加了嘉靖万历年间全部的平叛剿匪除倭战争，常身先士卒，屡立战功，对于明朝中后期的社会稳定和经济发展起到了重要作用。

由于种种原因，陈璘留给后人的史料不多。从各种零星记载中，可以归纳出陈璘一生主要有三大功绩：一是平定两广的匪患，并落籍粤西云安县（时称东安县），为当地的社会稳定、经济发展，起到了开拓者的作用；二是统领水师抗倭援朝，尤其是露梁大捷一仗，中朝联军大败日军，成为世界海战史上最著名的战争之一，让日倭此后三百年不敢觊觎中华，"论功，璘为首"；三是平定播州叛乱，促进我国西南地区的经济发展和社会进步。

纵观陈璘一生，虽然他幼时读书不多，但其从小就有军事方面的天赋，有勇有谋，成为明朝中后期的国之栋梁，也是我国历史上著名的军事家。陈璘卓越的军事才能，除了露梁海战，还在不少战争战役中有所体现，如万历四年（1576年）平定罗旁匪乱，当时朝廷组织十路人马剿匪，陈璘指挥其中一路。据史料分析，此役中陈璘一路战绩最为突出，以致战后独留陈璘这支部队在当地善后，陈璘也因此役授副总兵衔；"播州之役"时期，是陈璘军事思想最为成熟之时，其执纪严明，调度有方，擅出奇兵，亲上前线督战，注重后勤保障，善用最新军事装备，一劳永逸地解决了长期为祸地方的播州匪首杨应龙。

1607年，64岁的陈璘死于广东总兵（相当于今天的军区司令员）任上。生前已升为正一品的左都督，死后又获追赠"太子太保"官衔。

陈璘一共有妻妾四位，生育八子，除次子早卒外，其余各子都事业有成，孙子辈有25人，其中陈诏（字泳溇）移居今天的韩国海南地区，已繁衍至第17代，超过300户。在国内，陈璘后裔遍布全国，尤以广东、北京、河北最多，可谓枝繁叶茂、人丁兴旺。

露梁大捷：倭寇300年不敢觊觎中华

露梁海战是最能体现陈璘军事才能的一仗，也是世界军事史上一场著名的战役。

明万历年间，日本史上人称"战国第一奇男子"的丰臣秀吉统一日本后，积极从事对外扩张，于1592年发动了侵略朝鲜的战争。眼看国家要亡，朝鲜国王请求明朝派兵援朝。同年12月23日，明军入朝参战，把日军赶到南部诸道。1597年7月25日，丰臣秀吉增兵朝鲜，兵力达14万多人，如狼似虎，狂风席卷，并一举歼灭了朝鲜水军，明朝廷再次倾全国之力援朝。

正是在这一背景下，陈璘率5000名广东兵、500艘战艇，从广东出发，不远万里，驰援朝鲜。

1598年2月，陈璘升任御倭总兵官，兼水军提督，掌管整个水军。同年8月，中朝联军水师主力2.6万人、战船约800艘，部署在古公岛一带海面，陈璘任主帅（韩国历史中称之为海军总司令），邓子龙、李舜臣为副帅。最先获悉日军撤退情报的陈璘，决定在露梁以西海域阻击日军。11月19日，日军上万人、战船500余艘遭到中朝联军三面合围，一场惊天动地的海战轰然展开。炮火连天，短兵肉搏，浮尸如萍。中国老将邓子龙、朝鲜水军名将李舜臣壮烈牺牲。陈璘闻知邓子龙、李舜臣战死，伤痛之极，他从椅上跌落至地，跃起又跌仆三次，悲痛欲绝，中朝战士同声哭号。

陈璘挥师西进，毁倭船七八百艘，斩溺倭兵两万余人，并将倭寇首领石曼子击杀，生擒倭帅平正成、平正秀并处死，并与陆路明军夹攻顺天日军，取得了露梁海战的彻底胜利。

万历朝鲜之役，是明朝后期历史中少有的亮色之一，曲折、惨烈处让人动容不已。这场援朝战争（朝鲜史书则称之为"壬辰卫国战争"），是中日之间第一次面对面的正式战争，时间长达6年多，最终以中朝联军的胜利而载入史册。在这场战斗中，陈璘起到了关键作用。《明史》有载，"论功，璘为首"。

陈璘亲自指挥的露梁海战是一场以切断敌人海上退路为目的的规模巨大的海上歼灭战，被列为世界古代八大海战之一（据说今天在美国西点军校的教科书中亦有专门介绍）。这次海战给侵朝日军以歼灭性的重大打击，对战后朝鲜和平局面的形成起到了重要作用。经此大捷之后，300年来，倭寇不敢萌生侵略中国之念，而朝鲜亦得复国。

300年后成为激励抗倭必胜的精神图腾

历史回到露梁海战330年后的中国人民抗日战争时期。

1937年，全面抗战爆发。1938年9月，日军对广东发起攻击。

抗倭英雄陈璘的故乡翁源，遭到了日本战机的轰炸，其县城翁城被夷为平地。时任国民政府第四路军总指挥的余汉谋上将，也是当时广东的最高军事长官，即将其军事总指挥部设在翁源县三华镇。从1938年11月至1940年5月，余汉谋指挥了两次粤北大会战，均重挫日军。在第一次粤北大会战打响前夕，为了鼓舞士气，增强战斗力和必胜信心，余汉谋亲自到翁源县龙田村祭祀供奉陈璘将军的"陈太保祠"，并当场奉祭联两幅：专征伐以讨倭夷，辽海建奇功，民族英雄名不朽；闻鼓鼙而思将相，国人崇祀典，大明太保庙长兴。另一副祭联：抗倭名将，民族英雄，文韬武略安邦国；都督总兵，大明太保，劳苦功高盖古今。

祭祀"陈太保祠"后，1938年11月10日，余汉谋通电即将大举反攻。12日，攻克从化县城。1939年12月15日，日军用7万兵力分三路北进，与余汉谋部一八七师、一五八师和九二零团激战10天。敌中路由太平场、从化北进，开始攻打良口，余部一个营壮烈殉国。敌人右翼从增城出发，占领翁源。余汉谋当机立断，在12月26日率部全线反攻，日军被余部截为两段。

这场仗打了4天，日军出动了飞机，战况十分激烈。余部将士击毙日寇500多人，自己也有300多人阵亡，近2000人受伤。1940年1月4日，余汉谋部再克翁源的官渡，以后是从化、花县，取得胜利。1940年5月上旬，日军华南派遣军司令部抽调其三十八师团作为主力部队2万多人，进犯粤北。两军在翁源以南的战斗十分激烈，最后，余汉谋部取得了胜利。

两次粤北会战的胜利，挫败了日寇切断粤汉铁路的阴谋，振奋了两广军民争取最后胜利的决心。1945年8月15日，日本宣布投降，余汉谋对部下说："这次我们终于胜利了。"余被任命为第七战区受降官，在汕头接受了日军二十三军参谋长富田直亮的投降。

点评：综述稿是深度新闻的重要组成部分，一般都位于该深度新闻的"头条"位置，多数深度新闻的综述稿篇幅都较长（也有个别的较短，只是概述）。综述稿对整个深度新闻的主题进行全面、综合、宏观的报道，或对主题提纲挈领、全面统领，或对主题报道做出结论、指明方向。涉及党和国家战略、方针、政策的题材，综述稿里一般都有权威性极强的信息源（包括文件、公告、法规原文和新闻）和结论性意见与建议。综述稿一般都会交代深度新闻的新闻背景和新闻由头，让读者或观众能第一时间地全面了解为什么要做这个深度新闻，这个深度新闻的主要"看点"是什么。综述稿的报道采写一般站在全世界、全国、全行业、全领域的高度对深度新闻主题进行全面、客观、深入的分析，对后面的深度新闻其他部分有引导或指导的作用。

（2）深度新闻第二篇：（权威）声音。

◆案例◆

吴维力：从国家层面打造陈璘文化①

在陈璘文化尚未被广泛认同情况下，云安县委副书记吴维力表示，发现陈璘，发现他的价值和意义所在，要从国家层面、历史角度提炼出陈璘精神，结合优秀传统文化、社会主义核心价值观着力打好"陈璘文化"牌，在注意力经济时代用好用活陈璘资源。

针对如何打好"陈璘文化"牌，吴维力谈了他的几点想法。

第一，立足国家层面。需要从国家层面挖掘、谋划并推动陈璘文化，拨开历史迷雾，除去尘埃，显现历史人物。陈璘文化不仅属于云安，更是属于中国和朝鲜半岛。

第二，做好舆论宣传。由于陈璘属于明朝人物，陈璘文化历史久远，因此，需要实事求是，抓好宣传，学习贯彻习总书记讲话精神，引起全市甚至全国人民的重视，掀起风潮，引发共鸣。

第三，结合传统文化。云安有三项主要文化，以陈璘文化为代表的爱国主义文化，以1948年"三罗第一枪"为代表的红色文化，以

---

① 张玉荣：《吴维力：从国家层面打造陈璘文化》，载《小康》2014年第8期，第23页。

及以马塘庙会为代表的民俗文化。

第四，体现时代特征。遵循社会主义核心价值观，弘扬当今时代的精神，推动经济转型，体现时代特色。例如充分运用"文化搭台、经济唱戏"，造福当地，造福于民。

吴维力还表示，云安是欠发达地区，挖掘历史人物仅仅靠云安力量是不够的，仅仅在文化层面上推动是走不远的，仅仅靠历史人物来谋划是没有生命力的，需要站在国家的视野，以战略发展的眼光，借助多方力量，共同助推时代所呼唤的英雄人物，在注意力经济时代下赢得关注，打造好"陈璘文化"这张牌。

点评：一组深度新闻要有分量、够权威，其构成中的"权威声音""权威人物"的采访不可少。权威内容的来源可以是党和国家领导人的讲话、指示、批示、访谈，也可以是与深度新闻主题关联度极高的党政官员采访，还可以是对深度新闻主题非常了解或有深度研究的专家学者的采访。

（3）深度新闻第三篇：揭秘。

◆案例◆

英雄为何"埋名"？[①]

清朝几百年来对陈璘的英雄事迹有意回避；韩、日突出宣传本国历史人物，轻视陈璘功绩；明朝史书对陈璘评价存在歪曲事实内容；广东人低调务实的性格让英雄寂寂无闻。

在陈璘的出生地翁源县，陈璘是个"名人"：周陂镇的陈氏宗祠里供奉着陈璘座像；龙田村还能寻到些许的"龙田城"痕迹；在县城所在地龙仙镇近年新辟了"陈璘公园"。

在陈璘生前落籍地云安县，陈璘也是个"名人"：县城设有陈璘史迹展览馆；大量的陈璘直系后人居住在云浮地区及周边；与陈璘事

---

① 谭海清：《英雄为何"埋名"？》，载《小康》2014年第9期，第24～28页。

迹直接相关的遗址仍然存在，如"止戈岩"等；诸如"陈璘咁大功劳"传说与传奇仍在当地广泛流传。

可是，离开了翁源县和云浮地区，又有多少中国人知道陈璘？与上了历史教科书的副将邓子龙相比，主将陈璘一直寂寂无闻。在韩国，在日本，陈璘的名气更是远远不及李舜臣和丰臣秀吉。作为一代抗倭名将，作为一名在世界军事史上占有一席地位的军事家，尽管他所指挥的露梁战役成为历代军事指挥者的教科书，尽管史书上已明确写着"论功，璘为首"，是什么原因使这位民族英雄数百年来一直鲜为人知呢？记者通过实地采访和史料分析，初步揭开了陈璘"埋名"之谜。

名气远逊副手、对手之谜

露梁海战成就了邓子龙、李舜臣的英名，他俩虽为陈璘的副将，但身先士卒，勇往直前，且在前线壮烈牺牲，"死者为大"，特别给予宣传和褒扬是很正常的。但仅凭这一点，当作陈璘名气远逊二人的理据并不充分。

李舜臣，露梁一战虽是陈璘副手，但他当时的实职是朝鲜王国的海军总司令。在当时明朝援军未抵达前，是李舜臣等在艰难的处境里顶住了倭寇的进攻，挽国家于灭亡之际。在朝鲜王国，李舜臣一直以著名的军事家、政治家的面目和行为示人，就连陈璘本人，也是极佩服和尊重李舜臣的。陈璘曾说过，李舜臣"有经天纬地之才，补天浴日之功"。李舜臣殉国后，朝鲜王国对他的尊崇已经接近神化的程度，先是封他为一级宣武功臣，后赠谥"忠武"，追封为领议政（相当于中国的丞相或内阁首辅）。他死后一百多年后朝鲜人民还为他建了显忠祠。在今天的韩国，李舜臣与檀君、世宗大王并列，是韩国人民最为尊崇的三大历史伟人。在韩国，100韩元硬币上也有李舜臣的头像。

邓子龙，比陈璘年长十几岁，其成名经历也与陈璘颇为相似，少年从军，抗倭剿匪，从小兵升至军事统帅。在抗击外族入侵、保家卫国方面，邓子龙比陈璘的经历更丰富一些。除了援朝抗倭经历外，邓子龙还多次领导与指挥了当时的御缅战斗，沉重打击了蚕食中国领土的缅甸侵略者，曾攻下缅甸的副都阿瓦，使缅甸侵略者不敢再犯中华。

当代有学者研究发现，邓子龙还曾救过努尔哈赤的命，为了报恩，努尔哈赤后来专门为邓子龙立庙祭祀，整个清朝时期，官方和民间对邓子龙的褒扬都没间断过。反观陈璘，在几百年的清史中，仅在张廷玉的文集中偶有提及。另外，邓子龙善书法好诗文，这与常以"大老粗"形象出现的陈璘相比，能文能武，自然更为有名。

至于丰臣秀吉，不光在日本，在世界历史上，都赫赫有名。虽然他想以朝鲜半岛为跳板犯我中华而未能得逞，并含恨而终，但他在统一日本全境、发展日本经济、完成日本社会从中世纪向近代转化、使日本脱离中华文化、妄图建立一个亚洲大帝国等方面，声名显赫，远非陈璘所能比。

仕途几起几落　武将难敌文臣

陈璘是一名武将，从小兵做起，做到指挥千军万马的统帅，以军事才能闻名于世。地方史志记载："（陈璘）少倜傥，有大志，不事家人产……膂力绝伦，好任侠，结交多贤豪，相与谈剑术，讲韬略，尽得其秘。"这也从侧面说明陈璘"不好文"，文化水平有限。在今天的云浮地区，流传不少陈璘作诗的故事，其诗也以大白话为主。在文官当道的封建王朝，武将命运多舛，尤其是明朝中后期，不少战功赫赫的军事将领，不是死于战场，而是死于文官宦官的谗言，如熊廷弼、袁崇焕等。

陈璘一生征战，仕途也是几起几落。有时是客观情势所致，有时则与个性相关。陈璘初入仕途时，粤西剿匪胜利，东安设县，陈璘落籍并守护东安，任东山副总兵兼署东安参将（相当于县保安司令）。但没过多久，匪患再起，不断滋扰民间，于是陈璘被上司究责，给予处罚。一年多后，陈璘戴罪剿匪又获胜利，方免除处罚。万历十一年（1583年），陈璘部下发生兵变，一部下恣意骄横，不服陈璘军法责备，纠集百余人叛变外逃，陈璘连夜将其聚歼。这事本来不复杂，但被当时的巡按广东御史抓住不放，并对事实进行歪曲，诬告陈璘扣减粮饷以及法度过严，结果陈璘因此被革职，"戴罪管事，立功自赎"。一年后，另一广东巡按查清了兵变真相，陈璘才官复原职。

陈璘援朝抗倭的任命过程也非一帆风顺。万历二十年（1592年）六月，兵部发文起用陈璘。接令后，陈璘在较短时间内迅速组建起一支以家乡子弟兵为主、火力强大、精悍勇猛的"陈家军"，准备随时开拔入朝作战。但是，陈璘受到朝廷主和派的排斥，在整装待发一年后，被贬回广东，由之前统领几个省的军务到广东担任一个地区（南澳）的副总兵，官职连降了好几级。但陈璘并未因此消沉，在担任南澳副总兵期间还做了两项义举：一是出资、募捐在南澳岛广植树木，防风固沙，美化环境，至今仍在造福当地；二是倾尽家财招募勇士，平息了广西岑溪的动乱。

在今天的云浮地区，流传着许多关于陈璘的民间传说。其中有不少讲的是当时官场文人嘲笑陈璘不通文墨，是"一介武夫"，碰上咏诗作对场合总想让他出丑的故事。虽然这些故事都是以陈璘高超的临场发挥、睿智的随机应变而结束，但也说明，陈璘这员武将在当时以文官为主体的官场中，势单力薄，经常处于被嘲弄、被排斥的位置。如此境遇，要做到青史留名是一件很困难的事。

贪官佞臣作祟　史传诬陷忠良

对于四百多年来历史有意无意地将陈璘这一个名字悄然隐去的原因，还有一种说法，那就是陈璘是个贪官。据《明史·陈璘传》记载："璘有谋略，善将兵，然所到贪黩……"这句话，让不少人怀疑陈璘品行存在瑕疵。

但不同的记载，又给我们呈现了不一样的陈璘。

据颜广文《论"壬辰之役"中的陈璘》一文所叙，陈璘初次入朝，即获重任，朝鲜国王李昖于"铜雀江岸，饯陈都督璘"，席间，送了陈璘许多礼物。对朝鲜国王李昖所赠礼物，陈璘说："不敢自外，拜人参、绵绸、绵纸，余附归璧，肃此为谢。"陈璘只收下了一些土特产而辞掉了更贵重的礼物。如果陈璘是一个见钱眼开、见利忘义的贪官，李昖所赠的礼物应不乏金银财宝，陈璘大可以名正言顺"笑纳"。且这些礼物是一个国家送给一个官员的，朝鲜为表诚心，感谢入朝作战的官员，其贵重的程度，应是几倍之于陈璘在国内所贪财物（假想的）的总和，但是陈璘却没有一如《明史》记载"所到贪黩"那样贪下去，只挑了一些不值钱的土特产，而辞掉了更贵重的金银财宝，其间所表现出来的品质，只有心系国家安危、"恤苍生之苦"的人，才能做得到。

万历二十四年（1596年），广西岑溪动乱，陈璘应当时两广总督之请，带着儿子陈九经，倾尽家财自募骁勇前往破敌。后两广总督为陈璘请功时说："倾家资，散金银以养士卒，常存老当益壮之志，亲率子弟以从戎，皆公之政绩也。"家财都可散去，儿子亲上战场，要是个贪官能做到这些吗？

其实《明史·陈璘传》涉"贪"的记载，与前面所讲的巡按广东御史歪曲事实诬告陈璘是一回事，事实已证明兵变真相与涉贪无关，一年后即已还陈璘清白。《明史·陈璘传》同样有陈璘涉"贿"的记录，说陈璘"坐贿石星，为所奏，复罢归"。这也与前面提到的陈璘早期即将援朝抗倭时，受到朝廷主和派的排斥有关。当时的主和派不惜以诬陷的方式打击主战派，陈璘空有一颗为国捐躯的拳拳之心，却不料成了代罪羔羊。这也说明当时官场险恶，贪官佞臣当道，歪曲事实，歪曲史实，迫害忠良。

时势造英雄。但在一个群雄并起、宦海汹涌的乱世，有些英雄被时代的泥沙包裹、沉淀，以至寂寂无闻。但时间同时又是最好的证明，真正的英雄，经得起大浪淘沙，经得起历史检验，总有拨云见日、万民尊崇的一天。陈璘就是这样的英雄。当国家主席习近平为陈璘"正名"时，也正是我们挖掘史实、颂扬英雄的大好时机。

点评：把深度新闻题材的背景或题材中最可读的新闻内容，单独采写成篇，构成深度新闻的重要组成部分。这是一组深度新闻能否形成强大社会影响力的关键组成部分。所谓的"揭秘"或背景的深度挖掘，都是深度新闻中增加文章可读性的重要组成部分。

（4）深度新闻第四篇：记者手记。

◆案例◆

沧桑龙田　青山依旧[①]

沿着北江溯流而上，探寻到其支流翁江，而翁江之源——翁源，正是抗倭英雄陈璘的故里。

翁源县，地处粤北韶关市东南部，秀美的山川，清澈的碧水，孕育出一代名将，永世流芳。

周陂镇龙田村隐于翁源大山深处。这是一个再平常不过的小山村，"绿树村边合，青山郭外斜"。1543年，陈璘将军出生于此。至今，推开陈璘故居"安公祠"的两扇木门，人们还能触摸到明朝时期的青石红木。它们历经四百多年的沧桑，见证了将军精忠报国、可歌可泣的历史。虽几经修复，但"安公祠"古朴的建筑风格仍被保留至今。

沿着村间小道往前行走，绿树隐隐处，一座三进五开的中西合璧式宗祠——陈氏宗祠，映入眼帘。此祠始建于明朝中晚期，周陂龙田城陈姓族人为彰显将军功绩和爵位而建造，后因年久失修，于清代年间倒塌。

1932年，翁源人民发动毗邻七县宗亲捐集资金重修此祠。

祠内，木雕瓦檐，石雕柱墩，将军的绣金坐像雄武威严，明神宗赐予陈将军"劈土开疆功盖古今第一人，出将入相才兼文武世无双"的对联，用红漆书写在实木上，竖立于将军坐像两旁。字里行间无不投射出陈将军叱咤风云的气概，劈土开疆功高盖世的伟绩。

1995年8月，该祠被翁源县委、县政府列为"爱国主义教育基地"；2012年10月，被广东省人民政府列为省级"文物保护单位"……

宗祠内记录了陈将军金戈铁马的一生，后人读着印于墙上的赫赫战功，仿佛能看见身披战袍、骑着白马、手握兵刃的陈璘将军从历史画卷中奔驰而来。

[①] 梁市：《沧桑龙田　青山依旧》，载《小康》2014年第9期，第29页。

将军故里，英风扑面；翁源城中，气壮河山。

在翁源县城龙仙镇，一座"陈璘公园"已然建起。十几米高的陈璘雕像矗立其间。将军身披盔甲，手按宝剑，形象挺拔刚劲，气势雄伟，威风凛凛。雕像面向龙湖，湖风微拂处，波光粼粼间，让人联想起他曾亲率数千广东兵不远万里，驰援朝鲜半岛，与敌寇展开"露梁海战"的壮观画面。

陈璘将军声名远播。虽然他离开我们已四百多年，但在三罗地区（今运城、云安、罗定、郁南地区）、两广、云贵地区，将军的辉煌战功代代流传；渤海之滨，鸭绿江畔，甚至在韩国，也建有庙宇祭奉。每年不定期，陈将军的后裔都会从韩国、从全国各地回到陈氏宗祠祭祖省亲。

点评：对深度新闻来说，"记者手记"这种报道形式和文章体裁，一方面，可以对整个题材的全面与丰富性起到"查漏补缺"作用；另一方面，从记者个人视角观察分析，也为读者或观众了解题材提供了一个全新角度。"记者手记"文体文风相对比较灵活、轻松，会增加深度新闻的可读性和可看性。在新闻实践中，"记者手记"不宜多用，也不建议常态化使用。另外，"记者手记"文字或镜头不宜太长，能起到画龙点睛的效果即为最好。

（5）深度新闻第五篇：专家学者专访。

◆案例◆

拨开历史迷雾，还原真实的陈璘[①]

如果没有严律的军纪，没有对国家的绝对忠诚，他怎么能50多岁还远征海外，并取得那么大的功劳？如果他真的像某些人所说的"贪黩成性"，他早就"刀枪入库，马放南山"了。

---

① 张玉荣：《拨开历史迷雾，还原真实的陈璘》，载《小康》2014年第9期，第30～33页。

1577年，陈璘奉朝廷之命举家从翁源迁到东安县（今云安县所在地）；1598年，陈璘出征朝鲜半岛，奔赴朝鲜忠情、全罗、庆尚诸海口，与侵朝倭寇展开著名的"露梁海战"。在此次战役中，他运筹帷幄，决战前线，令倭军水陆师全军覆灭。此后，倭人莫敢觊觎中朝，使朝鲜海面平静了三个世纪。但纵观历史，陈璘却是一个几乎被人遗忘的英雄，直到本世纪才逐渐为人知晓。

重新发现陈璘，挖掘陈璘所代表的精神与文化，正是为了让人们不忘历史，警醒当下。近日，云安县文化广电新闻出版局局长李妍姬，向记者介绍了当地在传承陈璘文化过程之中的努力。

记者：你们一直致力于陈璘文化的宣传推广，主要在哪些方面做出努力呢？

李妍姬：关于陈璘文化的宣传推广，我们从无到有，做了大量的工作和努力，总体来说，我们主要做了四个方面的工作。

第一，建设陈璘史迹展馆。展馆建于2008年，以陈璘生平事迹"一战、一生、一族"为主题来搜集文物和资料，有的是原物保留，有的则是仿制。我们的展馆免费开放，目前已经是当地最受欢迎的展馆之一。

第二，申报省级非物质文化遗产名录。陈璘文化相关的故事传说主要是口口相传，缺少认知和认证，不利于传承和发展。云安总共有三项省级非物质文化遗产，其中一个就是"陈璘传说"。

第三，出版《抗倭英雄陈璘》。在原来已经出版两本书的情况下再出版这本书，该书属于岭南文化知识系列，我们积极配合作者，搜集大量的素材和考察现场。这本书已成为展览馆免费发放的书籍。

第四，建陈璘文化主题公园。距县城60多公里外的大云雾山，是陈璘当时的主要驻营地。历经申报、规划、专家认证等关口，我们争取到省里500万元文化产业专项资金，建起了陈璘文化主题公园。目前，已初具规模。

记者：您于2007年任云安县文化广电新闻出版局局长，2008年开始进行陈璘文化的发掘与整理工作，如今已是卓有成效，是什么样的机缘巧合让您和陈璘文化建立起联系呢？

李妍姬：小时候我也经常听陈璘的故事，但也是近几年开展和陈璘文化有关的工作，对陈璘的了解才逐步加深。说起这事，要给你介绍一位来自广州的文化志愿者，他叫冯家广。几年前，他来云安探寻粤西文化，发现"陈璘咁大功劳"这句俚语流传甚广，但是到底有多大功劳却又含糊不清，于是动了研究的念头。

经过多方考察，冯家广发现陈璘不简单，是个被历史遗忘的英雄。于是，经常给我们讲露梁海战的故事，讲中国水师统帅陈璘的"咸水史"，讲陈璘"永绝争桑之患，肃清瀚海之波"的战略思想……冯家广的宣讲，让云安对陈璘的重视度一下提高了起来，我们的工作也就这样从无到有，慢慢积累起来。

记者：在做这些工作的过程中，有没有印象特别深刻的事情？

李妍姬：有的，比如为了申报非遗项目，我们和志愿者全力投入拍摄申请非遗的专题片，录音、拍摄、剪辑，甚至相当部分的人力、物力、财力，都是自己解决。有的项目，要跑到陈璘故里翁源，甚至要进入危险的山洞，前前后后费时一年多。但经过努力，我们一次就通过了省专家的评审。

文物保护工作，遇到不少的困难。魁岩是陈璘的女婿冯执中读书处，上面有陈璘的题字，为了保护这些石刻，我受伤住院。好在一切都过去了，文物保护工作得到了更多人的支持。现在，这些石刻成了县博物馆珍贵的展品。

记者：文化主题公园选址在富林，这里面有什么历史和文化的因素呢？

李妍姬：千年古镇富林，唐朝建郡，历史悠久，是陈璘族人的集聚地，还是陈璘将军曾经扎营的地方，有丰富的遗址和文物，比如军营遗址、止戈岩，等等。加上富林镇土地面积比六都镇充裕，依山傍水，利于规划。这个公园以洞穴漂流为主，去年10月份开始迎客。开发这个主题公园的老板，也正好是陈璘的族人。

记者：云安有丰富的民俗文化资源，有没有将陈璘文化融合进去传承发展呢？

李妍姬：目前陈璘文化总体还是比较零散，不太成系统，活动的举办也不太紧密。但是我们在尊重历史的基础上,将陈璘文化的元素融入民俗文化活动中,扩大传播效应。比如马塘庙会,纪念的是玄帝和关帝,有韩国学者研究表明,他们供奉的关帝都是陈璘带过去的。

记者:关于陈璘,云安当地主要有哪些纪念活动?韩国也有陈璘的后裔,他们和陈璘在中国的后裔有联系吗?

李妍姬:有的,我们的活动还是挺多的,每年关于陈璘的祭祀活动,他的后人和族人都会过来参加。陈璘在韩后裔和我们这边联系也挺多的,从1995年第一次寻根问祖开始,近年来每年都会有相关的祭拜活动。韩国的陈邦植是陈璘的第十四代后人,任韩国广东陈氏宗亲会的会长,每年都会过来祭拜,访亲探友。去年我们这边也有陈璘后人代表到韩国去参加李舜臣的纪念活动。今年,我们又接到了赴韩邀请。

记者:陈璘从一个几乎被遗忘的英雄,目前慢慢开始被人知晓,您怎么看待这种现象,将来会如何使陈璘的形象更加清晰明朗,影响越来越大呢?

李妍姬:李舜臣在韩国非常有影响,被韩国人民奉为战神,还拍摄了电影《不灭的李舜臣》。我们的陈璘将军,在露梁海战役中是主将,抗倭援朝立下赫赫战功,却被国人遗忘,让人情何以堪。而今,我们也想做点工作,让陈璘将军被更多的人认识了解。

记者:对于陈璘将军的评价,有人说他神武英勇,文武兼具,然而也有一些负面的评价,您怎么看待这种现象?

李妍姬:民族英雄也是人,历史久远,史料缺失,对他的评价有点差异是可以理解的。我们要站在国家和民族的高度去看待他,在这个高度上,他是一个真正的英雄。你想想,如果没有严律的军纪,没有对国家的绝对忠诚,他怎么能50多岁还远征海外,并取得那么大的功劳?如果他真的像某些人所说的"贪黩成性",他早就"刀枪入库,马放南山"了。所以,我希望通过努力,拨开历史迷雾,还原一个真实的陈璘。

点评:专家学者访谈,是深度新闻几乎不可或缺的组成部分,绝大多数的深度新闻都不能缺少这个部分。专家学者的选择方面,一定要保证其权威性,即所采访的专家学者必须对报道题材极其了解和熟悉,甚至是多年研究该题材,或至少是多年关注该题材,切中肯綮、言之有物,既能抓住核心与重点,又能通俗易懂地照顾到媒体面对的各种人群。浅尝辄止的"假专家"、晦涩难懂的"掉书袋""假大空"式的喊口号,都是"专家访谈"最忌讳的内容。

(6)深度新闻第六篇:动态与后续之一。

◆案例◆

翁源:古今对接推广"陈璘文化"[①]

举全县之力,集全民之智,多渠道筹集资金,更好地提升"文化翁源"的影响力。

在抗倭英雄陈璘的出生地广东翁源县,县委常委、常务副县长朱增志近日向记者介绍了陈璘故居的相关保护情况,"陈氏宗祠"申遗及陈璘文化旅游开发的现状,并提出下一步将加快"陈璘文化"的宣传推广。

保护文物,挖掘完善相关史料

据介绍,翁源县政府目前正在加大力度维护陈璘将军的历史遗址、文物等,并且将进一步挖掘相关的史料。

翁源县周陂镇龙田村的"安公祠"——陈璘将军的故居,历经四百多年的沧桑,县政府于1994年进行了修复。对于明万历年间皇帝为嘉奖和褒扬陈璘功绩而恩准拨款修建,后毁于"文革"时期的"龙田城",县政府在原址处修建纪念馆,并加大力度搜集"龙田城"的史实资料。

周陂龙田城陈姓族人为彰显陈璘将军功绩和爵位而建造的"陈氏宗祠",在1995年8月被翁源县委、县政府列为"爱国主义教育基地";2011年4月,被列为翁源县级"文物保护单位";2012年10

---

① 梁市:《翁源:古今对接推广"陈璘文化"》,载《小康》2014年第9期,第34~35页。

月,被列为广东省级"文物保护单位"。

完善规划,加快推广"陈璘文化"

谈到目前"陈璘文化"宣传推广,朱增志说将在完善史料的同时,加强"古"与"今"的对接,希望将"陈璘精神"推广至全省乃至全国。

非常重要的一点是,加快公共文化服务基础设施建设。位于翁源县城区龙仙镇的"陈璘公园",2009年已初步建成。十几米高的陈璘雕像矗立其间,气势雄伟,威风凛凛,雕像面向龙湖,恰好体现了陈璘成名于"露梁海战"的历史意义。"陈璘公园"地处县城的黄金地段,占地面积约60亩,公园后山将不用于房地产开发,而为下一步的扩建做准备。朱增志表示,陈璘文化是先辈遗留的精神财富,应更好地维护与传承。

据介绍,在县城的绿道旁,将设立"翁源文化历史人物"系列雕版,其中包括以陈璘舍家为国、英勇抗战的历史功绩为内容。用石雕的直观方式,扩大翁源文化的影响。同时,结合翁源县打造教育强县的契机,县里计划将陈璘的生平历史编写进乡土教材。这也正好配合当地素质教育,提升下一代对当地历史文化的认识,教育影响更多的人。

届时,县里以思想文化宣传结合历史遗址、纪念馆、文化公园等方式,以丰富的内容,扩大陈璘文化的影响力。凭借着该县区位优势和发展环境,结合2017年年底将修通的汕昆高速公路、武深高速公路,给弘扬陈璘文化增添新的推力。

借助平台,带动翁源文化发展

建设"文化翁源",是一项社会系统工程,翁源县将借助弘扬陈璘文化的契机,增强文化建设发展活力。朱增志强调,未来要加强与云安县,以及陈璘将军韩国后裔的交流合作,将陈璘文化的推广逐渐凝结成系统、形成共识。

通过历史旅游与对外交流的平台,翁源还计划将陈璘,晚唐诗人邵谒,当代著名画家涂夫、涂志伟、刘国玉等一大批乡贤名士与东华禅寺、省级自然保护区青云山、兰花长廊等特色旅游资源有机融合,营造浓厚的文化氛围和文明进步的发展环境。举全县之力,集全民之智,多渠道筹集资金,更好地提升"文化翁源"的影响力。

(7) 深度新闻第七篇:动态与后续之二。

◆案例◆

云安陈氏后裔枝繁叶茂①

"陈璘咁大功劳",这句俚语在广东"三罗地区"(即云浮市区、云安、罗定、郁南一带)流传了四百多年,已成为家喻户晓的口头禅。而与此同时,陈璘将军的血脉也随之流传了下来。除了云安六都3000多后裔繁衍到了第十九代,远在韩国也住着3000多位陈氏子民,现已繁衍至第十七代。

"三罗地区"流传大量陈璘传说

炎炎夏日,记者来到陈璘后人集聚地云安六都,实地走访了南乡的龙崖陈公祠、练兵场、陈璘展馆,在陈璘族人集聚地之一的富林,参观了陈太保庙、止戈岩遗址、陈璘文化主题公园,并和陈璘的后人及族人进行了面对面的接触。

陈璘,明朝抗倭名将。原籍广东翁源,在明神宗万历五年(1577年),奉朝廷之命举家迁居至东安县南乡(现云安县六都镇),以武功出身,从七品官的把总位至正一品的左都督,对内平定动乱,对外援朝抗倭,在世界古代历史上八大海战之一的"露梁海战"中,陈璘提督水师使日本海军主力几乎全军覆没,"论功,璘为首"。死后追封太子太保,建祠崇祀。

在三罗地区,流传大量有关陈璘的民间传说。许多传说结合当地的地名、民俗风物,充分展示了陈璘从善除恶、大智大勇的形象。其中有不少民间故事广为流传,比如官场斗诗、火烧茅棚、献蚊求帐、智歼余倭王等。一些地名山名、风俗风味也和陈璘有关,比如马岗

---

① 张玉荣:《云安陈氏后裔枝繁叶茂》,载《小康》2014年第9期,第36~39页。

山、官渡、旧所的由来，铁杆舞、太保庙炮会、禁打五更、擂茶粥、天所茶等。同时，还出版有《陈璘传说》等系列丛书，"陈璘传说"也被列为广东省非物质文化遗产名录。

擂茶粥是云浮地道的风味美食，2007年2月被列入云浮市非物质文化遗产代表作名录。擂茶粥选料丰富，有田糙米、细青茶、生姜、小葫、八角、砂仁、茴香、陈皮、花生仁等。民间盛传"宁可食无肉，不可食无粥（擂茶粥）""喝上两碗擂茶，胜吃两贴补药"的说法。关于擂茶粥的来历，陈璘后裔党史研究室的陈镜波给记者讲了个故事，他说陈璘在围剿云雾山一带的草寇陈冬瓜时，途经茶洞，村民盛情款待剿匪大军。

陈璘和士兵们吃了村民们熬制的茶粥，胃口大开，滞气全消。陈璘非常高兴："这粥以茶叶擂碎拌之，可叫茶粥，吃后消暑去滞，补中益气，使人浑身充满力量，像是为我们擂鼓助威一般，那就叫擂茶粥吧！"

"陈璘传说"获颁省级非遗

龙崖陈公祠，虽然老旧灰暗，门内却是香火鼎盛，门外鞭纸飘飞，门口树立着一块陈璘的战功碑，由韩都督第十五代孙陈炯锡与其他后裔捐建，碑文详细记载了"露梁海战"的壮观场景。门栏书有一联"恢复三罗功一等，劳勋两月响千秋"，对联旁边悬挂着"陈璘传说"的市级、省级非物质文化遗产牌匾。

陈公祠内最引人注目的要算墙上挂着的陈璘肖像图，名为《陈璘受降图》。据陈璘第十五代孙云浮市文联原秘书长、云浮市作家协会副主席陈建平介绍，这幅图是仿制图，原画是2米长，0.98米宽，曾悬挂在陈氏容桂堂的阁楼上。20世纪60年代"文革"期间流失，后来落到云浮市的一个收藏家手里。收藏家拿着画像找到博物馆，经过鉴定确为真品，博物馆馆长用相机拍了张相片留存。后来，原画不知所终，倒是相片成了这副仿制品的依据。

练兵场，残垣断壁依稀可见，练兵操戈之声仿佛穿过时空隧道，回响耳际。据陈璘后人介绍，城墙外围原来有一条护城河，现在已经成为土坡。很巧，在这里，我们遇到了住在附近也是陈璘后人的陈少华,他正在自家的老宅里干活。

陈璘展馆则以"一战、一生、一族"为布展主题,以陈璘战功、陈璘文化、陈璘精神为布展内容,保存着他丰富的史料、文献和文物遗存。馆中的文物展现了陈璘波澜壮阔的一生,也展现了中韩人民友好往来的情谊。

在韩后裔超过2000人

远在韩国的全罗南道皇朝里海南山二黄朝洞,陈璘的血脉世代相传,村民以明皇遗民身份沿袭至今。

据史料记载,陈璘有一孙子名陈泳溱,明末随父辈在辽东防御清兵入关。明朝灭亡后,陈泳溱不愿降清,乃东渡鸭绿江赴朝鲜。朝鲜国念其祖陈璘援朝抗倭之功,将其安排在当年陈璘大败倭寇的全罗道海南郡附近居住。

直到20世纪90年代初,通过中国驻韩国大使馆,在尚玉河教授的帮助下,陈璘第十四代孙陈奉植、陈邦植两兄弟与翁源县建立联系。1995年6月23日,以陈邦植为团长的陈璘后裔15人首次到翁源县寻亲。这不仅圆了陈璘后裔"寻宗问祖"之梦,而且叙了"一衣带水,百代宗亲"之情。

陈璘后裔的每一次祭拜探访活动都会引发媒体的报道热潮。

2004年12月7日至10日,陈璘在韩第十四世孙、韩国陈氏宗亲会会长、韩国放送通信大学教授陈邦植先生和陈昺度先生应邀回到云浮、云安寻根问祖,并参加《陈璘传奇》一书首发式。

2005年12月8日,陈邦植先生再次来到云安。据当地媒体报道,陈邦植向在场所有陈姓村民表达了韩国陈璘后裔对故土深深的眷恋之情,他说:"远在韩国的陈璘后裔,无不思念着祖国和宗室亲人。虽然我们相隔两地,但血缘亲情却让我们心连着心,这份情也必将世代相传。希望中韩亲人能够代代相扶,也希望家乡的陈氏后裔能够努力向上,有机会到韩国学习,学成后为家乡的发展做出贡献。"陈邦植还表示愿意捐资修复陈璘墓,以供后人缅怀。

2014年,陈邦植专程从韩国来到陈璘故居云安大营村,恭庆先祖陈璘诞辰,参加纪念活动。八十多岁的陈邦植通过翻译告诉媒体,在韩国陈璘的后裔至今繁衍300多户，有2000多人，每年都按韩国的民间传统祭祖。两地交往频繁，并逐渐上升至经贸和文化交流往来，为中韩两国的友谊做出了积极的贡献。

除了韩方的来访，中方也被邀请访韩。陈璘后裔陈建平说，去年他就被韩国方邀请到全罗南道海南郡参加露梁大捷祝祭活动。对于祭祀活动中道君讲话、巫师表演、民族歌舞、海战演习的画面，陈建平先生有着深刻的印象。他说今年的8月12日，韩国统营市政府及在韩国的陈璘后人邀请云浮市和云安县有关机构，以及陈璘后人参加韩国"闲山大捷"的纪念活动，一行大概有八九人。今年10月份左右，陈璘的后人还将计划赴韩国参加露梁大捷祝祭活动。

云安族人超过3000人

在离六都镇60多公里外的富林镇，唐朝建郡，千年古镇，坐落在云安县南部，也是石材的发源地。

富林也有陈璘族人的后裔，现在已繁衍至第十九代。在富林云利村，始祖陈材，与陈璘同为广东省翁源县周陂镇龙田村陈万郎第六代孙。陈材于明朝万历年间随陈璘南下平三罗之乱，之后落籍富林云利村，至今繁衍了3000多后裔至第十九代。陈璘封太子太保，陈材赐武德将军，陈氏大宗祠脊梁上雕刻有"一品当朝"，同被后代所敬奉与仰仗。

陈材的第十四代孙陈锦栋，喜好谱词写曲，将祖先的故事讲得头头是道，他说他也打算将陈璘的传说编成歌传唱下去。同为第十四代的陈威雄和陈启平兄弟，在富林东升水库大坝前，用在外经商的积蓄，并争取到省里的文化资金扶持，正在兴建陈璘文化主题公园。

然而，尽管功震中外，陈璘尤其是他的族人陈材在史书上着墨甚少。今年是甲午战争120周年，一直以来作为中华民族的耻辱被历史所铭记，然而中国对日本的胜利之战"露梁海战"同陈璘一道几乎被历史所遗忘。此时媒体与政府挖掘史实，弘扬英雄，激励国人，恰逢其时。

点评：与深度新闻主题联系紧密的动态新闻，是一组深度新闻的有益组成部分，可以让深度新闻的外延更加丰富，让深度新闻的内涵更加丰满。如果动态新闻显示的是题材的正面影响力，则从另一个角度说明深度新闻题材的新闻策划具有前瞻性和较高的社会价值。

第二章 时政深度新闻选题策划

时政深度新闻与其他新闻类型有所不同，即前期准备充分，采访历时较长，编辑后期加工注重"精工细作"，注重报道组成部分的平衡与完整，也注重题材报道的全面与充分。因此，时政深度新闻题材的确定几乎都出自新闻策划。

在谈论时政深度新闻选题之前，有必要先了解一下新闻策划。

本书所讲的新闻策划，是狭义上的新闻策划，是指新闻采访策划，即新闻业务中的"战役"策划，指新闻传播工作者在一定时期内，为了达到某种传播效果，对具体的新闻事实的报道所做的设计与规划，也就是指记者对将要采访的题材或重大的新闻事实所做的事先谋划或筹划。

新闻策划是对已经发生或将要发生的新闻事件的报道方式进行分析、构思，经过反复酝酿、调整，从多个报道方案中优选出最佳报道方案加以实施，以达到一定的报道目标、实现预期的传播效果的过程。

选题是新闻策划最重要的部分，即核心部分。顾名思义，选题即选择题材。时政深度报道选题（主题）的选择是整个新闻策划的灵魂，是统率整个活动的思想纽带和思想核心。选题的确立往往建立在掌握种种资料和整合种种资源的基础上。一个新闻可以从多个不同的角度来报道，不同的角度有不同的重点，不同的角度会产生不同的方案，所以一般在讨论后都要从多个方案中选择并确定一个主题而不是多个。而确定这个主题的标准就是新闻价值的大小，即追求新闻价值的最大化。

新闻选题主要来自三个方面：一是可以预知的、有重大社会影响的活动和事件性或非事件性新闻。二是非可预见、有重大社会影响的突发性事件，需要在及时发出第一条消息的基础上进一步进行跟踪报道。三是新闻媒介自己策划的重要问题性报道、活动性报道。这三类新闻选题有一个共同的特点，就是选题本身的潜在社会影响力及其内容的复杂性决定了报道不能停留在简单、肤浅的层次上，而必须对报道客体进行充分的发掘、展示和分析，以多条稿件在空间或时间上的组合，使受众从多种角度、多个层面上了解事物的全貌和本质。

下面将通过具体的新闻实践案例，对时政深度新闻选题来源进行分析和研究。

一、时政深度新闻选题来源

（一）可以预知的、有重大社会影响的时政深度新闻题材

2018年4月，《小康》杂志推出了一期"海南30年"题材的时政深度新闻。报道的由头就是2018年4月13日是海南建省30周年。海南建省30年，不仅是海南省的重大事件，也是全国人民关注的重要政治大事。中国人有"逢十大庆"的习俗，30周年是个值得大庆的年份。"海南30年"的时政深度新闻，全面、客观、深入地报道30年来海南省在社会、经济、文化、民生领域里的巨大变化和重要成就，尤其是党的十八大、十九大召开以来，海南省的飞跃巨变。"海南30年"的时政深度新闻，是一次各方面突出成绩的集中展示。在全国上下都在学习贯彻习近平新时代中国特色社会主义思想的重要时期，推出大型成就报道是落实党的十九大会议精神的最好体现。

"海南30年"这一期时政深度新闻，在内容上也颇有特色，报道以全国人民熟悉，又非常有海南特色的"十个关键词"为切入口，各自展开报道，既抓住了重点与核心，又能一孔而窥全貌。这十个关键词分别是：①建省——因改革开放而生，因改革发展而兴；②最大经济特区——以新发展理念促大改革大发展；③博鳌论坛——发出亚洲声音，展示中国故事；④新兴航天城——打造"航天+"六大产业链；⑤三沙设市——海上维权力量实现"全覆盖"；⑥房地产——30年几经沉浮，加强调控回归理性；⑦全域旅游——打造国际一流海岛

旅游目的地；⑧热带资源——建成全国最大热带经济作物生产基地；⑨海洋资源——海洋第一大省迈向海洋强省；⑩少数民族与扶贫——脱贫奔小康补齐区域发展短板。

"海南30年"的时政深度新闻中第一篇稿件，围绕着十大关键词中的第一个关键词"建省"展开。该篇报道也是该组深度报道的综述篇，对整组报道起到了概述、引领作用。下面是该报道全文。

◆案例◆

因改革开放而生，因改革发展而兴[①]

1988年4月13日，国家设立了海南省，并建立了海南经济特区。30年峥嵘岁月，海南经济社会发生了深刻变化，海南从一个封闭半封闭的国防前哨成为我国改革开放的前沿和窗口，成为国内外知名的国际旅游岛。

海南省简称"琼"，古有"南溟奇甸"之称，今有"南海明珠"之誉。海南省行政区域包括海南岛、西沙群岛、南沙群岛和中沙群岛等岛礁及其海域，全省陆地面积约3.54万平方公里，占全国总面积的0.35%；海洋面积约210万平方公里，约占全国海洋总面积的60%，是我国陆地面积最小、海洋面积最大的热带海洋岛屿省。海南省下辖4个地级市、5个县级市、4个县、6个自治县；截至2017年，全省常住人口926万人。

蓝天白云、椰林树影，这是人们对于海南的印象。而在海口、三亚、陵水等地，如今更是高楼林立，充满休闲旅游的现代化气息。但时光回转30年，1987年党的十三大刚刚结束，深圳特区已经初具规模，而长期作为海防前线的海南岛，仍是一片待开发的土地。

1988年4月13日，第七届全国人民代表大会第一次会议决定，撤销广东省海南行政区，设立海南省，建立海南经济特区。同年4月

[①] 麦婉华：《因改革开放而生，因改革发展而兴》，载《小康》2018年第11期，第20~26页。

26日，海南省挂牌成立，中国最年轻的省份诞生了。作为全国唯一的省级经济特区与最大的经济特区，海南从诞生之日起，就承担起为改革试水、为开放探路的历史重任，承担起快速发展社会经济的使命。

数据最有说服力。1987年，海南地区生产总值只有57.28亿元，2017年达到4462.54亿元，扣除价格因素，比建省前增长21.8倍，平均每年增长11.0%，比同期全国平均增长快1.6个百分点。从人均地区生产总值这一指标看，建省前的1987年海南省人均地区生产总值不足千元，2017年达到48430元，扣除价格因素，比1987年增长14.3倍。按当年年平均汇率折算，海南省人均GDP由1987年的249美元提高到2017年的7179美元。

岁月如梭，弹指一挥间，海南省30周岁了。

孙中山、冯白驹曾有建省设想

海南岛历史悠久。记者从中共海南省党史研究室获悉，据三亚市落笔洞古人类遗址考古证实，早在1万年前就已有"三亚人"在海南岛生息。夏商之际，中国南方百越族中"骆越人"的一支迁入海南岛，成为黎族的祖先。西汉元封元年（前110年），汉武帝在海南岛上设珠崖郡和儋耳郡2个郡，辖16个县，海南岛正式纳入中国版图。

此后，海南作为中国的重要领土，在生产力和人口迁移方面不断发展，当时海南还是作为独立的行政区域。但明朝之后，海南岛改隶属于广东，设琼州府为全岛最高行政机关，统3个州、13个县。

1912年，设琼崖绥靖处，辖13县。1935年又在中部少数民族聚居地区增设有3个县，全岛共16个县。关于海南建省的设想，孙中山在《建国方略》中已有图景。孙中山提出海南建立行省是在共和初年，民国肇造，百废待兴，为什么在此时提出建省动议？

孙中山领衔签署的《琼州改设行省理由书》申述了三大原因、五大理由等，基本上是从国防与发展两方面着眼的。所谓五大理由，一是国防建设，二是开发富源，三是发展文化，四是移民，五是管理便捷。

1884年中法战争时，法国舰队两次进攻我国台湾地区。战后，台湾升格为省。法国控制越南后，又于1899年租借广州湾（今湛江市）。这种态势，直接威胁到广东的安全，而海南首当其冲。张之洞受任两广总督，特别注重海南的国防建设。海南儒生潘存还拟了海南改建行省的稿子，呈报给张之洞。张之洞及后来另一两广总督岑春煊都曾提议海南改建行省，但因和者寥寥，最后无果。

孙中山提出，琼州改设行省，"诚急务也"。但是客观地说，这确非急务。急务者，内阁制与总统制之争也，这涉及总统权限及制约问题。袁世凯期望总统制，而国民党钟情内阁制。围绕这个问题而展开的是国会选举，各党派都在急速扩充人马，无硝烟的战场呈现混乱的景象。而琼州改设行省，只停留在动议上，没有进入政治操作的盘口。

日本军队侵琼期间（1939—1945年），对海南进行掠夺性开发，使海南岛的资源和生态遭受严重破坏。抗日战争胜利后，国民党发动内战，海南经济萧条，民不聊生。在此期间，海南省抗战将领、琼崖纵队队长冯白驹曾有建省设想。1947年10月23日，中国共产党在东北解放区创办的第一张地区报纸《东北日报》第一版报道：海南岛我成立省府。

1950年5月，海南岛解放。1951年，设海南行政公署，辖1市、16县，隶属广东省。海南当时并没有单独建省。

乘改革开放之风建省

直到改革开放时期，邓小平同志重提海南建省的设想。在1984年，中央高层领导提出用20年时间把海南岛经济发展到与台湾地区相当的水平的设想。"两岛竞赛"的提法，由此而来。

1987年6月12日，邓小平同志在会见外宾时，第一次公开提出了建立海南经济特区的思想。他说："我们正在搞一个更大的经济特区，这就是海南岛经济特区。"

1988年4月13日，全国七届人大一次会议正式通过两个决议：一个是《关于设立海南省的决定》，另一个是《关于建立海南经济特区的决议》。从那天起，海南行政区从广东省划出，独立建省，海南省和海南经济特区正式成立。海南经济特区是中国最大的，也是唯一的省级经济特区。

第一任海南省委书记许士杰认为，对于海南特区与其他特区的不同，不能有一夜暴富思想，要艰苦奋斗，在打基础中前进，要用足用活中央的政策，要创造性地运用，并根据变化的情况去发展。

中国（海南）改革发展研究院副院长、研究员夏锋在接受记者采访时表示，30年前，海南是一个封闭半封闭的国防前哨，是全国经济社会最落后的地区之一。海南建省30年来，海南经济社会发生了深刻变化，海南从一个封闭半封闭的国防前哨成为我国改革开放的前沿和窗口，成为国内外知名的国际旅游岛。

"变化的方面有以下几个。首先，海南的经济综合实力明显增强，产业结构实现了根本性转变。"建省前的1987年，海南省三次产业比重分别为50%、19%和31%。也就是说，海南主要以农业为主，产业结构单一。1992年海南服务业占比首次超过农业。2017年海南三次产业结构调整为22∶22.3∶55.7，服务业成为海南的主导产业。

"海南民生得到大大改善，生活水平得到极大提高。"夏锋说，建省之前，由于政策封闭、体制不顺，海南的经济发展相当落后，绝大部分是农村，85%的商品要靠内地调进，17%左右的人口未达温饱。建省之初，城镇常住居民人均可支配收入刚刚超过1000元，农村常住居民人均可支配收入才609元。2017年城镇居民人均可支配收入突破3万元，达30817元，比建省前1987年名义增长30.6倍，年均增长12.2%；农村居民人均可支配收入达到12902元，比1987年名义增长24.3倍，年均增长11.4%。

而且，海南的基础设施日趋完善。建省之前，海南的基础设施十分落后。查阅史料，海口市当时都没有几个红绿灯。而今天，以环岛高铁为标志的一批重要交通、能源、水利等基础设施项目陆续建成，"四方五港"格局基本形成，"五网"建设加快推进，基础设施的改善给900万海南岛人民和每年超过6000万人次的游客带来了实实在在的好处。建省之初，从海口去三亚200多公里，要开车10多个小时，路上很难走。而今天，乘上高铁，一个半小时就到三亚，方便多了。

旅游业成为龙头产业

海南是中国唯一的热带海岛省份，岛内有四季如春的气候，年平均气温23.8 ℃，一流的空气质量，诱人的海水、沙滩，迷人的热带雨林，良好的自然生态环境，以及独特的黎、苗少数民族文化。1999年，海南建设中国第一个生态省份，因自然环境一流，旅游度假资源得天独厚，被国内外旅游者誉为健康岛、生态岛、安全岛、度假岛等。

旅游业，已经成为海南必不可少的一部分。这也是得益于建省后，海南的定位发生了改变。如今，海南基本形成了以旅游业为龙头，以服务业为主导的经济结构，服务业成为拉动海南经济增长的主动力。

2010年1月4日，国务院发布《国务院关于推进海南国际旅游岛建设发展的若干意见》。至此，海南国际旅游岛建设正式步入正轨。作为国家的重大战略部署，我国将在2020年将海南初步建成世界一流海岛休闲度假旅游胜地，使之成为开放之岛、绿色之岛、文明之岛、和谐之岛。

国际旅游岛的战略定位包括：成为中国旅游业改革创新的试验区，成为世界一流的海岛休闲度假旅游目的地，成为全国生态文明建设示范区，成为国际经济合作和文化交流的重要平台，成为南海资源开发和服务基地，成为国家热带现代农业基地。

夏锋分析，2017年，尽管农业占比仍在22%，高于全国平均水平，但海南岛的服务业占比达到55.7%，比全国平均水平高出4.1个百分点；服务业对经济增长的贡献率已提高到79.4%，比全国平均水平高出21个百分点，成为拉动经济增长的主动力，初步形成以服务经济为主的产业结构。

海南建省后的多个"率先"

中共海南省委书记、海南省人大常委会主任刘赐贵指出，2018年是中国改革开放40周年，也是海南建省办经济特区30周年，要牢记海南经济特区的定位和使命，重塑特区意识、重振特区精神、擦亮特区品牌，真抓实干、奋发进取，紧密结合海南实际抓好全国两会精神的贯彻落实，加快建设美好新海南。

海南因改革开放而生、因改革开放而兴。在建省后的30年间，海南在多个方面都成了标杆，造就了不少"率先"。夏锋总结道：

率先全面推进价格改革。海南从建省办经济特区开始，就非常注重培育和发展各类商品市场和生产要素市场。例如，1991年在全国率先实行粮食购销同价改革，放开粮食价格；除国家个别控制的生产资料外，所有能放开的生活资料和生产资料的价格都基本放开，实行计划价格与市场价格并轨。随着价格的放开，商品市场和各类要素市场活跃，每年吸引了上万家企业来海南注册登记，给岛屿经济注入了强劲动力。

率先建立以股份制为主体的现代企业结构。过去，海南企业不仅规模比较小，而且大都处于亏损状态，海南国有商业企业亏损面达80%之多。如何在放开价格的同时，培育发展各类市场主体成为改革发展面临的突出矛盾。正是在这个背景下，1991年，海南率先推进企业股份制改革。海南的股份制改革在全国创下了多个第一：国内第一家民营上市公司是海南新能源股份有限公司；第一家股份制航空公司是海南航空股份有限公司；在1992年至1993年上半年，深圳异地上市公司只有9家，海南就占了4家；北京法人股交易系统开始只有10家，海南就有5家。可以说，股份制改革在海南经济发展起步阶段发挥了重要作用，对推动全国股份制改革也起到了积极促进作用。

率先实行"小政府、大社会"新体制。为了最大限度地激发市场和社会的活力以及更好地发挥政府的作用，海南在全国率先建立了"小政府、大社会"新体制。率先实行"小政府"体制，政府的机构设置少而精；探索建立"大社会"体制，充分激发社会组织的活力；率先推行社会保障体制改革，实行省级统筹的社会养老、失业、工伤、医疗保险制度，初步建立起新型社会保障体系框架。海南"小政府、大社会"体制的超前试验，为海南的经济社会发展注入了活力和动力，也为全国行政管理体制改革提供了经验和借鉴。直到今天，提到"小政府、大社会"，不能不想到20世纪80年代末90年代初，海南这项在全国十分有影响的改革试验。

率先开展省域"多规合一"改革。2015年6月,海南被中央深改组列为省域"多规合一"改革试点。海南设立了全国唯一的省级规划委,海南省总体规划经国务院同意实施。中央肯定海南省"多规合一"改革是"迈出了步子、探索了经验"。在全面深化改革的大背景下,发挥海南最大经济特区的优势,"多规合一"改革为重点创新机制体制,形成海南可持续发展的新动力。

守好祖国的南大门

30年来,海南取得巨大进步的同时,也要看到海南离建省之初中央提出的目标要求还有相当大的差距,海南的发展仍面临巨大压力。夏锋列了几组比较性数据:1987年我国台湾地区生产总值是海南的58倍,到2017年缩小到9倍,说明海南与台湾经济发展差距在缩小。但与我国沿海发达省市相比,差距在扩大。1988年,海南省经济总量为广东省的1/15,到2017年为1/20;人均GDP占广东的比重由1988年的63.3%下降到2017年的60%;1987年海南的GDP总量比深圳还略高一点,2017年仅为深圳的1/5左右。

夏锋建议,海南未来的发展要拓展更加开放的发展局面,以大开放促大改革、大发展。扩大开放始终是海南改革发展的主题。一是要用足用好国际旅游岛产业开放的政策,开放一切可以开放的产业,以现代服务业市场的大开放推动国际旅游岛升级版建设。二是探索建设自由贸易港。党的十九大报告明确提出:"赋予自由贸易试验区更大改革自主权,探索建设自由贸易港。"2017年,海南省第七届委员会第三次全体会议通过的《中共海南省委关于认真学习宣传贯彻党的十九大精神的意见》中明确提出:"积极创造条件,探索建设自由贸易港。"这是落实习近平总书记提出的"应该在开放方面先走一步"的重大举措。

另外,海南应服务国家经略南海战略,守好祖国的南大门。2013年4月,习近平总书记视察海南时明确要求,"把海南建设好,把祖国的南大门守卫好,政治责任重大,是光荣的使命"。党的十九大报告肯定了过去五年"南海岛礁建设积极推进"。海南作为南海的最大岛屿,战略地位全面凸显。2017年4月,海南省第七次党代会报告提出:"积极争取泛南海旅游经济合作圈成为国家战略。"同年10月,《中共海南省委关于认真学习宣传贯彻党的十九大精神的意见》提出:"积极争取泛南海经济合作圈成为国家战略。"

第一,服务21世纪海上丝绸之路建设,构建"泛南海经济合作圈"。破题海上丝绸之路建设,重在南海,难在南海,突破也在南海。未来,海南要充分发挥自身优势,以构建"泛南海经济合作圈"为重点,以更大的开放实现海南与泛南海区域国家和地区间更大范围、更深层次的交往合作,将海南建设成为泛南海经济合作先导区,进而在泛南海区域形成由中国主导的合作开发新格局。

第二,率先实现"泛南海旅游经济合作圈"的突破。服务21世纪海上丝绸之路建设和国家经略南海为总目标,充分发挥生态环境、经济特区、国际旅游岛"三大优势",以旅游及相关服务业合作为先导,积极推动旅游产业项下的自由贸易进程,以旅游产业的更大开放带动海南区域开放更大突破,打造面向泛南海的开放新高地。

第三,打造泛南海邮轮旅游母港。按照习近平总书记2013年4月视察凤凰岛时提出"加快建设邮轮母港"的要求,比照国际邮轮母港标准加快推进海口、三亚港口基础设施建设,积极开辟泛南海邮轮旅游航线,扩大客源市场,提升服务能力,建设以海南为中心、联结华南地区、辐射泛南海诸国的邮轮旅游母港,使海南邮轮旅游成为构建泛南海旅游经济合作圈的先导产业,扮演"水上高铁"的角色。

(二)非可预见、有重大社会影响的政治事件的时政深度新闻题材

2018年5月,《小康》杂志刊发了一期"资源枯竭城市再生"的时政深度新闻。中国目前有多少资源枯竭城市?未来还有哪些城市面临资源枯竭?资源枯竭城市转型发展之路如何?转型发展能否成功?这是这组报道策划的初衷之一。

资源枯竭城市,是指矿产资源开发进入后期、晚期或末期阶段,其累计采出储量已达到可采储量的70%以上的城市。当年中国共有

69个资源枯竭城市，另加9个县级单位参照执行（大小兴安岭林区9个县级单位参照执行资源枯竭城市）。资源枯竭城市有四大共性特点：一是资源枯竭，产业效益下降；二是产业结构单一，资源产业萎缩，替代产业尚未形成；三是经济总量不足，地方财力薄弱；四是大量职工收入低于全国城市居民人均水平。

根据国内外以前的经验与教训，资源枯竭城市的特征表现在以下四个方面：一是城市发展的资源环境基础出现危机。随着资源的枯竭，生态环境恶化，耕地退化、盐碱化和沙化，水资源需求告急等问题也接踵而至。二是资源型城市区位条件差，自我发展能力较弱。该类城市基本上都是依资源开采地而居，缺乏一般城市的开放性，经济体系处于封闭状态，城市其他社会服务功能紧紧依附于主导资源产业，缺乏自主运营的空间。三是资源枯竭型城市产业高度的单一性，或者称为非均衡性。资源型产业既是主导产业，又是支柱产业，城市对资源产业的依赖性很大，使得城市的发展受到限制，城市功能不全，第三产业以及可替代产业发展落后。四是矿业城市在管理体制和利益机制上矛盾突出。

资源枯竭城市转型的主要战略有以下三点：一是采取多元发展战略，发展循环经济，跳出产业衰退循环；二是实施产业结构优化战略，确保产业政策与城市政策的统一；三是实施集约整合战略，探寻资源枯竭城市发展的新途径。

"资源枯竭城市再生"时政深度新闻，由1篇综述稿和12篇具体的关于资源枯竭城市如何转型发展的稿件组成。综述稿重点讲什么是资源枯竭城市，中国的资源枯竭城市特点有哪些，中国的资源枯竭城市该如何转型，国家扶助政策如何，最新转型实践现状如何。报道采访了国家相关部委官员和一些国家级专家学者，并在文中将所有资源枯竭城市以列表的方式呈现。以下是该系列报道中的其中一篇案例报道。

◆案例◆

第三批资源枯竭代表城市——乌海 非煤产业占工业总产值80%以上①

作为全国认定的 31 个煤炭资源型城市，在当地政府的主导下，"十三五"期间，乌海的发展路径已然非常清晰：聚焦产业转型与环乌海湖两大战略，着力构建现代化经济体系依旧是未来的重点。

煤炭探明储量 24 亿吨，优质焦煤占内蒙古自治区已探明储量 60%的乌海，寓意"乌金之海"，位于内蒙古自治区西部，由乌达、海勃湾两个县级市合并而成。由于煤炭资源丰富，在我国西部大开发和"一带一路"发展战略中乌海具有重要地位，被称为是我国西部最具发展活力的新兴工业基地之一，同时它也担当了各个时期国家、自治区建设所需的能源保障重任。

GDP 实现快速增长的同时，由于片面追求资源的产出，产业结构失衡和煤炭资源减少，成为乌海城市发展的桎梏。2011 年 11 月，乌海市被列入国家第三批资源枯竭城市。

困局已成，变则通，通则久。为摆脱资源型城市"矿竭城衰"的命运，在内蒙古自治区党委政府的领导下，乌海执政者们试图通过产业结构调整来为其深陷"资源枯竭"的危机画上句号，从阶段性变化来看，这一办法奏效了。

谋定而动

作为全国认定的 31 个煤炭资源型城市，能源城市和生态脆弱就像一枚硬币的两面，既是乌海发展的优势，又是其不可回避的"痛点"。转型，用其他业务板块反哺经济对资源城市乌海来说尚是可以选择的道路，但这个前提之下，乌海必须首先做到自我革新，淘汰落后产能。

早在十多年前，乌海市就以高于国家产业政策的标准淘汰落后产

---

① 韩静：《第三批资源枯竭代表城市——乌海 非煤产业占工业总产值 80%以上》，载《小康》2018 年第 14 期，第 42~43 页。

能，大面积关停小焦化、小硅铁、小电石等企业。经过一轮转型阵痛期，率直的乌海人用务实的态度诠释着其对加快"转型"的渴望与期待。如今，一轮转型升级后乌海的煤焦化企业不仅全部达到年产百万吨的生产能力，而且技术装备水平在国内领先，过去生产过程中的焦油、煤气等副产品全都成了宝贝。

更令人欣慰不已的是，煤城新一轮经济腾飞的背景下，乌海城市的颜色从此不再只有黑色。通过学习借鉴国内外资源枯竭型城市转型的模式和经验，乌海明确了"生态立市，加快经济转型和城市转型，建设内蒙古自治区西部区域中心城市"的发展思路。

依托而不依赖于现有资源优势的定调，为乌海城市发展翻开了新的一面。

通过"铁腕"治污，2017年乌海市中心城区的优良天数达到268天，比5年前增加了110天，天蓝了、水清了、全市森林覆盖率由建市初期的0.3%提高到17.5%，这是乌海市依托良好生态和山地地形，聚合城市"绿色资源"，增强休闲养生、生态旅游等城市功能全力打造的结果。

最有力的佐证便是"大漠湖城"的建设。乌海市政府工作人员向记者介绍，随着2014年黄河海勃湾水利枢纽工程的建成及"绿肺"乌海湖的形成，有利促使了乌海的区域气候条件得到改善。从做"煤"文章向做"水"文章的转变，恰恰用行动践行了党的十九大报告提出的，要坚持人与自然和谐共生，统筹山水林田湖草系统治理的理念。

转型再造优势

产业转型升级重塑，必然要与过去有所不同。在转型升级的过程中，围绕产业链招商，乌海市先后引进多家装备制造业企业，现代装备制造业实现从无到有、由弱变强，开始形成规模化发展趋势。

在乌海市下辖乌达区，从2008年起就开始谋求以精细化工产业为抓手引领转型。如今乌达区的原煤开采销售占GDP的比重由56.0%下降至9.6%，业内专家认为，浮动比重带来的震荡，是乌海政府在"下猛药"，以医治乌海经济的痼疾，对未来的发展大有好处。

这么说并非空穴来风。乌海市政府工作人员介绍：目前，淘汰落后产能后，乌达区的非煤产业占到工业总产值的80%以上，预计2020年，乌达区总发电能力将达210万千瓦，输出蒸汽约1000吨/时，区域届时将节省电力成本20亿元，精细化工产业将实现产值220亿元。

卡博特公司是乌海市引进的首家外资企业。由该公司建设的年产8000吨的世界级气相二氧化硅生产基地就位于乌海市乌达工业园，该公司的主打产品气相二氧化硅作为重要的超微细无机新材料之一，其产品以其优越的稳定性、补强性、增稠性和触变性应用于包括有机硅、胶粘剂、复合材料和涂料等行业，广泛应用于汽车、建筑、太阳能、风力发电叶片、食品、个人护理等领域。

企业相关负责人向记者介绍，该项目既实现了就地取材、变废为宝，又大幅降低了废气、废水的综合排放，是典型的循环经济典范。按照预期，项目将于6月份开始安装主装置区设备，项目建成后预计年销售额可达两亿元，实现年利税额约6000万元，对乌海经济发展又是一大助力。

值得一提的是，转型升级过程中煤炭企业也在响应。作为乌海最大的国有煤炭企业神华乌海能源公司从2012年开始，为解决面对的困难，公司上下开启转型模式，对煤炭板块和焦化板块进行了业务分离，并在此基础上专门成立了内蒙古煤焦化公司，实现煤炭和焦化两大板块的专业化管理。如今神华乌海能源公司已经成功转型。它的转型也为乌海的其他能源企业提供了参考。

"我们经济转型的重点，就是着力推进经济结构和发展方式的转变。变'一煤独大'为'多元支撑'，降低对资源，特别是本地资源的依赖性，增强发展后劲。"这样的声音将一直伴随乌海城市转型，未来思变中的乌海将以高标准建设迎来更高质量的绿色发展。

（三）新闻媒介自己策划的重要时政深度新闻题材

2019年5月，《小康》杂志推出了一期"大湾区县域机遇"题材的时政深度新闻。粤港澳大湾区是国家发展战略,其发展目标是世界第一大湾区经济。大湾区核心与骨干城市"9+2"议论已久,新闻也多有报道,尤其是三大龙头——广州、深圳、香港的报道更多,其他主要城市如澳门、佛山、东莞的报道也不少。《小康》杂志此次重点关注9个城市区域内的县域,如县域的机遇与红利、县域如何抓住这样的机遇做好自身的发展、县域的特色如何对接大湾区整体规划等。

当绝大多数媒体都聚焦在"9+2"核心与骨干城市的报道上时,该报道的这一选题却另辟蹊径,将关注的重点放在大湾区区域内的县域层面,应该说这一"自选动作"比较"接地气",有一定的新闻价值和社会影响力。

◆案例◆

粤港澳大湾区县域"风口"来临[①]

4月2日中午12时,南沙大桥(虎门二桥项目)正式通车,这标志着粤港澳大湾区的又一条新动脉彻底打通。大桥全长12.89公里,路线起于广州市南沙区东涌镇,穿越虎门港进入东莞市沙田镇。

作为粤港澳大湾区内又一条重要的过江通道,南沙大桥的建成通车标志着粤港澳大湾区交通基础设施建设步入新阶段,大湾区快速交通网络正在加快形成。与此同时,沿线南沙区、虎门镇、沙田镇在内的县域"任督二脉"均被打通。

建设粤港澳大湾区,是习近平总书记亲自谋划、亲自部署、亲自推动的国家战略。2月18日《粤港澳大湾区发展规划纲要》正式印发后,粤港澳大湾区建设已从开局起步转向全面铺开、纵深推进。"粤港澳大湾区"城市群由"9+2"城市组成,即"广州、深圳、珠海、佛山、惠州、东莞、中山、江门、肇庆"9市和香港、澳门特别行政区形成的城市群。

---

① 张玉荣:《粤港澳大湾区县域"风口"来临》,载《小康》2019年第14期,第20~25页。

如果把粤港澳大湾区城市群比喻为一棵大树，珠三角9个城市则是同根同源、休戚与共的枝干，9个城市之下的县域则是错落有致、郁郁葱葱的树叶，而今这棵大树正茁壮成长，枝繁叶茂、生机盎然。

据粤港澳大湾区研究院预测，粤港澳大湾区经济总量超过了美国旧金山湾区，未来发展势头强劲，有望超过东京湾区，成为亚洲经济总量最大的湾区城市群。

全面崛起，各安其位

粤港澳大湾区囊括"2+9"个地区：香港、澳门两个特别行政区与珠三角9座城市（广州、深圳、珠海、佛山、惠州、东莞、中山、江门、肇庆）。其中，香港、澳门、广州、深圳将作为中心城市，发挥辐射作用，成为带动周边地区的引擎。同时，大湾区内各城市在功能定位上又各有分工、各有侧重。

9座城市下又有多少县域参与粤港澳大湾区建设呢？记者梳理发现，县域主要指的是珠三角9座城市以下的县域。其中，深圳共有9个行政区、1个新区、1个合作区，广州市辖11区，佛山市辖5区，惠州市有2个市辖区、3个县、2个高新区，肇庆市有8个县（市）区、1个高新区，珠海下辖3个区，江门下辖3个区、4个县级市，东莞共有32个镇街，中山总共25个镇区。

在广东省十三届人大二次会议专场记者会上，广东省发展改革委主任葛长伟透露，广东编制了《粤港澳大湾区规划纲要》实施意见和三年行动计划，近期会发布，主要对应国家的规划纲要，提出今后一个时期广东省如何实施和落实好国家的规划纲要。"搭建好粤港澳大湾区的四梁八柱，主要是要在规划纲要和实施意见的基础上，编制推出相应专项规划，包括创建国际科技创新中心建设方案，基础设施互联互通专项规划，生态环境保护体系规划等。"在谈及广东今年在粤港澳大湾区建设方面的重点时，葛长伟说道："以规则相互衔接为重点，加快编制大湾区建设专项规划，携手港澳建设国际一流湾区和世界级城市群，打造引领全国高质量发展的重要动力源。"在做政府工作报告时，广东省省长马兴瑞将粤港澳大湾区建设列入了今年该省工作的"头条"。

国务院港澳办港澳研究所原所长陈多对记者说:"建设大湾区有多方面战略意图,其中一条是优化区域功能布局,要把珠三角这个'引擎'做强,带动周边地区加快发展。《粤港澳大湾区发展规划纲要》为大湾区发展描绘了美好蓝图,下一步就是要将蓝图付诸行动,转化为实际成果。大湾区发展要立足长远、持续发展,要着眼于国际竞争力的提升,国际化、法治化水平的提高,更要着眼于人民生活水平的改善。"

到县域一级,怎么将广东省的"头条"工作落实到位,将蓝图付诸行动?相关专家认为重要一点是找准定位,参与区域协同发展,而这关键在于:既全面崛起,又各安其位。

"粤港澳大湾区的县域经济发展十分重要,大湾区有几个中心城市,起支撑作用的主要在县域。县域发展首先要认识自己在粤港澳大湾区当中的地位、角色,这个最关键,以及特长、突出优势,不是什么都搞,什么商都招,同时确定主要跟哪个中心城市合作。"华南城市研究会副会长谈锦钊接受记者采访时说。

风口来临,未来可期

根据《粤港澳大湾区发展规划纲要》(以下简称《规划纲要》),对广州的定位是着力建设国际大都市;对深圳的定位是建成现代化国际化城市,具有世界影响力的创新创意之都。

支持重要节点城市如珠海、佛山、惠州、东莞、中山、江门、肇庆等城市充分发挥自身优势,深化改革创新,增强城市综合实力,形成特色鲜明、功能互补、具有竞争力的重要节点城市。

深圳科创产业突出,比如近年来,深圳福田区政府陆续与香港生产力促进局、南方科技大学展开合作,在河套地区成立"香港生产力促进局深圳创新及技术中心"和"南科大—港大"联合实验室。截至目前,这些合作孵化器等项目已布局就绪,福田区打造的"深港协同创新中心"已现雏形。

"南山像一株科创蒲公英,把种子撒向大湾区。""粤港澳大湾区重大历史机遇的'风口'已经来临,南山要抢抓机遇,向更高更强处迈进。"深圳市南山区委书记王强接受媒体访谈时谈道。南山区成立粤港澳大湾区建设领导小组"六管齐下"正在力推粤港澳大湾区建设，下设科技创新中心、深圳湾CBD、西丽高铁新城、"三宜"优质生活圈、港澳青年在南山创新创业、现代产业高端化6个专责小组。

随着粤港澳大湾区建设推进，地处大湾区几何中心的广州市南沙区，地理优势将再次凸显。以南沙中心为圆心，半径100公里的圆圈内，囊括了粤港澳大湾区大部分城市，以南沙为支点的大湾区"半小时交通圈"未来可期。

"南沙在未来会成为整个大湾区交通枢纽中心，甚至是经济中心。有中科院专家建议广东省委省政府搬到南沙，当然这是比较遥远的事情，但是从发展角度来看势在必行，从而实现整个珠三角、广东经济的再造。"全国港澳研究会理事、经纬粤港澳经济研究中心委员陈恩对记者说。

事实上南沙也正在积极谋划未来发展。近日，南沙问计院士专家咨询座谈会在广州南沙举行。中国工程院院士、广东院士联合会会长、粤港澳院士专家创新创业联盟主席刘人怀等十多位院士专家受邀参会。有专家认为南沙要成为粤港澳科技创新走廊的载体节点，不仅要发展好交通、居住环境、教育、医院等"硬条件"，还要有创投政策及知识产权保护制度等"软条件"；有专家建议把食品安全作为南沙一个重点来做，将南沙打造成为中国食品安全优质地区，吸引更多人来这里生活；也有专家建议南沙发展绿色能源，率先实现新能源产业化……

产业对接，转型升级

《规划纲要》中提到要增强制造业核心竞争力。围绕加快建设制造强国，完善珠三角制造业创新发展生态体系。推动互联网、大数据、人工智能和实体经济深度融合，大力推进制造业转型升级和优化发展，加强产业分工协作，促进产业链上下游深度合作，建设具有国际竞争力的先进制造业基地。

《规划纲要》还提到以珠海、佛山为龙头建设珠江西岸先进装备制造产业带，以深圳、东莞为核心在珠江东岸打造具有全球影响力和竞争力的电子信息等世界级先进制造业产业集群。发挥香港、澳门、广州、深圳创新研发能力强且运营总部密集，以及珠海、佛山、惠州、东莞、中山、江门、肇庆等地产业链齐全的优势，加强大湾区产业对接，提高协作发展水平。

比如珠海金湾区，近年来作为该区传统优势产业的生物医药产业势头强劲，占全市生物医药产业年产值的80%，使金湾区成为全市生物医药产业的"主战场"。借助粤港澳大湾区的机遇，金湾区将继续做大做强航空、生物医药、新能源等特色产业和传统优势产业，加快构建现代产业体系。位于珠海香洲区的珠海保税区有着港珠澳大桥桥头堡之利、保税政策功能和对外开放优势，正谋划承接香港航空物流产业。

作为深圳东进的延伸区域，惠州市惠阳区则在创新驱动战略的指引下瞄准打造10个价值超百亿产业园区，产业转型升级势不可挡，电子信息、新能源新材料、精细化工装备制造、现代服务业成为惠阳重点培育产业。

对于以工业立区的江门市新会区而言，园区和平台的打造是新会促进实体经济高质量发展的最大利器。新会正全力推进粤澳（江门）产业合作示范区、深江产业园、珠西新材料集聚区三大万亩园区建设，为粤港澳大湾区产业共建和协作提供高质量载体。

而作为江门的中心城区蓬江区，则确立了打造"1+3"粤港澳大湾区重大合作平台的目标，将重点引进国内外优秀人才、大湾区先进地区的溢出产能、优秀企业的区域总部以及国内外具有影响力的大型活动、赛事等，推动"人产城"融合发展。

近日记者所走访的佛山市南海区，该区正在加快推进"佛山南海电子信息产业园"，承接一江之隔广州市白云区的"白云湖数字科技城"，共建广佛新一代电子信息产业园，正联合逐级申报为粤港澳大湾区重点项目和广佛同城产业合作示范项目。

在粤港澳大湾区的概念下，城市群之间的行政边界将进一步模糊，产业链上下游的承接更加深化。"传统产业需要转型升级，因为湾区强调的是高度的区域融合和创新发展。关起门自己搞发展已成为过去，在大的格局、大的历史机遇下，城市之间、县域之间也需要形成竞合的关系,避免单打独斗,有竞争有合作。"陈恩说。

弘扬岭南文化,共建人文湾区

这里丘陵罗列,河网密织,八口入海,河流文化和海洋文化风云际会。文化多元性、开放性与包容性成为粤港澳大湾区文化的显著特质。加上粤港澳地域相近、文脉相亲,这里特别适合联合开展跨界重大文化遗产保护,合作举办各类文化活动,弘扬岭南文化,增强大湾区文化软实力,进一步提升居民文化素养与社会文明程度,共同塑造和丰富湾区人文精神内涵。

有文脉、有感情、有文化认同的人文湾区是粤港澳大湾区建设的重要内涵。在县域这一层,记者发现以粤剧、龙舟、武术、醒狮等为代表的岭南文化,非常具有地方特色,适合推广弘扬,打造大湾区文化品牌项目。

2009年,粤剧被联合国教科文组织列入人类非物质文化遗产代表作名录,不仅是大湾区共同的文化瑰宝,更是联结大湾区人民情感和共同文化记忆的"乡音"。《规划纲要》也对保护和弘扬粤剧艺术做出明确部署。如何让古老的粤剧"乡音"历久弥新,响彻粤港澳三地需要更多的探索。2018年到2019年,"粤港澳大湾区粤剧电影展"上映《柳毅奇缘》《传奇状元伦文叙》《小凤仙》等粤剧电影,立足粤港澳大湾区,辐射全国,掀起热潮。粤剧曲艺在岭南水乡有着深厚的群众基础,创作了大量优秀现代剧目,尤其是在东莞道滘、麻涌等镇,道滘更是"中国曲艺之乡","粤剧曲艺黄金周"自2003年开始至今已连续举办了15届。

作为"岭南文化之脉、佛山文化之心"的禅城区,历史悠久,文化底蕴深厚,当好岭南文化的守护者和传承人是禅城区的使命与担当。2018年,禅城区还首次提出积极创建岭南文化品牌示范区,岭南文化将从城市名片上升为区域品牌。禅城区的政府工作报告还提出,要注重非物质文化遗产保护,用好非遗保护政策,建设粤剧、醒狮、陶艺等非遗展示中心,推动非遗文化从"活起来"逐步"火起来"。

素有厨乡之称的佛山市顺德区,美食是其美誉天下的名片。《规划纲要》中提到支持香港、澳门、广州、佛山(顺德)弘扬特色饮食文化，共建世界美食之都。近日，佛山市顺德区以优异成绩通过了联合国教科文组织的"创意城市网络——美食之都"复审。如何加强发挥和广州、澳门等地饮食文化的互动，同样值得期待。

肇庆是岭南文化的重要发祥地，也是粤港澳大湾区最美生态绿洲。得益于当地原生态自然环境，鼎湖区被认定为粤港澳大湾区中的"世界长寿之乡"，将重点抓好以推进乡村振兴、建设全域旅游区、鼎湖山创5A景区等依托绿水青山打造粤港澳大湾区康养旅游基地。端州区则是以府城复兴项目和星湖创5A作为主抓手，积极参与大湾区文化旅游交流合作，展示端州区"山湖城江·千年府城"独特魅力，以吸引更多大湾区游客。

记者近期走访的中山和江门是大湾区中两个重要节点城市，是影响近代中国历史的珠江西岸文化走廊上的两个重点地域之一，以著名侨乡、伟人故里而闻名于世。中山市南朗镇利用孙中山故居、5A级旅游景区等深度挖掘和弘扬孙中山文化资源，为大湾区融合发展提供文化积淀和归属认同。江门开平市融入"互联网+"和"物联网"等智慧城市发展理念，推动侨乡建筑艺术复兴，建设大湾区华侨文化展示重要窗口。

"好山好水、历史古迹、传统工艺、特色饮食等等，很多县域有这方面丰富资源，也都在搞文化、民俗旅游，但是文化旅游搞得好要注重跟中心城区合作，找到目标市场，更要挖掘特色有新意不能过分同质化，交通怎么接驳、环境怎么营造都需要考虑，不然没人来，市场没打开就搞不成。这方面建议找专家深入调研做分析规划。"谈锦钊说。

发展特色城镇，推进体制改革

《规划纲要》中提到要完善城市群和城镇发展体系，发展特色城镇。充分发挥珠三角9市特色城镇数量多、体量大的优势，培育一批具有特色优势的魅力城镇。

说到魅力城镇，在粤港澳大湾区中的县域一级的建设比较成熟，比如中山、东莞的特色小镇可谓亮点纷呈、争奇斗艳。中山"一镇一品"的专业镇经济就是珠三角的经济特征之一。比如小榄的菊城智谷小镇、南朗的翠亨旅游小镇、古镇的灯饰特色小镇、火炬区的火炬智慧健康小镇、东升的中国棒球小镇、沙溪的时尚服装小镇等等。

记者参加过古镇的灯光文化节，也走访过灯饰的制造厂商，发现古镇的灯饰制造全产业链非常完善。据了解，该镇将继续打造以灯饰产业为核心优势产业，并打造产业旅游，使灯饰不仅仅是工业产品，也是一种艺术品。此外，推广工业旅游，让消费者在古镇购买灯饰的过程中可以感受到灯饰魅力。

东莞的特色城镇则在产业方面呈现百花齐放、各有千秋的态势。中堂镇的造纸业、厚街镇的家具制造业、虎门镇的服装业、大朗镇的毛织业、长安镇的五金业、茶山镇的食品业、清溪镇的电子业等等。

东莞推出城市建设新规划，通过努力打造魅力小城和特色小镇，以小镇建设聚焦特色产业、结合结构化金融手段、实施产城融合开发建设，重构特色产业价值链和生态圈。

中国是五级政府体系，其中市级下面一般辖有县或区，但是东莞和中山没有县或区政府。《规划纲要》中提到加快推进特大镇行政管理体制改革，在降低行政成本和提升行政效率的基础上不断拓展特大镇功能。在东莞两个国家级的撤镇设市设区试点镇虎门和长安，简政强镇事权改革实现了多项突破，行政管理权限基本已经达到县一级政府的水平。当然，在改革中行政管理权限扩大，人员编制仍存落差的局面还是需要有效疏解。

"大湾区背景下，体制改革需要提上重要日程。比如中山相关部门领导就谈到镇区需要合并调整，镇太多，官太多，机构太多，各自为政互相牵扯。当地政府也意识到这问题，大湾区规划出来了，现在感觉到形势逼人。"陈恩说。

二、时政深度新闻选题特征

时政深度新闻，主要属性特征包含于广义的"时政新闻"中。换句话说，凡时政新闻所具备的特征，也是时政深度新闻必不可少的。而时政新闻作为目前新闻报道中最常见的新闻类别，其特征主要体现在政治性、政策性、广泛性和时效性上。

（一）时政深度新闻的政治性

政治性是涉及有关政治方面的、为了达到某种政治目的的一种性质属性。新闻事业的政治性，是指新闻机构及新闻工作者在新闻传播过程中表现出的政治立场和观点，代表一定政党和阶层的利益和要求，为一定政党和阶层服务。它由下列因素决定：第一，由新闻事业的行为主体决定，包括传播主体和接受主体；第二，由新闻事业在一定的国家和社会制度下所受到的控制决定；第三，由经济基础的性质决定。新闻事业要反映和代表一定政党和阶层的经济基础。

政治性强是新闻事业最重要、最显著的特性和特征。中国新时代新闻工作的政治性要求新闻工作者学精、用好习近平新闻思想，牢牢坚持以习近平新闻思想为工作指引。习近平同志指出，党和政府主办的媒体是党和政府的宣传阵地，必须姓党。坚持党性和人民性相统一，这是由中国共产党的性质和历史使命决定的，也是党的新闻舆论工作必须坚持的基本原则。

坚持党性原则，最根本的是坚持党对新闻舆论工作的领导。党管宣传、党管意识形态、党管媒体是坚持党的领导的重要方面。无论时代如何发展、媒体格局如何变化，党管媒体的原则和制度都不能变。这就要求我们牢固树立政治意识、大局意识、核心意识、看齐意识，对党绝对忠诚，始终坚持与坚定正确的政治方向，在思想上、政治上、行动上始终与以习近平同志为核心的党中央保持高度一致。

坚持人民性原则，就要牢牢把握马克思主义新闻观这个灵魂，坚持以人民为中心的工作导向。新闻舆论工作要把体现党的主张与反映人民心声统一起来，解决好"为了谁、依靠谁、我是谁"这个根本问题。在实际工作中，要及时反映人民群众的伟大实践和精神风貌，不断激发与实现"两个一百年"奋斗目标和中华民族伟大复兴中国梦的强大力量。

在新时代新征程上，新闻舆论工作必须始终坚持党性与人民性相统一，体现党的意志、反映党的主张，做到爱党、护党、为党；把党的理论和路线方针政策广泛传播到人民群众中去，把人民群众创造的经验和面临的实际情况反映出来，丰富人民精神世界，增强人民精神力量。

时政新闻在所有新闻类别中与政治关系最为紧密。时政新闻工作者，其政治常识、政治素养、政治敏锐、政治嗅觉，相对于其他新闻类别工作者来说应该是最强的，否则就不可能胜任这类新闻的报道工作。如何将时政深度新闻的政治性把握好、发挥好，如何在时政深度新闻中更好地坚持和体现党性原则与人民性原则，我们可通过下面这个案例来进行分析。

2017年有一个词是当年的十大流行语之一，全国人民几乎天天从媒体上见到，那就是"砥砺奋进"。2017年10月下旬，为了迎接党的十九大召开，全国各地响应中央号召，开展了以"砥砺奋进的五年"为主题的宣传活动，用各种形式展现了自党的十八大以来的五年中，我国在经济发展、民生保障、生态文明、科技进步、文化教育、区域发展等方面取得的成就，激励广大干部群众坚定中国特色社会主义道路自信、理论自信、制度自信、文化自信，扎实推进各项工作，以优异成绩迎接党的十九大的胜利召开。"砥砺奋进"一词准确地概括了此前五年的成就，生动地描绘了中华民族的形象，迅速活跃于各类媒体。

《小康》杂志于2017年10月中旬推出了一组"砥砺奋进的五年"时政深度新闻，报道推出时间正逢国庆节后、党的十九大召开前，将该年重要宣传报道工作推向了一个高潮。这组报道共24页（版），由8篇稿件组成。这组报道有以下三个特色：一是综述稿相比同类时政深度新闻更短，只起到概述、引领作用，因为这一年"砥砺奋进的五年"这一主题已是媒体报道热点，此前已有大量报道面世，对读者来说，主题不用解释太多，对整组报道起到提纲挈领作用即可。二是这组报道的其他7篇组成稿，包括了党的十八大以来最突出、印象最深刻的各领域改革成就，如第一篇《为筑梦中国提供不竭动力——党的十八大以来全面深化改革述评》、第二篇《打开市场活力之门——党的十八大以来深化"放管服"改革述评》、第三篇《彰显领导核心作用——党的十八大以来全面加强党建成就综述》、第四篇《搭建改革四梁八柱——党的十八大以来全面深化改革综述》、第五篇《筑牢长治久安之基——党的十八大以来全面推进依法治国成就综述》、第六篇《推进美丽中国建设——党的十八大以来生态文明建设成就综述》、第七篇《建设一支宏大的高素质干部队伍——党的十八大以来干部队伍建设成就综述》。三是为了保证信息源的权威、准确，7篇综述和述评稿全部采用新华社通稿，文章配图也选用新华社提供的图片。

这组时政深度新闻由于新闻内容重点突出、出版时机恰到好处，产生了良好的社会反响。

（二）时政深度新闻的政策性

政策，是指国家政权机关、政党组织和其他社会政治集团为了实现自己所代表的阶级、阶层的利益与意志，以权威的形式标准化地规定在一定的历史时期内，应该达到的奋斗目标、遵循的行动原则、完成的明确任务、实行的工作方式、采取的一般步骤和具体措施。政策的实质是阶级利益的观念化、主体化、实践化反映。

政策具有以下四个特点：一是阶级性。这是政策的最根本特点。在阶级社会中，政策代表特定阶级的利益。二是正误性。任何阶级及其主体的政策都有正确与错误之分。三是时效性。政策是在一定时间内的历史条件和国情条件下推行的现实政策。四是表述性。就表现形态而言，政策不是物质实体，而是外化为符号表达的观念和信息，它由有权机关用语言和文字等表达手段进行表述。作为国家的政策，一般分为对内与对外两大部分。对内政策包括财政经济政策、文化教育政策、军事政策、劳动政策、宗教政策、民族政策等。对外政策即外交政策。

在我国，所有媒体都是党和政府的耳目喉舌，也是人民的耳目喉舌。媒体和新闻工作者，都要自觉自愿地接受中国共产党领导，无条件地宣传党的方针政策、国家的法律法令。与政治联系更为紧密的时政新闻报道工作者，更是要走在理解、宣传、执行党的各项政策的前沿。

时政深度新闻必须忠实宣传党的理论和路线方针政策，让党的主张成为时代最强音，促进筑牢全党全社会团结奋斗的共同思想基础。作为党的新闻媒体，要及时准确地宣传党的理论和路线方针政策，使党的看法、主张化为人民群众的自觉自愿行动；要大力宣传党的全国代表大会精神，深入解读习近平新时代中国特色社会主义思想，广泛报道全国各族人民为实现"两个一百年"奋斗目标、实现中华民族伟大复兴中国梦进行的奋斗和取得的成就。

《小康》杂志在2017年11月推出一组题为"企业家精神"的时政深度新闻，这组报道就是一个体现时政报道政策性的生动案例。

为什么在此时推出这个主题的系列报道？主要新闻由头是2017年9月25日，中共中央、国务院授权发布《关于营造企业家健康成长环境弘扬优秀企业家精神更好发挥企业家作用的意见》文件，这是自1949年以来，首次以中央名义发文确定企业家的地位和价值。规格之高，权威性之强，堪称史上罕见。在这个文件出台的前一段时间，社会上对企业（尤其是民营企业）和企业家出现了不同的声音，中央此时出台这个文件，也是对当时经济发展释放的一个重要信号，值得解读与报道。当然，这个文件不仅针对企业与企业家，也针对各级地方党委、政府及其相关职能部门，是一个重要的政治性文件，文件中传达的方针政策具有极强的时政新闻价值。

这组"企业家精神"系列报道，由5篇不同角度的稿件组成，第一篇为综述稿，全方位地深度解读中央文件精神，以及文件的意义。报道采访了中国企业联合会、中国企业家协会的负责人，也采访了中央有关部门的相关党政官员，对文件进行了权威性解读。第二篇是专家解读，从国家级专家学者的角度，谈中央文件如何引导政商各尽其责、共谋发展。第三篇主要采访了基层党委政府如何学习贯彻执行中央文件，各级政府如何营造良好的营商环境、打造新型政商关系。第四篇专门选择了一个有代表性的地级市，了解当地是如何服务好企业与企业家、引导企业健康发展、促进地方经济社会健康快速发展，属于"解剖麻雀"式的报道。第五篇则是采访了几个企业家代表，让他们谈学习文件的体会，了解党中央对企业家群体、企业家精神、企业家作用的高度重视，让他们坚定信心，满怀希望。

下面是这组系列报道中一篇专家解读的报道。

◆案例◆

专家解读：引导政商各尽其责、共谋发展①

中央发文充分肯定企业家的地位与价值，除了供给侧结构性改革的需要，也是建设创新型国家的需要，实现"两个百年"奋斗目标的需要。

企业家是经济活动的重要主体。改革开放以来，一大批优秀企业家在市场竞争中迅速成长，一大批具有核心竞争力的企业不断涌现，为积累社会财富、创造就业岗位、促进经济社会发展、增强综合国力做出了重要贡献。

近日，中共中央、国务院印发的《关于营造企业家健康成长环境弘扬优秀企业家精神更好发挥企业家作用的意见》（以下简称《意见》），引起社会广泛关注。这是1949年以来，首次以中央名义发文确定企业家的地位和价值。

党的十八大以来，我国企业家的成长环境持续完善。党的十八届三中全会强调"国家保护各种所有制经济产权和合法利益"，党的十八届五中全会要求"优化企业发展环境"，党的十九大报告提出"激发和保护企业家精神"。中共中央、国务院又分别在完善产权保护制度、建设社会信用体系、营造企业家健康成长环境、弘扬优秀企业家精神等方面出台了一系列重要文件。

此次《意见》发布时间恰逢党的十九大召开前夕，中央的战略意图似乎不言而喻。《意见》共10个部分，其核心导向非常明确。对此，《小康》记者采访了中央党校、国家行政学院、中国宏观经济研究院等多名专家学者，请他们释疑解惑，解读文件背后的用意。

---

① 张玉荣：《专家解读：引导政商各尽其责、共谋发展》，载《小康》2017年第32期，第24～27页。

尊重企业家创新发展"领头羊"地位

党的十九大开幕,习总书记在报告中谈道:"中国特色社会主义进入新时代,我国社会主要矛盾已经转化为人民日益增长的美好生活需要和不平衡不充分的发展之间的矛盾。"平衡充分地发展需要社会各界的努力,而企业家是市场经济发展的"原动者",也是市场机制的最基本要素之一,能够激发市场活力、为实现供给侧结构性改革目标提供坚实支撑。

中国宏观经济研究院市场与价格研究所副所长刘泉红告诉《小康》记者,他参与了《意见》的起草。他说:"企业家精神是企业家参与创新创业的原动力,是推动新技术应用的重要因素,其核心是发现创造机会和创新实干,弘扬企业家精神是加快推进经济社会平稳健康可持续发展最为重要的环节之一。"

"这个文件都是围绕企业家讲,开章明义,非常明确谈到营造依法保护企业家合法权益的法治环境。"国家行政学院行政法学研究中心副主任、副教授王静接受《小康》记者采访时说:"国家治理方式发生变化,企业家有地位不是靠政策,也不是领导人觉得哪个领域哪个企业家很重要,要通过规则让所有企业家合法经营创新发展。"

《意见》第二部分"营造依法保护企业家合法权益的法治环境"首提"依法保护企业家财产权"。"这让我印象深刻。要依法保护企业家财产权,尊重企业家创新发展领头羊的地位,这是大国崛起的保障。"王静说,更有感触的是文件中明确谈到健全企业家参与涉企政策制定机制。建立政府重大经济决策主动向企业家问计求策的程序性规范,政府部门研究制定涉企政策、规划、法规,要听取企业家的意见建议。

"政府主动向企业家问计求策,听取企业家意见,这种表述在历来文件中是头一次。"王静认为这是要建立程序性规范制度化,使监管者与被监管者之间在一些重大事项上能够沟通,实现立法效应最大化,增加政府立法的科学性。

中央发文充分肯定企业家的地位与价值,除了供给侧结构性改革的需要,中共中央党校经济学部教授徐平华向《小康》记者介绍说,也是建设创新型国家的需要，实现"两个百年"奋斗目标的需要。

"创新是驱动引领发展的第一动力，而企业是创新的主体，作为企业领导者的企业家是技术创新的重要发动者、技术创新成果的应用者和传播者，是制度创新、管理创新、商业模式创新、业态创新的实践者。我国建设创新型国家，必须充分发挥企业家的才能和作用。党的十九大对'两个百年'奋斗目标做了进一步规划部署，要实现这些目标任务，把我国建设成为社会主义现代化国家，就必须激发和保护企业家精神，提高企业核心竞争力和活力，构建经济持续健康发展的微观基础。"徐平华说。

企业家精神于民族复兴弥足珍贵

党的十八大以来，习近平总书记在多次讲话中谈及企业家精神。2017年，"企业家精神"更被写入《政府工作报告》。在2017年10月18日召开的党的十九大中，习近平总书记再次强调要激发和保护企业家精神。中央领导之所以一再强调，是因为企业家精神对于我们党、我们国家和中华民族伟大复兴弥足珍贵。

企业家精神内涵十分丰富，且不同国情、不同时代对企业家精神有着不同要求和不同解读，我们需要结合时代特征和制度环境从多个维度考察。《意见》对当前弘扬企业家精神，提出了"三个弘扬"要求。一是弘扬企业家爱国敬业、遵纪守法、艰苦奋斗的精神。二是弘扬企业家创新发展、专注品质、追求卓越的精神。三是弘扬企业家履行责任、敢于担当、服务社会的精神。

中央党校经济学部副主任、教授潘云良对《小康》记者谈到，《意见》积极回应了企业家关切、引导企业家预期。一段时间以来，非公经济投资严重下滑，有些民营企业投资海外甚至全家移民，创新创业精神严重弱化，引起社会热议和关切。"毋庸讳言，当前我国社会主义市场经济体制环境还不完善，在产权平等全面依法保护、市场统一公平竞争等方面，距离法治、透明、公平的要求还有差距，少数企业家还存在诚信缺失和破坏'亲''清'新型政商关系的违法乱纪行为，加之企业面对的市场需求结构、生产条件、资源环境发生很大变化，部分企业家实业精神和创新创业意愿减弱。"

"所有这些，既制约了企业转型升级，也不利于整个国家经济的创新驱动发展。及时出台文件，就是要给企业家吃'定心丸'。《意见》强调'要加快完善产权保护制度，依法保障各种所有制经济组织和公民财产权，激励人们创业创新创富，激发和保护企业家精神，使企业家安心经营、放心投资'。"潘云良说。

"致远情怀济天下，盛世巨富取于勤。"刘泉红认为，崇高的理想信念、遵纪守法意识和艰苦奋斗精神风貌是企业家精神的"根"，专注创新发展、弘扬工匠精神以及勇于追求卓越是企业家精神的"魂"，主动履行社会责任、敢于干事担当和积极投身国家重大战略是企业家精神的"韵"。

刘泉红说，要培养企业家国家使命感和民族自豪感，居安思危、不忘初心，永葆砥砺前行的精神气质。要支持企业家创新发展，引导企业家弘扬工匠精神，强化"以质量取胜"的战略意识，培育发展壮大更多具有国际影响力的领军企业。要引导企业家做主动履行政治责任、经济责任、社会责任的模范，激发企业家致富思源的祖国情怀和乡土情怀，完善企业家参与国家重大战略实施机制，为经济发展拓展新空间。

营造"亲""清"新型政商关系

《意见》中有诸多提法、名词，如营造"亲""清"新型政商关系、完善精准支持政策、研究设立全国统一的企业维权服务平台、实行守信联合激励和失信联合惩戒、立志于"百年老店"持久经营与传承、"万企帮万村"精准扶贫行动、支持发展创客学院等多方面内容。

对于营造"亲""清"新型政商关系，专家们不约而同谈到他们各自的见解。

"这点在中国确实至关重要，就像前段时间热播的连续剧《那年花开月正圆》，中国老是走不出政商错位这个怪圈。权力对市场活动总是有很多干预，二者形成扭曲的关系。从现在这个时间节点，对于'亲''清'新型政商关系确立起来比较期待。"王静分析说。

"文件中提出构建'亲''清'新型政商关系，具有很强的现实针对性。"徐平华的理解是，近年来，民营企业家涉嫌腐败犯罪的问题比较突出。不少落马政府官员的背后，往往存在民营企业家与政府官员的权钱交易。一些商人和官员相互勾结，商人以各种形式行贿政府官员，官员则为他们在政策制定、资源分配、招标投标等方面谋取不正当利益。构建"亲""清"新型政商关系，就是要在提高政府对企业服务质量和水平的同时，消除"官商勾结"和腐败现象，营造公平有序的市场竞争环境，形成政商各尽其责、共谋发展的格局。

徐平华认为政府取代市场进行资源配置是"官商勾结"存在的土壤，构建新型政商关系的关键是正确处理好政府与市场的关系，分清界限，区分权责，扎好权力的"铁笼子"，筑牢纪律的"防火墙"，使政商关系清白坦荡。

除了引导政府和企业的关系扭转到正常轨道上，政府应在公务服务上简政放权。

潘云良谈到《意见》用意还在于积极引导和规范企业家行为。"首先，引导更多民营企业家成为'亲''清'新型政商关系的模范，更多国有企业家成为奉公守法守纪、清正廉洁自律的模范。其次，规范政商交往行为，坚决杜绝寻租腐败和利益输送。再次，推动企业家带头依法经营，自觉履行社会责任，为建立良好的政治生态、净化社会风气、营造风清气正环境多做贡献。"

当务之急，提高认识狠抓落实

企业家精神的培育是一项长期工程，非一朝一夕。当务之急需做好哪些工作？与企业和企业家紧密相连的党政职能部门需要如何看待、落实这个文件，企业家自身需要如何培育企业家精神？专家们给予了深入的解读。

"《意见》用意还在于引导社会营造大力弘扬企业家精神的环境。"潘云良说，首先，营造良好的社会环境。一方面，社会各界应该给予企业家在创业、创新和发展过程中更多的包容、理解和支持，激励更多的企业家主动为社会服务，塑造更优秀的企业家精神。其次，营造良好的市场环境。推动体制机制改革，加大对企业家的帮扶力度，强化企业家队伍建设规划，着力培育更多具有全球战略眼光、市场开拓精神、管理创新能力的优秀企业家。

徐平华认为，要从实现"两个百年"奋斗目标、全面建设社会主义现代化国家的大局出发，提高对企业家作用以及培育、弘扬企业家精神意义的认识，增强工作的主动性和自觉性；提高对政府与企业权责边界的认识，提高工作的科学性和有效性。

"文件出台后成效如何，关键在落实。各地区各部门要制定和细化具体政策措施，确保制度落实、组织落实、责任落实。"徐平华说，要培育和弘扬企业家精神，企业家自身也要树立社会主义核心价值观和崇高理想信念，把个人理想融入民族复兴的伟大实践，在爱国敬业、遵纪守法、艰苦奋斗、创新发展、诚信守约、服务社会等方面争做社会表率。

"中央这么重要的文件，关键措施落实到位。怎么落实就是法治，要有规则。"王静说，有的部门开始行动了，学习十九大精神，开始落实这些过去较少实施的举措，如何在工作机制里把握好，这是非常重要的一点。

刘泉红认为，企业家精神和制度环境是鱼和水的关系，一方面要营造依法保护企业家合法权益的法治环境；另一方面要营造企业家公平竞争、诚信经营的市场环境；同时，还必须推动公平竞争审查制度的落地，加快竞争政策的基础性地位。

（三）时政深度新闻的广泛性

广泛性是指涉及的方面广、范围大，具有普遍性。

思想政治工作的对象是人，这使得思想政治工作具有其自身的特点。中国共产党的思想政治工作的特点是广泛的群众性和社会性。思想政治工作是动员和组织广大群众的工作，它深入社会生活的各个领域、各个方面。时政新闻与时事政治密切关联。从这个意义上讲，时政新闻题材也涉及方方面面，新闻的影响力遍布全社会。

时政深度新闻要具备广泛性，不仅要在报道题材、报道内容上丰富多样，还要求时政新闻工作者必须勤于学习，涉猎广泛，一专多能，善于驾驭各种素材，灵活运用与整合各种新闻资源。时政媒体和时政新闻工作者，面对纷繁复杂的资料、信息，须具备全媒体型、专家型的本领，去伪存真、去粗取精、化繁为简，具备敏锐的嗅觉、敏感的直觉，善于抓住核心和重点，在保持政治坚定的前提下，将新闻报道做得更专业、更精湛。

在新闻实践中，有时会遇到采访对象、报道内容比较"冷门""生僻"的问题。可是仔细一分析又会发现，这些看似"小众"的报道内容，却是生活中离不了的重要组成部分，一些看似"冷门"但又针对性极强的政策措施，却是改革惠民大棋盘上的关键棋子。

2017年2月，《小康》杂志刊发了一组名为"官盐改革"的系列报道，初看报道主题，不可谓不"冷门"，但深挖下去，却发现"冷门"不"冷"，里面有"大乾坤"。在中国，食盐专卖可以追溯至春秋时期，已有2700多年历史。从2001年起，国家曾制定过六次盐改方案，试图攻破盐业专营的堡垒，但由于种种原因，六次盐改全部夭折。根据国家统一部署，我国新一轮盐业体制改革于2017年1月1日起正式实施。此轮盐业改革受到广泛关注的是，将放开食盐出厂、批发和零售价格，由企业根据生产经营成本、食盐品质、市场供求状况等因素自主确定。主要特点与亮点有：将依法查处故意囤积食盐等行为、鼓励食盐生产批发产销一体、省级食盐批发企业可跨省经营、建立追溯系统严防工业盐流入市场、政府储备不低于50天消费量，等等。

该组系列报道以9篇稿、近30页（版）的篇幅，全方位、多角度、全面、深入地报道此次盐业体制改革的方方面面。在当时，如此大规模报道这个"冷门"题材的媒体，仅此一家。从这9篇文章的标题可以看出这组系列报道对盐业体制改革前所未有的关注力度：第一篇综述稿（中央角度）为《2017年中国盐改：完善专营制度　激活市场活力》，第二篇综述稿（地方角度）为《各地探索如何做好"盐"文章》，第三篇稿件为《改革措施重点解读之一：引入社会资本　品类竞争分化》，第四篇稿件为《改革措施重点解读之二：打破区域藩篱，触"电"转型》，第五篇稿件为《改革措施重点解读之三：由单一监管变为综合监管》，第六篇稿件为《改革措施重点解读之四：完善储备，维持市场稳定》，第七篇稿件为《改革措施重点解读之五：加快立法和信用体系建设》，第八篇稿件为《改革措施重点解读之六：严防工业盐进入食盐市场》，第九篇稿件为《样本：盐改后佛山市场调查》。这组稿件各有侧重，有点有面，有分有合，有述评有案例，其中改革的重点与利弊都有涉及。该系列报道公开刊载后，在行业内引起巨大反响，至今仍是行业内不少单位和企业的参考资料。

（四）时政深度新闻的时效性

时效性，是指同一件事物在不同的时间具有很大的性质上的差异，我们将这个差异性称为时效性。时效性影响着决策的生效时间，时效性决定了决策在特定时间内是否有效。

时效性是新闻的基本特征之一。新闻的时效性，是指新闻事实的发生和作为新闻予以报道的时间，与新闻在传播后引起受众接触和产生社会效果之间的相关性，新闻引起的受众接触和产生社会效果具有一定的时间限度。一般来说，事件性新闻在较短时间内可能就失去时效，而非事件性新闻可能在较长时段才失去时效，时效性受到社会生活和信息传播技术的制约。时新性是时效性的基础，时新性差的新闻不可能有理想的时效性。

深度报道对时效性的理解和要求，与消息、通信略有不同。

时政深度新闻在报道形式上偏向"深度报道"，一般不以突发事件为报道主题，也甚少报道独立、内容不复杂的个案。时政深度新闻题材的时效性，更多地表现为一个"时间段"，而不是一个"时间点"。即使不得不关注"时间点"，也是以"时间点"为由头而为"时间段"服务。这种对时效性的要求与系列报道这种体裁相关，系列报道的采编需要大量的时间，如果主题过于集中到一个"点"、一个案例、一个不断动态发展的事件上，在全媒体竞争的时空中，做出来的新闻都成了"旧闻"，新闻价值与新闻社会影响将会大打折扣。

因此，时政深度新闻在选择报道主题时，时效性也是一个重要的参考依据，即公开报道后，报道内容所产生的社会影响（或引起的社会反响)有一定的时间持续性。如果一条消息稿的热度是一天,那么一组系列报道的热度有可能拉长至一周,或者一个月。一起交通事故的突发新闻,可能在当天就产生最强的社会影响力,并随着时间推移,影响力迅速递减;而一项政策的发布与实施,发布当天固然会成为一个热点,但实施过程同样会受到关注,其关注强度有可能超过发布当天的这个"点",时效性在某一个具体时间点的强度可能不如突发新闻,但时效性的持续过程却比突发新闻的时间要长。

从以下这个报道案例,可以看出时政深度新闻在时效性选择上与其他新闻体裁的不同之处。

2020年5月,《小康》杂志推出了一组系列报道,主题是"中国粮食安全调查"。如何理解这个主题的新闻性和时效性,首先须了解当时的国内与国际形势背景。2020年伊始,新型冠状病毒肆虐全球。在疫情影响背景下,一些主要粮食出口大国纷纷表示暂停粮食出口,如越南、哈萨克斯坦、俄罗斯、埃及、塞尔维亚等传统粮食出口国当时都表示暂停粮食出口。当然,除了疫情的影响外,2020年上半年发生于非洲与西亚地区的蝗灾和澳大利亚山火,也是导致全球粮食生产与出口趋紧的原因之一。

中国是农业大国,也是世界上最大的粮食进口国,世界上第三大粮食出口国。我国的粮食安全总体上是比较稳定的,即国内大米、小麦以及玉米这三种主要粮食的自给率没有跌破98%,国内粮食产量基本能够自给自足。国内进口的粮食中,大部分都是用于加工的,尤其是饲料方面的加工。与国内相比,进口粮食的价格更加便宜,用于饲料加工比较划算。例如,进口大豆用于生产豆粕的比重达到75%至80%。少量用于食用的进口粮食,也是为了满足富裕起来的人民群众多元化消费的需求。

但是,当时新型冠状病毒正在全球疯狂蔓延,疫苗的上市在当时看来还"遥遥无期",全球人心惶惶。这种思潮也或多或少传到了国内,引起了一部分国人的担忧,民间一时颇多议论,一些不明真相的民众也开始担心中国的粮食安全。

在这种背景下,《小康》杂志推出"中国粮食安全调查"的时政深度新闻报道，对于了解国内外形势的媒体人来说，做这个报道不是要证明粮食"不安全"；恰恰相反，是要通过这个报道告诉国人，中国的粮食是安全的，勿杞人忧天、庸人自扰，在疫情严峻的当下，勿制造社会恐慌，让防疫与复工复产正常有序进行。

从新闻时效角度分析，这个题材是有时效性的，但其时效性与一般突发新闻相比，表现不那么"强烈"，早一天推出与晚一天推出，对社会的影响没有明显区别。当然，报道早一天推出对安定民心，让更多怀疑派、犹豫派吃"定心丸"总是好的。经过深入调查、全面采访、后期精心制作，"中国粮食安全调查"系列报道以共7篇稿件、24页（版）的规模进行了公开报道。报道内容中有对中国粮食现状的调查与分析，也有对产粮大省大市大县的现场采访，还有对中国粮食进口和当时国际粮食安全的采访与分析，等等。这组深度报道让更多的中国人吃了颗"定心丸"：中国这种大国，粮食安全是完全有保障的。

下例是这组深度报道中有代表性的一篇文章。

◆案例◆

产粮大省成为国家粮安"压舱石"[①]

面对当前国内外疫情防控和经济形势发生的重大变化，黑龙江省、河南省作为国家重要商品粮基地和粮食战略后备基地，稳住农业基本盘，做好"抓收购、管库存、保供应、稳市场"各项工作，加快建设粮食应急保障体系，当好维护国家粮食安全的"压舱石"。

"手中有粮，心中不慌。"黑龙江、河南作为中国的"国家队"，粮食产量一直位居全国前列。2019年，黑龙江全省粮食作物面积超过2亿亩，粮食总产量1500.6亿斤、连续9年保持全国第一，粮食商品量、调出量分别占全国1/8和1/3，相当于为全国每人每年提供100

---

① 胡妍：《产粮大省成为国家粮安"压舱石"》，载《小康》2020年第14期，第18～21页。

斤原粮。河南用全国1/16的耕地，生产出全国1/10的粮食、1/4的小麦。受疫情影响，最近一些国家出台粮食出口禁令，一时之间粮食危机论卷土重来，甚至出现囤积粮食的现象。那么，我国产粮大省的粮食保供情况如何呢？

扛牢保障国家粮食安全责任

4月8日，河南省人民政府新闻办公室召开新冠肺炎疫情防控专题第48场新闻发布会，重点就社会关切的全省粮食供给和保障情况进行了回应。河南省粮食和储备局副局长刘云介绍，在粮食问题上，河南省作为全国重要的粮食生产核心区，家底厚实，粮食产量连续14年保持在1000亿斤以上，连续3年保持在1300亿斤以上，人均占有粮食695公斤，高于全国470公斤的平均水平和400公斤的国际粮食安全标准线，粮食自给率超过100%。

刘云还指出，由于河南省粮食长期保持产大于销、供大于需状态，年末粮食库存不断增加。目前，河南省粮食库存处于历史高点，其中口粮占9成以上。虽然此次新冠肺炎疫情防控期间，各地相继启动了突发公共卫生事件一级响应，但各级政府储备均未动用。从对省外市场的依存度看，河南省粮食长期"出超"，调出远大于调入，是全国主要粮食调出大省，且是全国第一小麦调出大省。以现有的粮食供应能力，不仅可以满足本省1亿人的日常消费，还能为国家粮食安全做贡献。

"中原粮仓"河南是粮食生产大省，同时也肩负着维护国家粮食安全的重任。河南省农业农村厅有关负责人介绍，河南省委、省政府狠抓粮食安全省长责任制落实，严格落实永久基本农田特殊保护制度和耕地占补平衡制度，确保全省耕地面积稳定在1.2亿亩以上。落实强农惠农政策，仅2019年就向104个产粮大县发放奖补资金41亿元，向农民发放耕地地力保护补贴107.4亿元，发放农机购置补贴18.7亿元，并在50个产粮大县推出农业大灾保险、在40个优质专用小麦示范县开展完全成本保险，不断调动基层政府抓粮和农民种粮的积极性。全省粮食面积保持在1.6亿亩以上，口粮面积稳定在9000万亩以上。

据悉，近年来，河南通过五大举措保障粮食生产。一是大力开展农田基础设施建设。2012年以来，河南率先在全国开展大规模的高标准农田建设。截至目前，全省有效灌溉面积达7815万亩，高效节水灌溉面积达2200万亩。农田基础设施条件的改善，明显提升了粮食抗灾生产能力。二是不断调整优化粮食生产结构。在粮食稳定增产的基础上，2016年开始，河南把发展优质专用小麦作为调整粮食结构、推进农业供给侧结构性改革的重要举措。4年来，全省优质专用小麦由2016年的600万亩，发展到2019年的1350万亩，占全省小麦面积的15.8%。三是全力抓好农业生产防灾减灾。河南省坚持党委领导、政府组织、部门协作、上下联动的防灾减灾机制，动员一切力量抗击灾害夺丰收。一手抓自然灾害防范，一手抓重大病虫害防控。四是持续推进农业科技创新。多年来，河南坚持走依靠科技提升单产的内涵式发展道路，农业科技进步贡献率超过60%。五是大力发展粮食和食品加工业。实施农业产业化集群培育工程和主食产业化工程，大力发展粮食和食品加工业。目前，全省面制品加工业规模以上企业发展到1200多家，年销售收入近2000亿元，食品加工业已成为河南的支柱产业，生产了全国1/3的方便面、1/4的馒头、3/5的汤圆、7/10的水饺。

一手抓疫情防控，一手抓粮食生产

"今年以来，河南省一手抓疫情防控，一手抓粮食生产，千方百计减轻疫情影响，小麦生产保持良好态势，长势是近三年最好的一年，如果后期不出现重大自然灾害，夏粮有望再获丰收。"近日，河南省农业农村厅负责人介绍了今年夏粮生产的情况。

疫情发生以来，河南省各地坚持分区分级精准防控策略，在抓好农村地区疫情防控的同时，对疫情较轻地区，利用劳动力充裕的有利条件，组织农民抢时错峰开展管理；对疫情较重地区，发挥全省近10万家农民合作社、8.8万家社会服务组织作用，开展托管服务，帮助农民落实管理措施。农业农村部门利用新闻媒体、远程专家系统、微信、短信等信息化手段，发挥全省1031个基层农技推广区域站作用，指导农民开展田间管理。

据统计，今年春季农业生产共需化肥55万吨、农药0.56万吨，春节前全省库存化肥31万吨、农药0.43万吨。疫情发生后，河南省通过开通农资运输绿色通道、发放应急运输B证、点对点送货到村等方式，缓解运输难题；同时，积极推动农资生产经营企业复工复产。目前，全省种业企业、尿素企业和农药企业复工率均达到100%，复合肥企业复工率87.5%，春节以来共生产化肥64万吨，农药3.2万吨，农资经营门店基本全部营业，完全能够满足生产需要。

受暖冬影响，今年河南省小麦重大病虫害偏重发生，小麦条锈病已经扩展到15个省辖市100个县（市、区），发生面积达到1187万亩。针对严峻形势，河南省政府于2月份提前安排下拨1.96亿元资金，市县统筹投入资金1.2亿元，支持开展小麦条锈病、赤霉病统防统治。4月11日，省政府又召开全省小麦条锈病、赤霉病统防统治工作电视电话会议，安排部署防控工作。截至目前，全省小麦条锈病、赤霉病防治面积4600万亩次，其中统防统治面积达2343万亩次。

加大扶持，提出粮食增产计划

4月初，在黑龙江省小麦第一县嫩江，麦播进入倒计时——"现在种肥都已备齐，相关农机具也检修完毕，再有三四天，等气温高点，就开始全面播种了！"嫩江县农业农村局局长顾孝春介绍。作为国家粮食主产区，黑龙江省如何发挥优势，实现粮食稳产增产，稳固当好维护国家粮食安全的"压舱石"？据了解，日前该省制定了《黑龙江省2020年粮食增产行动计划方案》，明确提出今年全省粮食作物播种面积将比上年增加近50万亩，达到2.15亿亩以上。

出台"黄金十条"稳产保供扶持政策；对2020年3月31日前复工复产的化肥、种子、农药等农资生产企业给予相应补助，加快农资企业复产复工；确保春耕生产需要，稳步推动备耕春耕工作。

今年，黑龙江省拿出1.2亿元资金，对水稻智能集中催芽给予补贴，着力提高水稻生产标准和质量。同时，提早释放玉米、大豆生产者补贴政策信号，明确了"2020年大豆生产者补贴标准基本保持稳定，玉米生产者补贴标准适当提高"的总体原则，引导农民及早确定种植意向。

加快构建现代农业产业体系

"面对今年特殊年份、特殊形势,我们深刻认识到做好'三农'工作的极端重要性,坚决守住粮食安全底线,严格落实粮食安全省长负责制,充分调动各级政府抓粮积极性和农民种粮积极性,确保实现粮食种植面积和产出水平稳定增长。"近日,黑龙江省委书记张庆伟提出保障粮食安全的几大举措。

一是巩固提升农业综合生产能力,加快建设国家稳固可靠大粮仓。2020年,黑龙江将把维护国家粮食安全摆在更加突出位置,以稳定粮食生产为抓手增强农业综合生产能力,深入实施藏粮于地、藏粮于技战略,推动良种、良机、良法、良田深度融合,提高水利化、农机化、科技化、标准化水平,确保粮食总产达到1500亿斤以上,誓夺今年粮食丰收。

二是加快构建现代农业产业体系,确保农副产品优质安全有效供给。以市场需求为导向,深化农业供给侧结构性改革,做强生产、加工、流通、销售各环节,优化供应链、延长产业链、提升价值链,切实保证生产生活物资供应,加快推动农业大省向农业强省转变。坚持质量兴农、绿色兴农。狠抓农产品加工增值。以"粮头食尾""农头工尾"为抓手,推动玉米、水稻、乳、肉等优势主导产业集群发展,培育发展一批有原料基地、有企业带动、有科技引领、有服务配套的农产品精深加工园区,力争粮食加工转化率达到68%,把食品和农副产品加工业打造成全省第一支柱产业。

加快推进粮食流通建设

保障国家粮食安全,离不开粮食流通体系的建设。河南省粮食和物资储备局二级巡视员徐富勇在4月8日的河南省新冠肺炎疫情防控专题第48场发布会上指出,新冠肺炎疫情在国际上蔓延,对河南省粮食流通不会产生影响。随着全省粮食加工企业、储运企业复工复产,产能和运输能力基本恢复正常,河南依托主要铁路、公路干线和水运系统,形成的"河南—华南""河南—华北""河南—华东""河南—西部""沿淮河、沙颍河、唐白河水运"等五条跨省粮食物流通道,不仅可以做到省内粮食的有序流通,还可以根据需求满足省际粮食调运，为粮食有序高效流通提供必要条件。

黑龙江省则通过政府主导以及企业合作等模式，促进农业流通与电子商务深度融合。经国家粮食交易协调中心批准，3月12日至4月10日，黑龙江省粮食局安排黑龙江粮食交易市场股份有限公司，利用国家粮食电子交易平台面向省内外各类涉粮企业、合作社、种粮大户、农民等多元主体，开设黑龙江省粮食市场化网上交易专场，进一步拓宽农民售粮渠道，推动农民余粮顺畅销售，实现促农增收。

4月9日，阿里巴巴宣布启动"数字粮仓"计划，将在全国范围内打造100个数字化粮食生产基地。其中，超过五分之一分布在黑龙江。通过打造"数字粮仓"，帮助粮食产地实现产业升级，是重要的助农兴农举措，为消费者提供了购买优质米面的便捷渠道。作为中国最大的粮食主产省，黑龙江优质的大米、玉米将通过"基地直供"模式进一步畅销全国。这样的模式最大限度地缩短了农户和消费者之间的距离。

加快建设粮食应急保障体系

库存储备是保障我国粮食安全的一道隐形防线，也是确保今年粮食生产供应平稳运行的关键。4月4日，国家粮食和物资储备局安全仓储与科技司司长王宏表示："目前，我国已经初步建立起符合国情的粮食应急保障体系。疫情防控期间，粮食应急保障体系发挥了积极作用。"

"为了有效控制各类突发公共事件引起的粮食市场异常波动，确保非常态下的粮食供应，河南省政府早在2016年就颁布实施了《河南省粮食应急预案》，建立了省、市、县三级预案体系，成立了应急指挥部，就粮食市场监测预警、应急响应和粮食应急保障系统，包括粮食应急加工、应急配送和应急运输等进行了系统安排。"河南省粮食和储备局相关人士介绍，目前全省共建设有粮油应急供应网点2152个、应急加工企业292家、应急配送中心234个、应急储运企业209家；建立了覆盖重点地区、重点粮食品种的市场监测体系，其中国家级粮油价格监测直报点77个，省级监测点109个，能够密切跟踪粮食供求变化和价格动态，覆盖全省的粮食应急保障体系健全有效。

面对此次疫情的"大考",河南省粮食应急保障体系经受住了考验,为稳定市场、安定民心发挥了"压舱石"的作用。在监测预警方面,河南及时启动粮油市场价格监测机制,密切跟踪农产品批发市场和大型商超的粮油购销存及价格变化,及时进行预警预报;在组织统筹方面,通过应急保障体系摸排近3000家应急加工、运输、配送、供应网点的粮油库存品种、数量等情况,加强粮源调度、产需对接、加工储运、配送供应等环节的有效衔接,确保粮油市场供应不脱销、不断档;在粮源供应方面,1月26日至4月7日,组织政策性粮食拍卖10场次,投放小麦1338万吨,成交60万吨,轮换各级储备近53万吨,保障了企业加工的原粮需求,并协调办理发放应急运输通行证1800多张,调度粮油物资48万吨,确保了粮源供应充足,流通顺畅。

第三章　采访前的准备工作

时政深度新闻相比其他新闻类型，采编的时间要更长一些，这是由时政深度新闻的内容所决定的，深度报道通常由好几篇稿件构成，这些报道互相之间既与主题相呼应，又独立成篇，"形散而神不散"。因此，在同一时间段推出这组深度报道，就需要采编部门在短时间内集中"优势兵力"打"歼灭战"。

为了保证采编质量，保证采编过程顺利进行，采访前的准备工作就显得非常重要。这也是时政深度新闻在确定"选题"后，采编工作正式进行前一项相当重要的工作。因此，本书把"采访前的准备工作"作为时政深度新闻实践的重要一环，给予充分地解释说明。

具体来说，时政深度新闻在采访前的准备工作，主要由以下三个部分构成：采编方案的准备工作、采前会议、预案的准备。

一、采编方案的准备

方案是指从目的、要求、方式、方法、进度等方面都部署具体、周密，并有很强的可操作性的计划。方案是计划中内容最为复杂的一种。由于一些具有某种职能的具体工作比较复杂，不做全面部署不足以说明问题，因而公文内容的构成势必要烦琐一些，一般有指导思想、主要目标、工作重点、实施步骤、政策措施、具体要求等项目。方案的内容多是上级对下级或涉及面比较广的工作，一般都用带"文件头"的形式下发，可以不用落款，只有标题、成文时间和正文三部分内容。

一次成功的时政深度新闻，离不开采访前准备好的一份完整、细致的采编方案。由于与其他新闻类型在操作上的不同，时政深度新闻的主题一旦确定下来后，必须尽快做出一份采编方案供采编人员参照执行。在绝大多数情况下，这份方案要求完整、细致，尽可能覆盖到采编的每个环节。方案对其后的采编工作具有指导作用，能够让采编人员，尤其是经验略显不足的年轻采编人员，在采编工作中得到方向引导。当然，如果时政深度新闻的选题是由某单一事件（或个案）展开，深度报道的稿件篇数较少，在文字方案的准备上，有时可能不会太长、太详细，但准备方案这个环节是不能缺少的。

采编方案是为整个时政深度新闻的采编工作服务的，因此采编方案必须注意其在采编实践中的可操作性和对采编业务的具体指导性。同时，采编方案还要交代清楚选题背景、采编任务分工、采编过程中的注意事项，一些重要的采编方案还要有相应的责权明细，以及报道刊出（播出）后的发行经营推广、二次传播，等等。因此，一份成功的采编方案，也是一份采编准备工作的"小百科手册"。

以下通过不同的时政深度新闻采编方案实例，来了解准备采编方案的重要性。

2020年是中国全面建成小康社会的收官之年，这一年，中国所有的媒体都将"建成全面小康社会"作为自己的年度报道重点工作之一。这也是当年中国国内时政新闻报道的主旋律题材。为了做好这一报道，各媒体"各显神通"，精彩纷呈。《小康》杂志也在当年的9月推出了一期"走向我们的小康生活"时政深度新闻。为做好这期时政深度新闻，杂志社提前两个月开始做采编方案，以下是"走向我们的小康生活"采编方案的介绍。

◆**案例**◆

"走向我们的小康生活"时政深度新闻采编方案

一、新闻背景

2020年是决胜全面建成小康社会的收官之年，是实现第一个百年奋斗目标的决胜之年，也是脱贫攻坚的达标之年。

"走向我们的小康生活"系列报道，是由中宣部指挥和部署、中央主流媒体牵头、全国所有媒体参与的2020年度中国重要的新闻宣传报道活动。《小康》杂志是此次新闻报道活动的牵头媒体之一。

按照中宣部指示精神，《小康》杂志作为"走向我们的小康生活"系列报道的主导媒体，2020年年中开始，连续推出多篇动态报道，全方位、多角度报道中国各地实现全面小康社会的基层故事，受到全社会的好评。

在前期进行大量报道的基础上，《小康》杂志计划在2020年9月推出"走向我们的小康生活"时政深度新闻，将这一重要的报道活动推向高潮。

二、具体操作

"走向我们的小康生活"时政深度新闻的主要报道对象有：

1. 对党的十八大以来党和国家主要领导人考察过的农村、接见过的农民进行回访。如广东清远连樟村、广东顺德黄龙村、广西百色新立村、海南海口施茶村、海南三亚博后村等。

2. 对各级党委政府在脱贫攻坚工作中比较典型的农村、农民进行报道。尤其对东西部扶贫协助工作、援疆援藏工作、最后52个国贫县脱贫工作进行重点报道，对全国富裕地区帮扶贫困地区、发达地区帮助欠发达地区事件进行报道。

3. 对企业事业单位和个人，在扶贫攻坚工作中帮助脱贫的农村和农民进行重点报道。

"走向我们的小康生活"时政深度新闻主要报道内容有：典型脱贫村的现场走访、村干部（村支部书记）和村民代表采访、驻村扶贫干部采访。每篇文章不少于1800字，不少于两张图片，图文并茂，采访时注意细节，强调可读性。

三、报道安排

"走向我们的小康生活"时政深度新闻由《小康》杂志社××新闻中心负责执行。负责人：×××（标明职务），专题报道采访总协调人：×××（标明职务或职称）；联系电话：×××××××××××。

该时政深度新闻具体推出时间为：2020年《小康》杂志9月中旬刊。采访截止时间：8月25日。

该时政深度新闻除正常全国发行外，将加大对特定客户的定向发行，如国务院扶贫办（主要领导、各司局）、××省（主要领导）等，扩大报道的社会影响力。时政深度新闻原创文章将第一时间刊发在杂志社所属官网、中宣部"学习强国"平台，并积极向新华网、人民网、腾讯、凤凰、新浪等门户网站推荐转发。

《小康》杂志社
2020年7月

点评：这份方案字数并不多，但这份方案的指导性和可操作性很强，对背景的交代可以使整个时政深度新闻更具权威性，便于采编人员更快地领会"为什么要做这个报道""怎样做好这个报道"，更加重视接下来的采编工作。方案对该时政深度新闻采编工作的具体执行考虑得比较全面、细致，分工指向清晰，责权明确，对出版发行与二次传播也做出了计划。

以下这份方案是对题材相对单一的时政深度新闻关于如何做好采编准备工作所做的准备方案：这是《小康》杂志在2020年1月推出的、以响应国家乡村振兴发展战略和实现全面小康社会而进行的主题新闻报道。

◆案例◆

"粤菜师傅"工程时政深度新闻采编方案

一、新闻背景

"粤菜师傅"工程是广东实施乡村振兴战略、推动乡村人才振兴的重要内容，是促进农民脱贫致富、打赢脱贫攻坚战的重要手段。"粤菜师傅"工程强调以"专业引领、传承创新、交流研修、传业授徒"为宗旨，是2018年4月26日中共中央政治局委员、广东省委书记李希在广东省乡村振兴工作会议上亲自倡导部署的乡村惠民项目。

为加强广东省实施"粤菜师傅"工程的统筹协调和组织领导，2019年4月，广东省人民政府建立广东省实施"粤菜师傅"工程联席会议制度（以下简称"联席会议"）（粤办函〔2019〕70号），两位副省级领导出任总召集人（一位省委常委、一位副省长），成员含多位省厅主要负责人。广东省人力资源和社会保障厅作为"粤菜师傅"工程的牵头执行单位，于2018年9月印发《广东省"粤菜师傅"工程实施方案》通知（粤人社发〔2018〕187号），总体目标是：以习近平新时代中国特色社会主义思想为指导，全面贯彻落实党的十九大和十九届二中、三中全会精神，深入贯彻习近平总书记重要讲话精神，全力推进实施全省乡村振兴战略，采取职业培训与学制教育相结合模式，大规模开展粤菜师傅职业技能教育培训，提升粤菜烹饪技能人才培养能力和质量；创新"粤菜师傅+旅游"等模式，促进城乡劳动者就业创业；创新"粤菜师傅+岭南饮食文化"等模式，打造"粤菜师傅"文化品牌，提升岭南饮食文化海内外影响力。到2022年，全省开展粤菜师傅培训5万人次以上，直接带动30万人实现就业创业，将"粤菜师傅"打造成弘扬岭南饮食文化的国际名片。

广东21个地级以上市及省直有关部门均结合实际出台了具体实施方案，围绕"广府菜""客家菜""潮州菜"（大粤菜系中还包括"粤西菜"）全面铺开实施各具特色的"粤菜师傅"工程。截至目前，广东省共有147所技工院校和职业院校开设粤菜相关专业，建成3个粤菜烹饪类省级重点和特色专业，在校生共5.6万多人。全省共建有"粤菜师傅"国家级大师工作室5个、省级大师工作室1个、市级大师工作室7个。

二、报道内容

第一部分，综述。什么是"粤菜师傅"工程，实施以来的进展情况。主要采访相关的省级领导、主管省厅领导，以及专家学者。

第二部分，实施"粤菜师傅"工程的三大行动计划进展情况：①培育行动计划（打造开放的粤菜师傅培训平台、提升粤菜烹饪技能人才培养能力、加强校企双制共育粤菜师傅、开展地方特色粤菜烹饪技能标准开发和粤菜师傅评价认定）；②就业创业行动计划（创新"粤菜师傅+旅游"就业创业模式、拓展粤菜美食就业创业渠道、提高粤菜师傅公共就业服务水平）；③职业发展行动计划（开展粤菜师傅职业技能竞赛、健全粤菜师傅激励机制、打造"粤菜师傅"文化品牌）。

第三部分，"粤菜师傅"工程与相关的国家发展战略互促共进：①"粤菜师傅"工程与脱贫攻坚；②"粤菜师傅"工程与大湾区餐饮文化旅游发展；③"粤菜师傅"工程与乡村振兴建设。

第四部分，"粤菜师傅"的卓越代表：名企与名厨风采（广府菜、潮州菜、客家菜、粤西菜均有代表性名企和名厨）

三、发行与二次传播

该时政深度新闻将由《小康》杂志于2020年1月刊发，杂志社官网将全文转发，杂志社所属微信公众号届时也将全文转发，原创文章在中宣部重要平台"学习强国"转发，并积极向杂志社战略合作媒体如新华网、人民网、腾讯网、新浪网、凤凰网等国家大型新闻门户网站推荐转发。

该期报道除了按《小康》杂志平时正常发行渠道向全国发行外，还将加印并将有针对性地向广东省委、省政府主要领导、广东省县级以上领导、香港和澳门餐饮服务业协会等进行重点定向发行，扩大宣传报道的社会影响力。

四、方案执行

该时政深度新闻由《小康》杂志社××新闻中心具体执行。报道负责人：×××（标明职务）。专题报道采编总统筹人：×××（标明职务或职称），联系电话：××××××××××。新闻截稿时间：2019年12月25日。

《小康》杂志社
2019年12月

点评：这一组时政深度新闻主题的切入点相对比较具体，即"粤菜师傅工程"。具体不等于"小"，也不等于不重要。看了方案的背景交代后，就很容易理解"为什么要做这个选题"了。方案对采写各部分交代得很详细，从这里可以看出方案的准备工作做得很全面、细致。整份方案具有较强的指导性和可操作性。

二、采前会议

开会,有人欢喜有人烦。为什么要开会?首先得搞清楚开会有什么好处。凡事其实都是这样,只有当搞清楚这件事情的真正本质目标的时候,才能够围绕这个目标开展一系列的行为,这些行为也都是为了更有效、高效地奔向目标。会议的目标主要有三个:一是计划纠偏。让各个任务的参与者或牵头负责人聚在一起,相互说明各自手头所负责的工作进展情况如何。为了保证计划目标的实现,就需要在过程中不断地监督、纠偏。二是由于会议本身是多方参加的,所以,在这个多方参与的场合,作为会议参与者可以畅所欲言,为计划的执行、方案的完善拾遗补阙,也让更多的同事得到提醒和启发。三是领导布置任务、分配工作,通过会议能提高工作效率。

时政深度新闻是比较特殊的新闻类型,采编前的准备工作如策划、选题、方案一项也不能少。同样,采编前的会议也不能少。开一个高效、务实的采前会,对后面的采编工作可以起到明确重点、抓住核心、事半功倍、越做越顺的效果。文字方案做得再好,没有通过通俗、细致地讲解、诠释,"入脑入心",执行起来难免会遇到困难。所以,在方案执行前,开采前会议对提高执行力、提高工作效率,是大有好处的。

时政深度新闻的采前会,除了对报道方案进行详细、通俗的阐释外,还要对采编过程中需时刻注意的政治情况、专业情况再次进行强调,对采编过程中可能出现的意外情况进行分析、研判、应对。会议本身的畅所欲言也是领导完善方案、校正执行的重要参考。会议会对采编人员的分工与执行再次进行落实,也是一次对采编人员责权的分配。

新闻实践证明,采编前的准备工作做得越充分、越全面,采编成果就越丰富、越成功,"磨刀不误砍柴工",采前会、编前会,是做好时政深度新闻前期准备工作的重要部分。

三、预案的准备

预案，是指根据评估分析或经验，对潜在的或可能发生的突发事件的类别和影响程度而事先制定的应急处置方案。

对新闻工作者来说，在工作中常常会遇到突如其来、临时变化的情况，这就要求新闻工作者具备良好的心理素质，平时早做准备、多做准备，对事情进行全面、综合分析，尤其是操作重要新闻报道前，心中要有预案。这个预案不一定非要做成文字的计划和方案，但至少要想到并考虑如何应对。

时政深度新闻是准备工作做得比较充分的新闻报道，尽管如此，在执行过程中也难免发生突如其来的变化，"推倒重来"也不是不存在（只是相对其他新闻类型来说，概率略偏低一点而已）。考虑到时政深度新闻总体采编量大、报道组成稿件较多、涉及采编人员较多、采编时间较长，如果执行过程中出现"不可抗力"导致采编无法进行，甚至不能进行，造成的后果相对其他新闻类型，不利影响会更大，"船大难调头"，后续补救也会变得更加困难。因此，做好预案工作，是时政深度新闻准备工作中的重要一环。

要做好时政深度新闻的预案工作，以下两点是必不可少的：一是对原方案在执行过程中可能出现的变化有充分的准备，二是必须重新制定一套全新的方案做备用。

"计划在制定完毕的那一刻就已经失效了"，换句话说，方案在执行过程中可能遇到千变万化的情况，方案的完善是个动态过程，一直到项目的结束，可能都会对方案进行修改和完善，对待方案不能墨守成规、一成不变，更不能机械照搬、生搬硬套地执行方案，因地因时制宜地对待方案，面对外界复杂形势与风云骤变，工作时一定要处变不惊、灵活应变，新闻报道工作尤其如此。下面的两个案例就是记者在采访过程中因为客观原因必须对原采访方案进行修改和完善的典型例子。

（1）每年的"八一"建军节前后，中国主流媒体都会加强涉军方面的报道，这也是一个典型的时政新闻报道题材。2019年，是中华人民共和国成立70年，也是中国人民解放军建军92年。2019年8月，《小康》杂志推出了一期"新时代中国空降兵"时政深度新闻。中国人民解放军空降兵军即原"15军"，这支从解放军陆军转型而来的重要部队，曾立下赫赫战功，其中以"上甘岭战役"最为著名，黄继光、邱少云即出自该部队。党的十八大以来，随着军改的深入，该部队直接命名为"解放军空降兵军"，进一步强化了空军之内独立兵种的概念和意义。"新时代中国空降兵"时政深度新闻，将中国人民解放军空降兵的光荣历史、军改成就、练兵备战、军政军民关系等方面内容进行了全面、系统地新闻报道，在全国进行宣传推广。对中国空降兵的公开报道，成为展示中国军队现代化建设取得的长足发展和进步的一个缩影，也体现了中国军队正在以更加自信自强、开放进取的姿态面向国际社会。

军队是媒体特殊的报道对象，地方媒体对涉军报道也有严格的新闻纪律。为了做好"新时代中国空降兵"时政深度新闻，在与空降兵军有关负责新闻宣传的干部前期进行充分沟通后，媒体单位在做采编方案时，已经考虑到采访对象的特殊性，与以往对地方党政部门的采访做了不同的采访要求。最初的方案中，有一篇稿件是采访空降兵军的主要领导人，谈学习、贯彻、落实中央军委习近平主席强军思想内容的文章。做方案前后，空降兵军的宣传干部经请示首长，答复可以接受采访。但在方案执行过程中，军首长经过慎重考虑，又请求了空军总部首长，最后决定不接受媒体采访，这篇文章也从系列报道中删除了。

最后呈现在读者面前的"新时代中国空降兵"系列报道，没有军首长的身影和采访，但整个报道仍然受到读者欢迎和社会好评，使得这组时政深度新闻取得了良好的社会影响。但只有具体从事采编工作的记者才知道，这组报道的背后，是方案在执行过程中进行的反复修改和调整。任何采编方案都必须在遵守新闻纪律的前提下，应时势变化做出相应调整，才能取得整个报道的成功。

（2）《小康》杂志于2020年11月推出了一组"广东水环境调查"时政深度新闻。这组报道的推出，大背景是党的十九大报告提出的三大攻坚战。习近平总书记说过，生态文明建设是关系中华民族永续发展的根本大计。生态兴则文明兴，生态衰则文明衰。"要着力推动生态环境保护，像保护眼睛一样保护生态环境，像对待生命一样对待生态环境。"生态文明思想是习近平新时代中国特色社会主义思想的重要组成部分。污染防治是党的十九大报告中提出的三大攻坚战之一。珠三角地处南亚热带区域，河网密布、水系发达。改革开放以来，地方经济飞速发展，工业化水平领先国内其他地区。但同时，环境污染问题也比较突出。党的十八大、十九大以来，广东在生态环境治理与保护方面做了大量工作，也取得了明显的成效。生态环境部对全国水环境质量监测结果表明，珠三角水环境治理与改善情况进步明显。

这组时政深度新闻以生态环境部2020年以来公开发表的《全国地表水质量状况》《地表水水质月报》为主要新闻调查依据，对其中提到的珠江流域水环境状况（污染情况、治理成效）进行重点调查报道。该系列报道很重要的一部分就是聚焦珠江流域几大防治河流，调查其现状与治理成效。在具体采访对象的选择上，分别对治理成效突出的排名前三的河流和治理现状欠佳、现阶段污染仍然很严重的排名前三的河流，进行典型调查与分析。

到了具体操作阶段，问题来了，因为这组报道的主要依据来源于生态环境部每月的实时调查数据，这些数据是动态的，数据背后所涉及的河流治理情况排名也是动态变化的。3月份排名前三名的，到了6月份，可能被挤出前三名，到了九月份又可能进入前三名。因此，在报道方案执行时，媒体单位要求记者一定要以最新的数据为主要依据，参照平衡全年平均数据，谨慎选择采访样本，既要把治理成效显著的先进典型采访好、报道好，也要对污染一直比较严重的河流进行全面调查与了解，分析原因，指出问题，探究解决之道。

最后公开报道的河流样本与原方案制定时确立的河流样本相比，6条河流中有4条没有变化，但有2条河流出现了变动。这就是"计划赶不上变化快"，新闻时效性必须得到保证。所谓的方案，在执行过程中应及时适应新的变化，并进行调整，保证公开报道内容的严谨、权威、准确、客观。

在做时政深度新闻预案的准备工作中，有时会遇到这种情况：当方案做好、采前会议也开过、采编人员已进入执行阶段时，因为"不可抗力"，或者其他意外情况，导致采编立即中止，方案完全"推倒"，必须重新选题、做方案……当然，这是一种比较极端的情况，在工作实践中遇到的概率也不大。但是，由于时政题材的特殊性，以及"时"与"势"的变化发展，这种意外在实践中不能完全避免。这就要求媒体的主要负责人和相关负责人，要具备高度的政治敏锐性和很强的专业素养，心中时时有准备，心中时时有预案，处变不惊，及时调整，不影响正常的采编、出版工作，至少要将采编与出版的负面影响降至最低。

时政报道内容政治性强，有时因为领导人的一句话、一个指示，整组报道只能暂停或撤销。这是时政新闻与其他新闻不同之处，而时政深度新闻因为所涉篇幅较多，遇到这种极端情况时，更加考验媒体负责人和所有采编人员的应变能力。因此，在时政深度新闻采编前的准备工作中，充分做好预案是不可缺少的一环。

第四章　时政深度新闻的采访

时政深度新闻的主题一旦确定，采编方案推出，采前会议召开后，就进入了采访阶段。时政深度新闻的采访过程，是一组时政深度新闻是否成功完成的关键。采访的方法与技巧，采访的水平与质量，采访的深度与广度，都关系到整个时政深度新闻的成功与否。

以下，将从政治权威性、时政专业性、内容丰富性、个案典型性等方面，对时政深度新闻的采访进行全面研究和分析。

一、政治权威性与采访工作

时政深度新闻是时政新闻的一部分，而时政新闻与政治密不可分、紧紧相连。一组时政深度新闻是否成功，除了报道必须遵守基本的政治纪律和政治规矩外，报道内容是否具备政治权威性，是否产生积极的社会影响力，都是评判报道是否成功的标准。

报道内容的政治权威性，取决于记者的采访水平与质量。下面从对政要人物的采访、善用权威的文件与资料、重要会议报道三个方面，探讨政治权威性与采访工作的关系。

（一）对政要人物的采访

马克思说："人的本质是一切社会关系的总和。"新闻离不开人，人物的成功报道可以增强新闻的可读性。时政新闻离不开政治人物，一组时政深度新闻若要具备权威性和很强的可读性，那么通过对重要政治人物的采访可以达到"画龙点睛""事半功倍"之效。

时政新闻的题材绝大多数有其鲜明的政治属性，如果时政深度新闻中的核心组成文章是重要政治人物采访，则对该深度报道的成功有加强效果。

人物采访在新闻采访中很常见，但政要人物是一个特殊人群，对其进行采访或专访有一定的难度。

1. 领导干部要增强同媒体打交道的能力

当下，党中央要求各级领导干部增强同媒体打交道的能力，对媒体采访政要人物是一个利好因素。习近平总书记指出："领导干部要增强同媒体打交道的能力，善于运用媒体宣讲政策主张、了解社情民意、发现矛盾问题、引导社会情绪、动员人民群众、推动实际工作。"增强同媒体打交道的能力，是对领导干部能力提升的新要求，是加强和改进党对新闻舆论工作领导的重要方式。

领导干部同新闻媒体打交道，首先要知媒体、懂媒体，了解媒体工作特点，尊重新闻规律，提高媒介素养。不能把新闻舆论工作当成一般性的事务性工作，不能简单地用管理党政机关的办法管理新闻媒体。既要大胆加强领导、严格管理，又要按照新闻规律要求科学管理，更好地发挥新闻媒体的作用。

领导干部增强同媒体打交道的能力，还要善待媒体、善于运用媒体。在加强管理的同时，尊重媒体，鼓励创新，充分发挥媒体的积极性、主动性、创造性。要适应新的形势，创新管理方式与方法。要关心媒体、关心新闻工作者，加强媒体领导班子建设，促进新闻人才成长，在政治上、思想上、经济上支持媒体发展，帮助媒体解决新闻宣传、事业发展中的实际问题，增强主流媒体的竞争力。要善于运用媒体推动实际工作，把新闻舆论工作纳入党委议事日程，统筹安排新闻舆论工作，把实际工作与新闻舆论工作结合起来，一道设计，一体安排，一同推进，让新闻舆论工作成为实际工作的进军号、助推器。

2. 新闻工作者采访政要人物的基本要求

对于新闻工作者来说，采访政要人物这个特殊人群需把握三个基本要素：充足的准备、平等的视角、全面的把握。

（1）采访政要人物的第一步——充足的准备。采访前做好功课，熟悉被采访人的基本资料，如性别、年龄、学历、爱好、职业履历等。要搜集并阅读与采访对象相关的资料，充分了解采访对象。要对采访对象的职业知识有一定的了解和掌握，避免采访时说"外行话"。

要拟好采访提纲,提纲最好是有两个版本:简化版与详细版,让采访对象根据自己的时间灵活选择。要提前与对方的幕僚和下属专职人员沟通,做好采访工作的安排。

(2)采访政要人物的第二步——平等的视角、平和的心态,这是采访政要人物的新闻工作者的基本素质。做时政新闻需要采访的各级党政领导,都有一定的级别和身份,可能平时也有一些让普通人崇拜的光环。作为采访他们的新闻工作者,必须把对方放在平等的位置上进行采访,这样才能保证采访的成功。要做到这一点,记者应该调整心态,那便是媒体也是党的事业的一部分,新闻工作者从事党的宣传报道工作,大家都是为人民服务的,职业没有高低贵贱之分而只有分工不同。

(3)采访政要人物的第三步——形象的全面把握。政要人物出现在媒体上常常与他们的决策、发言、指示批示、政绩等政治性、职业性的新闻报道联系在一起。但他们也是社会中的人,除了事业,他们还有家庭、爱好、朋友,既然是社会中的人,就有人的多面性,就是一个立体的、丰富的人。从这个角度理解政要人物,并多侧面地了解人物,这样写出来的人物专访,才会显得有血有肉、立体感强,文章的可读性也能增强。当然,在时政深度新闻实践中,离开政治写政要人物的内容不宜太多,有时也就一句话或一个小花絮,但却能起到画龙点睛、妙笔生花的效果。

下面是《小康》杂志近年来在做时政深度新闻时,对政要人物的采访案例。这3个案例不仅让所做的时政深度新闻更具权威性,还可以让新闻工作者在如何采访政要人物方面得到启发和帮助。

|时政深度新闻实践|

◆案例◆

"文明河南"建设是灵魂工程基础工程
——河南省委常委、宣传部部长赵素萍专访[①]

河南,"位于九州之中",历称中原,是中华民族和华夏文明的重要发祥地。今天的河南,不仅是我国第一人口大省,也是我国第一农业大省、第一粮食生产大省。河南省区位优势明显,是我国重要的交通通信枢纽和物资集散地。进入21世纪的河南,正处于工业化、城镇化加快发展阶段,发展的活力和后劲不断增强。

党的十八大以来,河南省委从河南实际出发,把学习贯彻与全面落实十八大精神和习近平总书记一系列重要讲话精神结合起来,提出打造"四个河南"和推进"两项建设"的总体发展战略。其中,"文明河南"作为"四个河南"的重要组成部分,成为河南省宣传思想文化战线深化改革的统领和总抓手。

"文明河南"建设目前取得了哪些成效?"文明河南"建设过程中有哪些工作体会?"文明河南"建设下一步努力方向有哪些?带着这些问题,某某杂志近日对河南省委常委、宣传部部长赵素萍进行了专访,赵素萍认为,文明河南建设是凝神聚气的灵魂工程,是提升公民文明素养的基础工程,责任重大,使命光荣。

"文明河南"的核心是"做文明人、办文明事"

记者:党的十八大闭幕不久,河南省委就提出了打造"四个河南"与推进"两项建设"的发展战略。请问"四个河南"与"两项建设"提出的背景和具体内容是什么?

赵素萍:2013年11月份,河南省委书记、省人大常委会主任郭庚茂在全省领导干部会议上正式提出:打造"四个河南"和推进"两项建设"的发展战略。这是从河南实际出发,把学习贯彻与全面落实党的十八大精神和习近平总书记一系列重要讲话精神结合起来,与全

[①] 殷云、谭海清:《"文明河南"建设是灵魂工程基础工程——河南省委常委、宣传部部长赵素萍专访》,载《小康》2015年第32期,第16～21页。

面实施粮食生产核心区、中原经济区、郑州航空港经济综合实验区三大国家战略规划结合起来，与深入开展党的群众路线教育实践活动结合起来，紧紧围绕经济、政治、文化、社会、生态文明建设和推进党的建设新的伟大工程，推动河南全面深化改革，将学习贯彻全会精神的成果转化为河南省发展思路、发展举措的进一步完善提升，转化为深化改革的重点突破，转化为党的执政能力和干部队伍建设水平的不断提高。

"四个河南"即富强河南、文明河南、平安河南、美丽河南，"两项建设"是指推进社会主义民主政治制度建设、加强和提高党的执政能力制度建设。其中，建设文明河南的核心是"做文明人、办文明事"，这涉及方方面面的改革。要通过改革创新，完善公民道德建设方面的制度，健全社会普法教育机制，建立健全社会征信体系，切实加快转变政府职能，推动服务型机关建设。

全国文明单位入选数量位居全国前列

记者："文明河南"建设已进行了两年，取得了哪些阶段性进展和明显成效？

赵素萍："文明河南"建设推行以来，全省上下按照省委决策部署，坚持以培育和践行社会主义核心价值观为根本，以道德建设、诚信建设、法治建设、服务型机关建设为切入点，以"践行价值观、文明我先行"等活动为载体，着力加强宣传教育、实践养成、文化熏陶、问题治理，不断深化拓展精神文明创建，在全社会形成了"做文明人、办文明事"的浓厚氛围，取得了一些明显成效。

思想理论建设不断加强。把学习习近平总书记系列重要讲话精神作为首要政治任务，着力抓好县级以上党委中心组和领导干部学习，统一思想，凝聚力量。社会主义核心价值观宣传教育持续深入。各地各部门认真贯彻中央要求，采取有效措施推进核心价值观建设，形成了声势、掀起了热潮。

正能量宣传更加强劲。强化内宣与外宣联动、传统媒体与新兴媒体联动、省内媒体与中央媒体联动，紧紧围绕"四个全面"战略布局、《河南省全面建成小康社会加快现代化建设战略纲要》等中央和省委重大决策部署，加强主题宣传、成就宣传、典型宣传和对外宣传，树立了河南良好形象。加强新闻管理，积极稳妥做好突发事件和社会热点敏感问题的舆论引导，舆论生态明显好转。

网络空间进一步清朗。建立工作机构，充实管理队伍，完善工作机制，加强网络宣传管理。精心设置议题，积极主动发声，形成网上正面宣传强势。加强网军建设，实施"111"工程，推出"豫平"网上评论，办好"文明河南"和"精彩河南"微博、微信，积极引导网上舆论。加大网络乱象整治力度，深入开展专项治理行动，查处了一批违规网站。加强网上舆情管控，成功处置一批涉豫重大舆情，有效掌控网上舆论主动权。

文化改革发展迈出新步伐。深入学习贯彻习近平总书记在文艺工作座谈会上的重要讲话精神，精心实施"中原人文精神精品工程"，推出电视剧《大河儿女》、电影《永远的焦裕禄》、纪录片《鉴史问廉》、话剧《红旗渠》、现代豫剧《全家福》等一批精品力作，涌现出"汉字英雄""成语英雄"等一批全国知名文化品牌。

精神文明创建实现新突破。持续深化精神文明创建活动，全省争创文明城市、文明村镇、文明单位的积极性不断高涨，城乡文明程度进一步提升。许昌、济源、濮阳3市入选第四届全国文明城市，开封、新乡、漯河、南阳、信阳、驻马店6市入选全国文明城市提名城市，巩义、长垣、永城、新安、宝丰、清丰、西峡、平舆8个县级市入选全国县级文明城市提名城市，全省还涌现了一批新的全国文明村镇和全国文明单位，入选数量位居全国前列。

公民道德素质不断提高。把公民道德建设作为"文明河南"建设的主要任务，不断加强社会公德、职业道德、家庭美德、个人品德建设。改进创新典型宣传，推出一大批道德模范、文明人物、最美人物、身边好人。胡佩兰、"郑州陇海大院"先后当选"感动中国"年度人物，邓州"编外雷锋团"荣获中宣部"时代楷模"称号，新乡英模群体、商丘好人现象形成了全国影响。

让人民群众拥有更多的获得感

记者："文明河南"建设落实的责任主体主要以全省宣传思想文

化战线的干部为主,同以往的宣传思想工作相比,打造"文明河南"建设工作有哪些不同?有哪些创新?

赵素萍:总结这几年"文明河南"建设工作,我们有几点深刻体会:要坚持以人为本。群众是"文明河南"建设的主力军。要尊重人民的主体地位和首创精神,注重人文关怀,尊重人、理解人、关心人、服务人,不仅要抓硬环境建设,更要抓人的思想道德软环境建设,既要"富口袋",也要"富脑袋",让人民群众拥有更多的获得感,促进人自身的全面发展。要坚持改进创新。适应新常态,展现新作为,必须紧跟时代和实践的发展,在工作思路理念、内容形式、体制机制、方法手段、基层工作等方面大胆创新,切合人们的思想特点来开展工作,立足人们生产生活实际来开展活动,不断增强吸引力。要坚持齐抓共管。"文明河南"建设工作领域宽、涉及部门多,贯穿经济社会发展的方方面面,是一项系统工程,需要形成多方联动、共创共建的合力。要加强统筹协调、沟通协作,切实把各方面资源都统筹起来、力量都组织起来、作用都发挥出来,形成全社会共同推进的工作格局。要坚持求实求效。"文明河南"建设,建设的是理想信念,建设的是思想道德,建设的是文明风尚,最需要虚功实做。要坚持思考问题从实际出发、部署工作从实地出发、推进工作从实效出发,把原则要求转化为可操作的具体措施,把目标任务化解为具体项目,把工作做实,做出成效。

下一阶段做好九大重点工作

记者:今年5月份,河南召开了全省"文明河南"建设推进大会,对上一阶段工作进行了总结,也对下一阶段工作进行了部署。"文明河南"下一阶段工作重点有哪些?

赵素萍:在"文明河南"建设推进会上,省委对"文明河南"建设下一阶段的工作进行了整体部署。主要有九个方面的工作重点:

一是把学习宣传贯彻习近平总书记系列重要讲话精神引向深入。习近平总书记系列重要讲话是中国特色社会主义理论体系的最新成果,是指导具有许多新的历史特点的伟大斗争的最鲜活的马克思主义。推进"文明河南"建设,必须把学习宣传贯彻习近平总书记系列重要讲话精神作为长期政治任务，更好地用讲话精神武装头脑、指导实践、推动工作。

二是切实加强思想政治工作。思想政治工作是党的一切工作的生命线。当前，我省正处于爬坡过坎、转型攻坚的关键时期，人多、矛盾多、热点多，改革发展中的深层次矛盾和问题必然在思想领域中反映出来，极易引发思想波动，影响社会和谐稳定。推进"文明河南"建设，必须加强思想政治工作。

三是积极营造良好舆论环境。"文明河南"建设，舆论必须先行。

四是大力培育和践行社会主义核心价值观。社会主义核心价值观是最持久最深层的精神力量，抓好社会主义核心价值观建设是"文明河南"建设的根本任务。

五是着力加强公民道德建设。"国无德不兴，人无德不立。"道德是文明的思想基础，道德建设是"文明河南"建设的基本任务。要深入实施公民道德建设工程，进一步加强社会公德、职业道德、家庭美德、个人品德建设，提高公民道德素质，弘扬社会新风正气。

六是促进文化大发展大繁荣。文化是一个民族最深层的精神积淀，也是一个国家最鲜明的精神旗帜。要加快文化改革发展，促进中原文化大发展大繁荣，充分发挥文化引领风尚、教育人民、服务社会、推动发展的重要作用。

七是加快推进网络文明建设。坚持"正能量是总要求、管得住是硬道理"，依法建网、依法管网、依法治网，推动网络空间全面清朗起来。

八是推动群众性精神文明创建向纵深发展。群众性精神文明创建活动是推进"文明河南"建设的重要载体和有效抓手。要积极适应形势发展的新要求，深化内涵、拓展领域、提升成效。

九是切实加强基层基础工作。治国安邦，重在基层。基础不牢，地动山摇。加强基层工作，不仅要重视农村、社区、街道，而且要重视学校、企业。现在最活跃的人群在学校、在企业，必须高度关注各级各类学校和各种类型企业的思想政治工作。群众在哪里，我们的宣传工作就应该做到哪里。

在新一轮媒体格局变革中占领先机

记者：刚才提到"'文明河南'建设，舆论必须先行"，如何发挥舆论引导作用和媒体主导作用？

赵素萍：要充分发挥舆论的动员引导作用，调动全社会的积极性、主动性和创造性，汇聚起全省人民关心、支持、投身"文明河南"建设的强大力量。在舆论引导和媒体主导方面，我们强调做好这样一些工作：

牢牢把握正确的舆论导向。推进"文明河南"建设，一个很重要的任务就是要坚持正确的政治方向，用正能量统一思想、凝聚人心。做好舆论引导工作，最基本的要求是坚持团结稳定鼓劲、正面宣传为主。要把握宣传基调，做强正面宣传，保持正向、纠正偏向、把住方向，讲好河南故事，传播好河南声音，全面提升河南形象。

及时有效做好对热点难点问题的舆论引导。当前，舆论生态复杂多变，热点难点问题易发多发，给舆论引导工作带来巨大挑战。要加强对突发事件的引导，面对突发事件，有关党委部门要迅速研判、表明立场，特别对那些侵犯群众利益、违反党纪国法的事情，要果断处置，一定不要遮遮掩掩。要坚持及时准确、公开透明、有序开放、有效管理、正确引导的方针，及时发布权威信息，争取第一落点，掌握舆论主动，引导社会情绪、社会心理向着积极健康的方向发展。要加强对热点问题的引导，着力讲清"怎么看""怎么办"，划清是非界限，澄清模糊认识，引导广大群众多看主流、不受支流支配，多看光明面、不受阴暗面影响，多看本质、不受表面现象迷惑，最大限度地凝聚思想共识，充分调动干事创业的积极性。

加强主流媒体建设。要加快推动传统媒体和新兴媒体的融合发展，整合资源、扩大阵地，提高传播力、影响力，着力打造一批新型主流媒体，努力在新一轮媒体格局变革中占领先机、赢得主动。要加强新闻从业人员马克思主义新闻观教育，提升职业素养，强化责任担当，建设一支政治强、业务精、作风正、纪律严的新闻队伍。要加强新型媒体人才培养，打造一批"全媒记者""全媒编辑"，一批懂专业、懂政策、有社会责任感的资深记者。要坚持党管媒体原则不动摇,党委主要负责同志要带头阅看本地区、本部门主要媒体的内容,把好导向,并要及时帮助主流媒体解决发展中的困难和问题;各级各类媒体要坚持政治家办报、办刊、办台、办新闻网站,严守党的政治纪律、宣传纪律和政治规矩,管好阵地、管好队伍,绝不允许游离于党的领导之外。

让民间网络义务监督员参与网络治理

记者:现在的新闻宣传已进入全媒体时代,新兴媒体发展迅速,网络传播改变了新闻宣传生态。"文明河南"建设在网络文化建设、网络文明建设方面,有哪些具体思路和举措?

赵素萍:目前,河南省网站总数超过17万个,网民有近6000万,建设网络文明,改善网上舆论生态,成为"文明河南"建设面临的一项重要而紧迫的任务。我们在网络管理与建设上强调"三个加强":

加强网上内容建设。加强网上正面宣传,始终用党的声音、重大要闻占据网站首页、客户端首屏,形成正面舆论强势。深入开展社会主义核心价值观网上宣传教育,推动优秀传统文化和当代文化精品的网上传播,鼓励网民创作积极向上、健康高雅的网络作品,让更多具有正能量的文化产品占据网络空间。认真研究网民的特点,掌握网络传播规律,善于运用网言网语和生动直观的图像视频进行宣传,生动活泼地传播主流价值。要加强顶层设计,形成规章制度,鼓励网站开展正能量宣传,增加正能量的传播内容,唱响网上正面宣传主旋律。

加强网上舆论引导。要注重网络舆情的分析研判,未雨绸缪,搞好应对。要深入实施网上舆论引导"111工程",构建网上评论引导指挥平台,完善省、市、县三级网络宣传和评论引导管理机制,做好培养"大V"的工作,做好网络名人、专家、"自干五"等社会力量的工作,建设强大网军。大力推动政务微博、政务微信建设。要加强对涉豫舆情的管控,快速、高效地处置网上有害信息,防止热点舆情和有害信息进一步扩散。

加强网络管理。今年,各级都要建立互联网管理领导体制,形成全省互联网管理的完备体系。加强法规制度建设,为网络管理立依据、树规矩。健全网络基础管理、内容管理、行业管理、违法犯罪防范和打击等工作机制，为加强网络管理提供有力保障。强化网站管理责任，落实"设立总编辑、加强内容管理、加强队伍建设、实行24小时值班"四项措施，守好"七条底线"。加强对刊载新闻信息网站的资质管理，全面推进"实名制"。发动社会力量参与网络治理，建立民间网络义务监督员队伍。要深入开展整治互联网新闻传播"四乱"专项行动，严厉打击网络犯罪，严肃整治网上虚假信息，坚决清除网络淫秽色情、政治类有害信息，以即时通信工具、搜索引擎为重点开展"大扫除"行动，努力解决网络乱象。

点评：这是一篇"中规中矩"的政要人物专访，文中让普通百姓读后"眼前一亮"的闪光点相对不多。但这篇文章是"文明河南"这组时政深度新闻的核心稿件，也可称之为深度报道的头条稿件。人物的身份具备权威性，人物访谈内容全面、有针对性。另外，这组深度报道推出的时机也有一定新闻价值：即当年全国上下正在重点宣传报道培育和践行社会主义核心价值观，精神文明建设是一大报道热点，河南省在精神文明建设方面取得了一定的成绩，值得向全国推广和典型宣传。另外，"文明河南"是"四个河南"的重要组成部分（"四个河南"即富强河南、文明河南、平安河南、美丽河南），是河南省委、省政府贯彻落实党的十八大精神、针对地方实际情况提出的发展战略，是地方党委政府治国理政的主要抓手，从时政新闻角度讲，有一定的新闻价值。

◆案例◆

脚下沾满泥土 心中沉淀真情
——广东省扶贫办副主任、广东省第一扶贫协作工作组组长杨伟强专访[①]

扶贫现场直击

2018年10月21日,星期日。

毕节,深秋的天气,与贵州省大部分地方相似,大雾弥漫,阴雨霏霏,体感寒冷。用广东人的话讲就是"湿冷",是那种往骨子里"钻"的冷。

清晨,一行人离开市区驱车赶去海拔2200多米的国家深度贫困县——威宁彝族回族苗族自治县。

高速公路上,雾气越来越浓,100米,50米,30米,能见度越来越低,越野车开启了雾灯。时速也一直控制在40公里以下。

利用行车的空隙,杨伟强告诉某某记者,此去的威宁县,是贵州省面积最大、海拔最高的县,也是国家扶贫开发工作重点县、国务院确定的贫困县、贵州14个深度贫困县之一。总人口超过150万人,平均海拔2200米,居住着彝、回、苗等18个少数民族。

"威宁的正常气温会比市区低个好几度",见识了毕节市区的"湿冷",杨伟强的话让一行人感受到阵阵"寒意"。

越野车开始驶过贫困县赫章县的地界,忽然,一直伴随的大雾不知不觉消散了。随之而来的是一缕缕金色的阳光,云贵高原上久违的晴天出现了。见多了"天无三日晴",大家的心情立即随着阳光变得兴奋起来。

车行两个多小时,走到高速公路的尽头,到达了威宁县城所在区域。

现在是上午十时左右。今天到访的第一个点是一家服装厂。这是

[①] 谭海清:《脚下沾满泥土 心中沉淀真情——广东省扶贫办副主任、广东省第一扶贫协作工作组组长杨伟强专访》,载《小康》2018年第32期,第26~31页。

一家总部位于广州市番禺区、产品全出口的女性内衣生产企业，经广东省第一扶贫协作工作组牵线搭桥、引进落地的劳动力密集型企业。厂房共五层，全部投产后可吸纳2500多人就业。目前已招收了300多人，其中15%左右的员工为建档立卡贫困户家庭。从厂区告示牌上看到，这里的工人月工资最高超过了4800元。一位来自特困家庭的员工告诉《小康》记者，她在这里有时一个月能拿近5000元工资，而在老家，这是她那五口之家靠种玉米一年的收入，真正实现了"一人上班，全家脱贫"。

看完服装厂，杨伟强带着一行人来到第二个点，羊街镇交河村与蛇街村，是威宁县的一类贫困村。来自广州的两家农业公司在这里种植蔬菜和花卉，是"产业扶贫"和"资金帮扶"的重点项目。除了少数管理人员与技术人员，在公司打工的都是从本地招收的农民，其中约20%是建档立卡的特困人员。杨伟强介绍说，当地贫困户与普通农户通过引进广东的农业龙头公司，以四种形式脱贫致富：一是取得土地出租的租金收入；二是广东财政资金投入后以贫困户入股形式获得分红；三是在农业公司打工挣钱；四是通过在农业公司学习现代农业技术后，自己创业致富。离开时，杨伟强特地"拜托"羊街镇党委书记，脱贫任务重，时间紧，一定要加快推进项目的实施进度，让项目尽快产生效益，让贫困户尽快增加收入，让更多贫困户脱贫致富。

吃过午饭，一行人立即驱车前往下一个点——双龙镇水潮村。深秋的高原阳光，慵懒而温暖，路边的银杏树一片金黄。利用行车的一个多小时时间，杨伟强在车上打了个盹。这也是一个农业扶贫项目，来自广州的公司——全国最大的江南果蔬批发市场在这里建起了"中央大厨房"式的物流配送中心，打造集农产品种植、仓储、物流、配送、深加工和电商于一体的农业高效扶贫示范园，目前已初见成效。在现场的冷库里，记者看到一箱箱的红菜薹和西兰花菜正准备发往广州。

威宁物产资源种类繁多，拥有耕地332.5万亩，与低纬度、高海拔、强日照、大温差的区域性气候一道营造了著名的南方"马铃薯之乡""冷凉蔬菜之乡""苦荞之乡"。

来自广州的资金、技术、市场等优势正与当地资源结合，助力脱贫攻坚。杨伟强向某某记者表示："要实现长期、永久、持续、稳定的脱贫，必须发展产业，没有产业，就没有内生动力，没有产业就没有稳定的就业。"

看项目，抓进度，发现问题，解决问题。杨伟强每到一处，都是直奔主题，直面现实问题。现场办公，提高效率。无论是驻县的帮扶干部，还是进行产业帮扶的企业，见了杨伟强都像见了老朋友一样（不少企业都是杨伟强亲自从广州"请"过来的），说话也很直率，有问题说问题，从不拐弯抹角。当然，最后杨伟强都会向驻县干部和当地干部"请托"：务必抓紧时间，尽快落实项目，聚焦建档立卡贫困户，加快打赢脱贫攻坚战。"小康不小康，关键看老乡。贵州山多地少，土地贫瘠，石漠化严重，还有不少贫困区域在大山农村，群体主要是山区农民，他们很多居住在'一方水土养不了一方人'的山里，增收困难是他们脱贫最大的痛点，如何帮助贫困户增收，尽快脱贫，一直是我最大的烦恼。还有一些贫困户住着危破房，喝不上安全自来饮水，一直也是我的牵挂和顾虑！"

马不停蹄，继续前往下一个考察点，此时已是下午四点钟左右……

东西部扶贫协作介绍

杨伟强，广东省扶贫办副主任，广东省第一扶贫协作工作组组长，广州市对口贵州省毕节市和黔南州东西部扶贫协作总领队。同时，杨伟强还兼任广东省第一扶贫协作工作组黔南组组长和黔南州政府党组成员。

1968年出生的杨伟强，是广东省饶平县人。对于"东西部扶贫协作"，他称得上是一位"老扶贫干部"——早在2010年至2013年，他作为援疆干部，任新疆喀什地区疏附县委副书记，有过三年半的援疆经验。"参与脱贫攻坚，既是政治任务，又是锻炼机会，在付出艰辛的同时，自己也经受了历练，个人的境界和情怀得到了极大的升华。"杨伟强说。

从2016年9月开始，杨伟强的工作重心辗转大西南，在广州市、毕节市、黔南州三个地方"跑来跑去",广州到毕节,1100多公里;广州到黔南,900多公里;毕节到黔南,350多公里。这个不对称的三角形让杨伟强的工作,不仅是脑力劳动更是"体力劳动"。珠三角地区"长夏无冬"气候与贵州的高原"天无三日晴"截然不同,也让杨伟强防不胜防多次"中招",扶贫组的司机都记得,杨伟强在毕节市的感冒次数,与他跑县镇村扶贫点的次数是成正比的。尽管如此,杨伟强还是告诉《小康》记者:"请你们放心,组织交给的任务很重,时间紧迫,虽然我已年到半百,身材'苗条',但身体还是棒棒的,各项指标都正常,体重30年没变过。"

杨伟强"棒棒的"身体得益于他童年的农村生活,他的童年时期正值中国社会转型前夜,国民经济进入了最低谷,人的生存压力也到了极限。这养成了他特别能吃苦、特别不怕苦的性格。在中山大学读书时,他曾任学生会主席,还入了党。参加工作两年多,升为副科级干部。仅过了一年多,通过公开选拔成为副处级干部。在援疆期间,他曾连续工作40多个小时,并因此做了耳朵手术。援疆结束时,他获得了由中共中央组织部、国家发改委、国家人力资源和社会保障部授予的"全国援疆先进工作者"。2018年7月,杨伟强被中共贵州省委授予"贵州省脱贫攻坚优秀共产党员"。2017年,杨伟强任组长的广东省第一扶贫协作工作组黔南组,被授予"贵州省脱贫攻坚先进集体"。

杨伟强介绍说,毕节市位于贵州省西北部、川滇黔三省交界、乌蒙山腹地,全市人口近千万。20世纪80年代,毕节经济落后、生态恶化、人口膨胀,人民生活十分艰难,陷入了"越穷越生——越生越垦——越垦越穷"的恶性循环怪圈。

1985年6月4日,时任中共中央政治局委员、中央书记处书记习仲勋同志对毕节市的扶贫与脱贫工作做了重要的批示。1988年6月,在时任贵州省委书记胡锦涛同志的倡导下,国务院批准建立毕节"开发扶贫、生态建设"试验区,开启了治山治水、治穷治愚探索实践的新征程。2014年5月15日,习近平总书记对毕节试验区做出重要批示,赋予了毕节试验区"为贫困地区全面建成小康社会闯出一条新路子"和"在多党合作服务改革发展实践中探索新经验"的历史使命。2018年7月，习近平总书记对毕节试验区工作做出重要指示强调，现在距2020年全面建成小康社会不到3年时间，要尽锐出战、务求精准，确保毕节试验区按时打赢脱贫攻坚战。同时，要着眼长远、提前谋划，做好同2020年后乡村振兴战略的衔接，着力推动绿色发展、人力资源开发、体制机制创新，努力把毕节试验区建设成为贯彻新发展理念的示范区。贵州省委要求毕节市全力建设"精准扶贫、精准脱贫的高地，生态保护、绿色发展的高地，对口帮扶、多党合作的高地，实干作风、奋斗精神的高地"，与时俱进打造毕节试验区改革发展升级版。

截至本次报道采访，毕节市贫困人口81.82万人，贫困发生率10.04%。

而杨伟强亲任扶贫组组长的黔南，其全称为黔南布依族苗族自治州，位于贵州省中南部，是多民族聚居地。全州有汉、布依、苗、水、壮、侗、毛南、仡佬等37个民族，州总人口约400万人。目前城乡之间、地区之间、行业之间的收入差距比较大，低收入群体增收比较困难。截至本次采访时间，黔南州尚有贫困人口37.75万人，贫困发生率9.95%。

杨伟强说："扶贫干部，一定要讲政治、守规矩、善作为、敢担当、重情怀、甘奉献。这是我担任组长给大家定的团队精神。尤其是要有家国情怀，草根情节，奉献意识，只有具备这些，才会真正落实'真扶贫，扶真贫，真脱贫'。"

扶贫经验总结与思考

作为一位"老扶贫"，杨伟强向某某记者畅谈了对扶贫工作的思考和想法。

杨伟强认为，自己作为广东第一扶贫协作工作组负责人，深感责任重大，始终不敢怠慢，始终牢记使命，不忘初心，根据"中央要求，当地所需，广东所能"的总体原则，按照"一手抓对口帮扶，一手抓交流协作"的工作思路，对标对表考核，结合当地实际，紧紧围绕产业合作、劳务协作、资金支持、人才交流、社会帮扶、携手奔小康等6大方面内容，坚持"三个聚焦"——聚焦深度贫困地区脱贫攻坚任务，聚焦建档立卡贫困户精准脱贫，聚焦增强自身内生发展动力，强化组织领导，完善工作机制，细化任务内容，狠抓责任落实，扎实推进各项工作，取得了明显的阶段性成效，在接受国务院扶贫办的年度考核中得到了考核专家组的好评。

扶贫协作组积极协调两省和三市州高层互访，广州市分别与毕节市和黔南州制定了"东西部扶贫协作党政联席会议制度"，并分别召开了5次和4次党政联席会议。广州先后出台了《关于贯彻落实进一步加强东西部扶贫协作工作的实施意见》，制定了《广州市对口帮扶毕节市五年规划》《广州市对口帮扶黔南州五年规划》和2017年、2018年广州市对口帮扶毕节市、黔南州工作要点以及广州市对口帮扶毕节市、黔南州三年行动方案（2018—2020）。广州市10个经济强区（从化除外）与毕节市、黔南州23个县（市、区）全面建立了"携手奔小康"结对关系。为加速帮扶资金向基层延伸，在区县结对的基础上，探索村镇结对，协调广州有关街道（镇）、企业与结对县的150个乡镇、村签订结对帮扶协议，围绕党建、产业、人才、教育、医疗、民生等多领域开展因地制宜的帮扶协作。

在加强资金帮扶、助力脱贫攻坚方面。近三年来，广州市共投入财政资金9.29亿元用于毕节和黔南的贫困县改善卫生教育条件，投入危房改造、安全饮水等民生基础设施，发展种养农业产业，项目建成后带动当地贫困户近2万户，8万余人增收脱贫，助力当地脱贫攻坚。积极组织工作组干部，深入一线调查研究，加强谋划策划，提高项目的精准度，提高财政资金使用效益。千方百计动员社会力量，广泛发动社会参与支持帮扶工作。

在加强产业合作、突出"造血"帮扶方面。杨伟强一直给同事强调一个观点，"授人以鱼，不如授人以渔。我们在提供财政帮扶资金、解决当地民生短板的同时，更注重产业扶贫。贵州得天独厚的生态资源优势和近几年大投入带来的交通基础设施水平优势，加上与珠三角大湾区的地缘优势，东西部扶贫协作的时机优势，给广东企业拓展市场、寻找新的投资带来商机"。近三年来，广州市场销售毕节、黔南绿色优质农产品25.94万吨、13.72亿元。多渠道开展招商引资，毕节和黔南共引进企业投资项目165家，完成实际投资额54.79亿元，拟直接带动建档立卡贫困户1.6万余人脱贫。积极推动旅游产业合作，2017年广东游客到毕节、黔南两地旅游人数分别达到175万、1397万人次。

发展产业，招商引资，广州方面也特别强调生态环境的保护。用杨伟强的话说，就是"贵州最大的资源和本钱就是生态环境，发展贵州产业，一定要因地制宜，结合实际，保护好环境。保护生态是发展经济的底线，我们招商引资，引进企业，从严把关，绝不越过红线，不走一些地区牺牲环境换取发展的老路，不留骂名"。

在开展智力帮扶、提升协作水平方面。积极发挥广州人才优势，大力实施智力帮扶。推动广州市选派33名党政干部赴毕节、黔南挂职，选派382名专业技术人才到两地学校医院企业挂职"两长"（学校副校长和医院副院长）。协助两地培训党政干部和专业技术人才。

在加强劳务协作、推动就业脱贫方面。协助毕节、黔南两地转移贫困劳动力到广东就业和实现就近就地就业9135人次。广州与毕节、黔南合作举办97期劳务培训班，向贫困户提供10万余个就业岗位。

东西部协作扶贫，光靠个人的力量是远远不够的。杨伟强比较欣慰的是，无论是在毕节，还是在黔南，由广州派驻的帮扶干部和专业技术人员，无不全身心地投入，默默无闻地奉献。广东省第一扶贫协作工作组人员虽然精干，但战斗力很强，其中涌现了不少感人的帮扶故事。如作为毕节市教育帮扶小组的联络员，来自广州市铁一中学的校长助理梅杰了解到帮扶学校的留守儿童比例较高，心理健康教育亟待加强，于是积极努力联系到爱心企业捐赠了40台电脑，建成了一间留守儿童心理援助和亲情互动室，还联系广州市的专业心理机构培训心理志愿者，在校内开展面向学生的心理援助和面向教师的心理培训活动。如由广州市白云区第二人民医院医务科科长挂任平塘县人民医院副院长的马韧凯医生，利用休息日，多次深入平塘县大塘镇民联村摆应组、平舟镇摆克村等地，开展"微心愿"、贫困户走访等活动，充分了解建档立卡户、贫困户"四重保障"实施情况，基层医疗卫生各个环节存在的困难与问题，有针对性地为贫困户解决实际困难。

杨伟强告诉某某记者，经过近三年的努力，广东对口贵州东西部扶贫协作取得了良好的开局，打下了坚实的基础。接下来，将带领团队，努力工作，开拓进取，勇于担当，攻坚克难，将两地三市州东西部扶贫协作工作向纵深推进，助力打赢打好脱贫攻坚战，为黔南和毕节到2020年实现全面脱贫、与全国同步小康做出新贡献。"这是我第二次踏上扶贫之路，感慨尤多，感悟更深，收获匪浅。扶贫之路，很不容易，有欢笑，也有泪水，但更多的是欢笑，因为，看到群众笑了，自己的工作得到认可，心里得到了满足。今生此行，无怨无悔！"

三年援黔路，一生贵州人。杨伟强和他的团队十分注重扶贫的理念，"感情扶贫，不留遗憾；科学扶贫，少留败笔；作风扶贫，不留骂名"。

点评：这篇文章无论是从政治角度还是从新闻专业角度分析，都是一篇采写质量比较高的政要人物专访。里面有很多现场采访的细节，很有可读性。文章的标题出自习近平总书记的名言，用在采访对象身上很贴切、很接"地气"，文中引用采访对象的不少话语，很通俗、很实在，易感动人。整篇报道以时间为经、以地点为纬串联在一起，让读者身临其境，可读性强。文章内容有点有面，有微观有宏观，与主题紧紧联系，易于读者理解和代入。文章里有不少让读者"眼前一亮"的细节，如"忽然，一直伴随的大雾不知不觉消散了。随之而来的是一缕缕金色的阳光，云贵高原上久违的晴天出现了"；"她在这里有时一个月能拿近5000元工资，而在老家，这是她那五口之家靠种玉米一年的收入"；"身体还是棒棒的，各项指标都正常，体重30年没变过"；"保护生态是发展经济的底线，我们招商引资，引进企业，从严把关，绝不越过红线，不走一些地区牺牲环境换取发展的老路，不留骂名"。

这篇政要人物专访是该媒体当年推出的"广州援黔三年记"时政深度新闻中的一篇，在该组深度报道里的重要性仅次于"头条"综述稿，从可读性和代表性角度讲，此文是该组深度报道里最重要的一篇。该组深度报道由于策划准备充分、采写全面细致、后期编辑精美，报道推出后引起了强烈的社会反响，取得了良好的社会效益。

◆案例◆

回归20年粤澳深度融合成就辉煌
——澳门特别行政区第五任行政长官贺一诚专访[①]

在澳门回归20周年之际，澳门特别行政区第五任行政长官贺一诚接受了《小康》杂志独家专访，就澳门回归祖国20年来实践"一国两制"方面所取得的巨大成就、澳门产业多元化探索与发展、大湾区机遇与粤澳深度融合等主题，进行全面、深入介绍。

8月25日上午，贺一诚以392票当选为澳门特别行政区第五任行政长官。他曾任澳门特别行政区行政会委员、澳门中华总商会副会长等职。2013年10月，当选澳门特别行政区立法会主席，2017年10月连任。他还是第九至十三届全国人大代表、全国人大常委会委员。

对比于过去立法会主席"监督政府"的职位，贺一诚笑称现在成为行政长官变成了"被人监督"。除了从政经历，贺一诚在商界也颇为知名。他从最底层做起，当过工人、科长、副厂长、经理，一步一步成为澳门贺田工业有限公司董事总经理、澳门贺田投资发展有限公司董事长。

出生于1957年6月的贺一诚是土生土长的澳门人。其父贺田出生于浙江省杭州市，1936年毕业于南京机械工程专科学校自动车系，20世纪40年代末移居澳门。贺田创立了贺田工业，成为当时澳门大型的塑料、电子以及电子信息产品的制造商之一，他也因此被誉为"澳门现代工业第一人"。改革开放以后，贺田积极响应国家号召，先后在珠海、佛山、杭州、宁波等地投资建厂。一直以来，贺氏在澳门经济发展过程中都发挥着重要作用。

---

① 谭海清、麦婉华：《回归20年粤澳深度融合成就辉煌——澳门特别行政区第五任行政长官贺一诚专访》，载《小康》2019年第35期，第20~25页。

生于斯长于斯，贺一诚在澳门经历了葡萄牙统治年代一直到现在，因此对回归后的感触颇深。在澳门回归20周年之际，贺一诚接受了《小康》记者独家专访，就澳门回归祖国20年来实践"一国两制"方面所取得的巨大成就、澳门产业多元化探索与发展、大湾区机遇与粤澳深度融合等主题，进行全面、深入介绍。

"一国两制"实践成就辉煌

澳门位于珠江三角洲西岸，由澳门半岛和氹仔、路环二岛组成，陆地面积32.8平方公里，总人口67.2万人。1553年，葡萄牙人取得澳门的居住权；1887年12月1日，葡萄牙正式通过外交文书的手续占领澳门。回归前，尤其是临近1999年年底的那段时间，澳门社会治安十分恶劣，枪击、绑架、暗杀、烧车，几乎每天都有刑事案件发生，人心惶惶。

而在经济上，回归前同样让人担忧。当时，澳门经济结构单一，经济支柱产业主要是博彩业、出口加工业、地产建筑业和金融业。这种经济结构经过1993年、1997年和1998年两次大的金融风暴冲击，以及地产建筑业的过度发展，澳门的整体经济"元气大伤"。1999年，澳门失业率甚至高达6.5%，居民收入减少，该年就业人口月工作收入甚至低于1996年。

1999年12月20日，中国政府恢复对澳门行使主权。在澳门回归后的20年间，情况发生了天翻地覆的变化。贺一诚介绍，澳门的GDP从原来1999年的518亿澳门元增长到2018年的4400亿澳门元。1999年澳门人均GDP仅约为1.51万美元。到2018年，澳门人均GDP已达到了8.2万美元，成为中国人均GDP最高的城市，在全球所有的国家和地区中排名前三名。

在政府储备方面，回归前澳门政府基本没有储备，现在政府储备已超5700亿澳门元。"回归前，澳门政府只有100亿~130亿澳门元的财政预算，基本只能做到政府日常工作的开支平衡，对于60多万人口的民生支持是不够的。但是，今年澳门政府的财政预算达到1033亿澳门元。人口还是60多万，但财政预算却是当时的10倍多。这就让政府能够更好地支持民生领域。"贺一诚说。

其中，免费医疗、教育等的民生支出就占政府财政预算约 30%，超过 300 亿澳门元。贺一诚认为，以前澳门没有那么多社会福利，但现在可以说是亚洲最好的。教育方面，由幼儿园到高中毕业是 15 年免费教育；医疗方面，澳门永久性居民从出生到 15 年义务教育阶段都是免费，到了 65 岁以上又是免费，只有读大学和在社会工作那段时间需要自己负责医疗费用。

贺一诚提到，现在的澳门老人如果加入了社会保障的系统，每个月加上各种福利起码可以领到近 5000 澳门元。据悉，随着澳门步入老龄化社会，澳门特区政府提出了"家庭照顾，原居安老；积极参与，跃动耆年"的长者工作原则，推出了现金分享、发放医疗券、公务人员公积金制度等多项措施，着力构建具有澳门特色的养老服务体系。

"从这些方面，我们可以看到澳门回归前后的发展与变化。如今，'一国两制'在澳门成功实践，令澳门发展成就辉煌。"贺一诚说。

经济适度多元化发展

"在肯定成绩的同时，我们也要看到有不足的地方。"贺一诚认为，澳门的经济产业还是比较单一，以博彩业与旅游业为主。数据显示，2018 年澳门入境旅客超过 3580 万人次，同比上升 9.8%，创历史新高。2018 年全澳门博彩毛收入 3028.46 亿澳门元，较 2017 年全年的 2657.43 亿元，增加 14%。

只有一两个产业支撑，澳门在经济发展上是非常危险的。因此贺一诚表示，下一步的经济适度多元化发展必须加快进行。据了解，推动澳门经济适度多元发展、破解澳门博彩"一业独大"的产业结构矛盾，是中央关于澳门发展的战略谋划和部署，也是保持澳门长期繁荣稳定的必然要求。

"不过，由于澳门月工资中位数较高，生产成本也比较高，所以对于不少产业的引入都没有很高的吸引力。那么，要发展怎样的产业？这也是困扰着特区政府多年的问题。但是，这个坎一定要过。经过多方面考虑，中医药产业成为澳门在多元化发展中的一个重要路径。"贺一诚说。

2011年3月6日，《粤澳合作框架协议》签署。粤澳合作中医药科技产业园作为第一个落地项目，于2011年4月正式落地珠海横琴，由澳门和横琴共同组建公司进行开发建设与运营管理。从粤澳合作中医药科技产业园出发，约20分钟可以到澳门。临近澳门的地理位置优势，使得产业园能集聚澳门的国际化中医药科研人才。同时，借助澳门的国际影响力，产业园吸引了全球中医药领域顶尖人才。

2018年10月22日，习近平总书记在考察粤澳合作中医药科技产业园时，对产业园"以点带面""以医带药"将中医药产品带往非洲莫桑比克等国际市场给予了肯定。同时，总书记提到，粤澳合作中医药科技产业园不同于任何一个产业园，是澳门特区政府经济多元化迈出的第一步，要大力支持它、发展它。

贺一诚表示，截至现在，澳门已经在粤澳合作中医药科技产业园投入接近100亿澳门元，将来要做到产业与研究并行。产业要出成果需要研究，研究能有经济体现需要产业，二者相辅相成。这样才能真正推动澳门经济适度多元发展。

科技发展方面也是澳门面临的一个瓶颈。贺一诚说，澳门大学、澳门科技大学都聚集了一批好的国家实验室，也有一批好的科技人员。但是，他们的研究成果要如何转换？这是一个亟须解决的问题。所以，未来澳门也要把科技成果转换当作重点抓好，澳门科技的发展才能长远与多元。

"我们会从科技人员的奖励分配制度开始着手研究，增强他们科技成果转化的积极性。如果科技人员的分配制度成为'大锅饭'或者'一刀切'，科技人员就只会研究，不会有积极性去转化成果。唯有用激励的方式，让他们把科技成果转化时能有适当的奖励，以及让他们与转化成果的经济收益挂钩，科技人员才会更愿意把研究成果转化，把产业带动起来。"贺一诚说。

据悉，澳门目前设有四所国家重点实验室——粤澳中药质量研究国家重点实验室、模拟与混合信号超大规模集成电路国家重点实验室、智慧城市物联网国家重点实验室、月球与行星科学国家重点实验室。未来，澳门将从科技创新引领的产学研体系、多元文化共存的文化交流基地、高端服务业、中医药产业的形成与发展、特色金融、海洋旅游业等方面发力，促进澳门的持续发展。

"现在，澳门的工业界已经开始发力，帮助某些科技转化发展。其他产业方面也在不断拓展。如今步子是迈开了，但是感觉还不够大，以后还要继续努力。另外，澳门的生产成本还是偏高，因此我们要看准哪些行业适合发展，然后再切入、抓好发展。并不是所有行业都适合在澳门发展的，这方面我们必须把握好。"贺一诚说。

粤澳深度融合20年

澳门和广东无论从历史上、地缘上还是文化上，都有着十分紧密的联系，可谓休戚与共，血脉相连。地理上，澳门北与广东省珠海市拱北相接，西与珠海市的湾仔和横琴相望，东与香港、深圳隔海相望。文化上，居澳的广东人占绝大多数。因此，广东人的生活习惯和风俗礼仪在澳门的影响最为深远。

澳门回归20年也是粤澳深度融合的20年。特别是粤港澳大湾区提出以来，粤澳深度融合踏上了新的台阶。2月18日，中共中央、国务院印发《粤港澳大湾区发展规划纲要》。按照规划纲要，粤港澳大湾区不仅要建成充满活力的世界级城市群、国际科技创新中心、"一带一路"建设的重要支撑、内地与港澳深度合作示范区，还要打造成宜居宜业宜游的优质生活圈，成为高质量发展的典范。

"粤港澳大湾区由珠三角9个城市和香港、澳门两个特别行政区组成，其中以香港、澳门、广州、深圳四大中心城市作为区域发展的核心引擎。澳门作为引擎之一，在中医药、科技等发展方面，其实是离不开粤港澳大湾区整个发展的背景。而近年来和横琴的合作是澳门在粤澳合作上的重点。"贺一诚说。

为什么是横琴？贺一诚表示，澳门与横琴仅一河之隔，且横琴有106平方公里可以与澳门共同发展。2018年10月22日，习近平总书记到横琴视察时也明确指出，横琴的发展就是为了配合澳门的发展。"横琴在教育、民生、中医药等方面如今都与澳门共同发展。而最近在与珠海市政府沟通方面，澳门和珠海双方都有很多这些方面的共识，大家相互配合。"

其他城市来讲，贺一诚认为特别是和珠三角西部城市的合作方面体现得更加紧密。"首先我们是在珠江西岸，而在旅游线路上多元文化的扩充也是如今有在做的。澳门作为粤港澳大湾区的引擎之一，在文化产业、文化交流上要做好基地和平台的作用。因为澳门有400多年中西文化历史融合的体现，所以可以作为特色来带动。可以和中山市、广州番禺、佛山顺德等地一同开展旅游线路的规划，大家一起接待海内外的游客。我们未来的方向就是珠江西岸的旅游城市和澳门能串联在一起，做到一地多游。"

在工业发展上面，澳门会不会也和珠三角西部地区进行合作，打造工业园等？贺一诚认为，澳门的工业产业不多，并没有达到需要外溢的情况。因此，澳门意向是集中精力先开发好一处，然后一步一脚印。把战线拉得太长也并不是好事，但是会一步步进行合作。所以，澳门的发展重点现阶段还是和横琴的合作。

"横琴离澳门非常近，大家交往也比较方便。澳门的市民跑到其他地区，还是觉得相对遥远。因为在医疗上、教育上很不一样，澳门人未必适应。特别是在医疗方面，澳门人例如在横琴得了病想立刻回到澳门治疗相对来说比较近，但是从其他地方回去始终比较远。所以说，很多方面需要考虑。澳门还是先做好一样，落实好一样，而不是遍地开发。"贺一诚说。

另外，贺一诚在采访中一再强调，大湾区的名称叫作粤港澳，由珠三角的9个城市与香港特别行政区、澳门特别行政区共11个城市连在一起，澳门是其中一员。因此，大湾区要共同发展，而不是相互竞争。

"粤港澳大湾区中每一个城市都有自身优势，例如澳门有独立立法权、独立关税区、税赋比较低、没有外汇管制、对外交往比较方便等。而内地的城市地大物博、人才资源丰富、土地价格成本低、市场大等。所以，澳门和广东之间的协同发展就是要利用澳门的长处，与珠三角城市之间相互合作，彼此促进。"贺一诚总结道。

爱国、爱澳教育回归前已有

澳门大学在早前发布过一项研究成果显示，澳门中小学生对国家历史文化的认知水平指数超过70，达到中上水平。澳门回归20周年以来，除了在经济、产业、粤澳融合有发展以外，在社会稳定、思想教育等方面也表现良好。是什么原因让澳门人爱国、爱澳的思想如此突出？

"澳门人爱国、爱澳的思想教育并不是回归之后才开始培养，而是在回归之前澳门就已经逐渐显现。这个思维大家不是一天两天就形成的，是一代一代传承下来的。澳门人从过去就认同国家以及国家的发展，认同自己是中国人的身份。而且，澳门有很好的社团文化，大家在爱国、爱澳方面有很强的凝聚力，就是一个薪火相传的概念。"贺一诚解释。

据了解，澳门特区政府于2006年修订了《非高等教育制度纲要法》，其中第四条明确规定，"相关实体要致力于培养及促进受教育者爱国爱澳、厚德尽善、遵纪守法的品格"，尤其应"培养其对国家和澳门的责任感""使其能以中华文化为主流，认识尊重澳门文化的特色"。

"澳门中小学的教科书会委托内地的专家和澳门的专家按照澳门的需求一起来编写教材。而澳门如今的学校大部分都是比较统一的教材。"贺一诚介绍。

2016年以来，澳门教育暨青年局与人民教育出版社合作，开始编写专供澳门地区的教科书，于2018年开始使用。如今澳门的中小学教材主要是港版和内地通行的人教版与岳麓版教材，例如地理和历史教材。不同学校在不同时期会根据学校的具体情况选用不同的教材或编制符合教学需求的辅导材料。

澳门还有自身特色的思想教育教材，例如《中国外交知识读本》和《品德与公民》等。澳门教育暨青年局在2014年通过《本地学制正规教育课程框架》，该框架针对澳门公立学校和本地学制的私立学校，就各教育阶段的《品德与公民》课程框架做了详细规定。不仅如此，澳门特区政府还编写了思想品德课程教材作为配套的推广教材，这为国情国史及爱国爱澳教育的开展提供了保障。

点评：这是一篇人物典型、内容全面不枯燥、新闻节点把握得好、具对比借鉴效果、细节掌控得当、社会影响较大的政要人物专访，也是"澳门回归祖国 20 年"时政深度新闻的核心稿件。更可贵的是，随文字刊发的几幅采访图片很有现场感、很接地气，为整个报道的可读性做出了贡献。此文采访、发表之际，正逢香港"修例风波"蔓延之时，整个香港社会动荡不安。与澳门的爱国爱澳、安宁祥和形成鲜明对比，"澳门中小学的教科书会委托内地的专家和澳门的专家按照澳门的需求一起来编写教材"，就是针对性、对比性极强的细节，有很高的政治价值，很好地发挥了主流媒体的舆论引导作用。

（二）善用权威的文件与资料

从事时政深度新闻采访的记者，基本上都是常年与各级党委政府打交道的记者。他们经常参加由各级党委政府主办的各种会议与活动，能够比较容易获得有关政策规定的文字材料。党的十八大、十九大以来，社会主义建设进入新时代，各级党委政府高度重视新闻宣传工作，也会主动向媒体提供相应的文件资料，供媒体公开报道时使用。

记者从各级党委政府获取相关文件资料，有一定的方式方法，基本都与记者自身的交流、沟通能力有关。有时候记者"跑线"时，看到相关干部办公室有一份文件，这份文件人家可能愿意给，也可能不愿意给，但不管怎样，如果是有新闻价值的文件，记者都应该想办法一阅。如果文件确实有重要新闻价值，可以要求相关干部提供。如果这份文件不方便提供给媒体，记者应留意其主要新闻价值所在内容，记住重点，再想办法从外围求证。有些情况下，一些党委政府文件不方便直接提供给记者，但允许记者抄录，这也是一个获取线索的好机会。还有一种情况是，文件发布机构不能将文件提供给记者，但记者可以从有条件传阅该文件的其他政府部门或机构看到或拿到这份文件。从这种渠道获取的文件，里面如果有具备重要新闻价值的内容，在不违背新闻纪律和国家法律的情况下，是可以进行报道的，但记者要对信息来源进行保密。

获取文件资料是一方面，对文件资料进行"消化吸收"并进行新闻采编是更重要的一方面。一份文件有上千字过万字，媒体可能只对其中几百字感兴趣，或者说媒体只对其中所提到的某一条或两条新闻线索感兴趣。这就要求记者除了具有高度的政治敏锐性外，还要具备成熟的专业敏感性，要有在浩如烟海的材料堆里"沙里淘金"的能力。如省一级政府每年的《政府工作报告》，动辄数万字，但媒体对材料的取舍各有不同，中央级媒体可能只发一条几百字的消息，省级媒体连续数天进行连续报道，地市级媒体除了发布连续报道外还可能针对本地市情况进行落地新闻，这就是对文件材料的不同利用和解读。

下面通过某国家级时政新闻期刊近年的几个报道案例，来具体讲解时政深度新闻是如何善用文件资料的。

（1）案例讲解一。

2014年10月，某国家级时政新闻期刊推出了一组"聚焦镇级市"的时政深度新闻。为什么要做这个主题的报道，主要源于几份文件：时效性最强的那份文件就是在报道推出前不久由广东省发展改革委员会、广东省住房和城乡建设厅组织制定的《广东省新型城镇化规划（2014—2020年)》，这也是该组新闻报道推出的"新闻由头"。而决定该组报道权威性的还有另一份文件，即在1996年，由国家经济体制改革委员会牵头，中央11个部委联合印发的《小城镇综合改革试点指导意见》中提出的在全国选择57个镇作为改革试点。该文件提出，试点小城镇所在地的县（市）政府，在符合改革方向的前提下，赋予试点小城镇政府必要权限。在国家规定的限额内，小城镇政府可合理确定机构设置和人员编制。

《广东省新型城镇化规划（2014—2020年)》这份文件内容相当翔实，这对做好"聚焦镇级市"系列报道提供了大量有价值的新闻资料和新闻线索。如文件中提到，2020年之前把珠三角地区符合条件的少数"巨型镇"升格为市[①]，在不调整行政级别的情况下赋予其相应

[①] 后来在执行中有了调整：大镇强镇的管理权限得到了相当程度赋予，但"镇级市"的"名分"却至今未正式实施。

的经济社会管理权限,大力推进强镇战略。也就是说,这些"巨型镇"有望得到更大的经济社会管理权限,升级为"镇级市"。如此一来,困扰广东珠三角经济强镇多年的"责任如西瓜,权限如芝麻"状况将有望得到改善。如文件中还提到,改革主要围绕促进经济社会发展、加强社会管理、强化公共服务、推进基层民主四个方面履行职能。下放给镇与其经济社会发展相适应的行政许可、行政执法以及其他行政管理权,扩大镇政府对行政事务的管理和处置权限。对常住人口多、经济总量大的中心镇或特大镇,可重点在多个方面全面扩大管理权限,分类指标综合指数在400以上的特大镇,依法赋予其县级经济社会管理权限。文件中这些新闻价值极强的内容,都在"聚焦镇级市"深度报道中被直接引用了。

(2)案例讲解二。

2017年9月25日,中共中央、国务院发布了《关于营造企业家健康成长环境弘扬优秀企业家精神更好发挥企业家作用的意见》,这是1949年以来首次以中央名义发文确定企业家的地位和价值。从时政新闻角度分析,这份文件具有极强的新闻价值。因此,在文件下发后不久,某国家级时政新闻期刊就刊发了一组"企业家精神解读"的时政深度新闻。可以说,这组系列报道就是因为这份文件的出台而推出的,这份文件是这组系列报道唯一的新闻源。

这份文件中,有很多内容极具新闻"亮点"。如文件指出,营造企业家健康成长环境,弘扬优秀企业家精神,更好发挥企业家作用,对深化供给侧结构性改革、激发市场活力、实现经济社会持续健康发展具有重要意义。并且从法治环境、市场环境、社会氛围等方面营造促进企业家发展的环境,同时鼓励与弘扬企业家艰苦奋斗、追求卓越、服务社会等精神。文件对新时期弘扬优秀企业家精神、更好发挥企业家作用、造就优秀企业家队伍、强化年轻一代企业家培育做出了整体安排和部署,体现了党中央、国务院对企业家队伍的高度重视和殷切期望,这标志着对优秀企业家精神的保护和弘扬进入了一个崭新阶段。文件中还规定,营造依法保护企业家合法权益的法治环境,做好保护企业家合法权益工作,着力推动与营造出保护企业家合法权益的良好环境,把依法保护企业家财产权、创新权、经营自主权作为维护企业家合法权益工作的重点,把落实企业产权保护、减轻企业负担、保护知识产权作为重要的工作抓手,为企业的健康持续发展创造更多的有利条件;积极推动并参与保护企业家合法权益立法活动,重点做好关于企业产权与经营自主权保护、企业家人身权与财产权保护、企业劳动用工规范化以及劳动关系和谐稳定等方面的立法;加强维权网络平台建设,加大对企业家维权的法律服务和法律援助;引导企业家把承担社会责任、服务社会、回报社会作为实现企业长远发展目标的基础,把构建和谐劳动关系作为企业持续健康发展的核心动力;引导企业家自觉诚信守法、以信立业,依法依规生产经营,提升企业诚信建设水平,共创诚信营商环境;推动建立企业家同各级党委和政府相关部门定期沟通交流的机制,通过正常渠道反映情况、解决问题,依法维护合法权益,构建"亲""清"新型政商关系;等等。

为了让这组系列报道的内容更加丰富,在采编过程中还引用了另一份同样权威的文件,即中央全面深化改革领导小组第三十四次会议(2017年4月18日召开)通过的《关于进一步激发和保护企业家精神的意见》,文件中提出要深度挖掘优秀企业家精神特质和典型案例,弘扬企业家精神,发挥企业家示范作用,造就优秀企业家队伍。

中央的两份重要文件,构成了"企业家精神解读"时政深度新闻的全部新闻源,让该系列报道的主题既具备很强的时效性,也具备高度的权威性,是一个极具新闻价值的时政报道题材。

(3)案例讲解三。

2020年8月,某国家级时政新闻期刊刊发了一组"城市人才争夺战"的时政深度新闻。这组深度报道由10篇稿件组成,包括综述稿一篇,大、中、小具体城市"抢人"稿件9篇。这组深度报道时效性较强,极具时政性,新闻价值较强,几乎每篇稿件都引用了一部分各级党委政府的文件,有些城市的"抢人"政策基本都源于当地政府的相关文件,因此一些稿件的重要新闻源均出自政府文件。

在这组深度报道的综述稿中,除了介绍全国各地重视人才、引进人才的相关新闻外,为了增强报道的权威性和政治性,文章还特别引用了 2016 年 3 月由中共中央印发的《关于深化人才发展体制机制改革的意见》中的重要内容，从全国的范围和高度"破除人才流动障碍""实行更积极、更开放、更有效的人才引进政策"。而后来全国各地各级政府出台的引才聚才政策，都是属于贯彻落实《关于深化人才发展体制机制改革的意见》的具体落地措施。

这组深度报道的 9 篇大、中、小城市引才聚才新闻报道，都提到了当地政府出台的相关文件，如在报道南京市引才聚才文章中，特别提到该市"连续三年出台市委一号文件……积极推进创新人才集聚工程，重点抓好'广聚高端人才、广纳青年人才、广留各类人才'三个方面工作"；如在报道西安市引才聚才文章中，提到"早在 2017 年，西安为实现人才强市，就出台了'人才新政 23 条'及升级版政策措施，配套制订 20 余项支持政策和实施细则，出台了西安史上'最宽松'户籍政策""今年（2020 年）以来，西安以'十项重点工作'为优化人才引进机制，研究制定强化人才队伍建设以及科技创新的三年行动计划，制定 6 个方面 29 条措施，搭建校地对接、成果转化、人才发展三类平台"；如在报道哈尔滨市引才聚才文章中，提到该市"先后出台了《哈尔滨英才集聚计划》《哈尔滨市重点企业引进优秀人才扶持办法》《哈尔滨企事业单位高层次人才引进工程实施方案》《哈尔滨企业博士后人才集聚工程实施方案》等一系列人才政策"；又如在报道珠海市引才聚才文章中，专门提到"（2020 年）7 月 3 日，珠海市人力资源与社会保障局在官网发布《关于进一步放宽珠海人才引进及入户条件的通知（征求意见稿）》，从放宽引进人才的对象范围、放宽部分人才引进的具体条件、支持重点企业一线优秀员工引进入户、放宽'先落户后就业'条件等 4 个方面提出放开放宽人才引进入户措施"；等等。这些都是时政深度新闻善用文件资料的比较典型与成功的案例。

（三）重要会议的采访

会议与政治有着千丝万缕的联系，政治离不开会议，时政报道离不开会议新闻。一些重要会议往往能提供不少时政新闻的线索，时政深度新闻的题材有相当一部分来源于重要会议的内容。

1. 会议新闻的概念

会议新闻是报道会议上发生或与会议有关的新闻，通常可以把会议新闻理解成是报道会议的新闻。有些会议之所以成为新闻，是因为它和当前局势密切相关。会议内容一般是报道的重点，但有时会议的议题、程序、出席会议的成员、召开会议的时间、地点等也会成为报道的热点。在我国，会议新闻是宣传党的路线、方针、政策的一种重要形式，是党和政府指导工作的一种方式，应该予以重视。

2. 会议新闻的作用

（1）新闻媒体通过对会议的报道，及时将党的理论、方针、政策和各项工作等信息传递给社会各界，积极地引导社会舆论。

（2）会议新闻是党和政府联系群众的桥梁，也是体现党的优良传统和作风的重要途径。会议新闻可以最直观地反映党的各级领导机关和领导干部的思想作风、工作作风和领导作风，其报道内容和报道方式是否贴近现实、贴近生活、贴近群众，直接关系到领导机关和领导干部在人民群众中的形象，也关系到新闻媒体如何更好地落实和体现党密切联系群众的工作作风。

（3）会议新闻既是群众了解中央政府（以及各级地方党委政府）政策变动的信息通道，也是体现群众民主参政议政及发表意见的平台。新闻媒介一方面及时地将政府的决策过程公之于众，让群众对决策内容看个明白；另一方面，新闻媒介还为群众提供发表自己意见的论坛，让群众对决策内容说个清楚。目的在于使党和政府的决策与人民群众的意见在讨论中达成共识，从而成为经济发展与社会进步的强大推动力。对于大多数的群众来说，通过新闻媒体实现的决策参与更为普遍，而代表广大人民群众参政议政，就成为新闻媒体推动社会主义民主法制建设的重要责任。

（4）会议新闻既是新闻宣传工作的重点领域，也是新闻业务改革的突破口。会议新闻担负着党和政府发布政策信息的基本职能，直接影响新闻宣传的效果。同时，会议消息为新闻媒体提供了丰富的新闻线索或信息来源，是新闻报道最大的"内容提供商"，也最能体现新闻报道的集中效应。特别是在重要的会议报道中，会议新闻已成为新闻媒体显示综合实力和新闻创新成果的重要场合，直接影响和推动着新闻媒体报道业务水平的提高。

3. 会议新闻的分类

（1）工作会议新闻：包括各级党、政、军、社会团体研究重大问题和主要工作而召开的全会、常委会、代表会、现场会、规划会、例会，也包括各级各部门召开的年终总结表彰大会、庆功会等。这类新闻要突出会议的主要精神，包括重大举措、重要思路、重大人事变动、新成果、新经验等。

（2）集会新闻：包括报告会、团拜会、文艺晚会、纪念会、追悼会、声讨会等。这些会议的内容各不相同，但写法大致相同，即它们通常采取单向信息的传播形式，报道会议的主要内容。

（3）发布会新闻：各行各业的新闻发布人对本地区、本单位、本系统、本阶层的新动态、新成果、新经验进行介绍，对重大活动、重大事件进行解释，往往采用召开新闻发布会或记者招待会的方式。

4. 会议新闻与时政深度新闻

会议新闻为时政报道提供重要信息源，但时政深度新闻与常规的会议消息、会议通讯、会议特写、会议花絮略有不同，受报道篇幅和新闻的时效性限制，会议新闻对时政深度新闻的主要贡献是提供重要的新闻线索和信息源，而非会议报道本身。

时政深度新闻的记者如何利用会议新闻做好报道，主要有以下两点：一是记者尤其要注意挖掘会议消息背后的新闻。就会议新闻来说，会议本身的形式和内容的新闻价值较小，报道意义不大，在这种情况下，记者不要把眼光盯在会议上，而应该从会议圈子里跳出来，通过会议所提供的新闻线索去挖掘会议消息背后的新闻。二是会场采访和会外采访相结合。会场采访和会外采访是相辅相成的，只是工作的侧重点不同而已。对于时政深度新闻记者来说，会场采访是记者在各种会议的会场上进行的采访活动，工作重心是抓住会议的核心与重点内容并作为系列报道的线索使用，同与会的主要官员或重要官员建立联系，为以后的深度采访打下基础，同会议组织者或主办方建立良好的沟通渠道，为以后的采访沟通工作搭建桥梁。会外采访则是指记者在会场以外进行的采访，会外采访对写消息的记者来说是会场采访的一种配合和补充，对写深度报道的记者来说则是会场采访的延续，甚至是更大规模报道采访时展开内容的主要方式。

5."三会"是时政深度新闻重要的新闻源

做时政报道的新闻工作者，对"三会"这个提法应该是很熟悉的。所谓"三会"，是在平时人民群众耳熟能详的"两会"（中华人民共和国全国人民代表大会和中国人民政治协商会议的简称）基础上，再加上"党代会"（中国共产党全国代表大会）。"三会"既有国家级，也有省级、地市级、县区级，所有级别的"三会"都是时政新闻报道的重头戏，都是时政深度新闻重要的信息源。

"三会"报道对于时政新闻的重要性主要体现在："三会"报道对于全面了解政治时局和政治大势有着十分重要的作用；"三会"报道可以集中理解和把握当时的社会热点、难点和重点问题；"三会"报道可以了解和把握对于如何促进或引导关系到全社会的重大经济、政治和社会问题解决的措施与思考。

在我国，国家级的"三会"和省级"三会"，是所有媒体时政报道的重要组成部分，尤其是国家级的"三会"，是媒体报道的重中之重。经验丰富的时政深度新闻记者，往往能从"三会"中获取大量新闻信息和新闻线索，也能从"三会"现场获得大量的人脉资源。

通过下面两个案例分析，理解会议新闻与时政深度新闻的关系。

（1）案例分析一。

2016年2月，某国家级时政新闻杂志刊发了一组"攻坚之年第一仗——2016年全国省级'两会'重点解读"时政深度新闻，这是一组典型的会议新闻类别的时政深度新闻。该系列报道的综述稿里面，对为什么要做这组报道直接点明主题：一年之计在于春。2016年1月，全国省级地方"两会"陆续召开。截至1月底，除安徽省外，全国有30个省（直辖市、自治区）召开了"两会"。各地除及时总结了2015年的工作外，也开始对2016年乃至今后五年的工作进行规划和部署。2016年是全面建成小康社会决胜阶段的开局之年，也是推进结构性改革的攻坚之年。刚刚结束的全国省级"两会"描绘了各省今后五年的宏伟蓝图,明确了2016年各省经济社会发展的目标任务,为各省"十三五"发展真正地开好局、起好步。

这组报道由11篇稿件组成,除了综述稿以外,其他组成稿基本都是围绕"两会"最重要的新闻元素展开,即解读各省的《政府工作报告》(尤其关注对上一年工作的回顾、当年的经济发展指标)、各省政治改革方面的主要举措、各省经济发展方面的主要举措、各省自身独有的特色解读、各省民生发展方面的举措、中央精准扶贫战略在各省的主要落实、各省"两院"(法院、检察院)报告重点解读、人大代表与政协委员参政议政篇、"两会"上的省级领导人事变动,等等。这组时政深度新闻全部来源于当年全国的各省级"两会",是一组实实在在的会议新闻。下面是该组报道中的其中两篇。

◆案例◆

打好开局之年攻坚之年第一仗
——2016年全国各省"两会"重点解读[①]

2016年1月底,中国大部分地区迎来了几十年一遇的寒潮,江南、华南地区更是暴雪冰凌席卷每个角落。这个早春,有点不寻常。

好在这次寒潮,来得快去得疾。在北方,帮忙赶走了部分雾霾;在南方,也消灭了不少越冬的害虫。当南来的暖湿气流缓缓向北推进时,也预示着春天即将到来了!

一年之计在于春。2016年1月,全国省级地方"两会"陆续召开。截至1月底,除安徽省外,全国有30个省(直辖市、自治区)召开了"两会"。各地除及时总结2015年的工作外,开始对2016年乃至今后五年的工作进行规划和部署。

盘点这一轮全国省级"两会",有诸多看点,如各省对2015年经

[①] 谭海清:《打好开局之年攻坚之年第一仗——2016年全国各省"两会"重点解读》,载《小康》2016年第5期,第16~17页。

济工作的全面总结，在国际经济形势复苏乏力、国内经济整体面临调整的时期，各省2015年经济发展也是"各显身手"，成效各异，有经济增长达11%高位数的重庆、西藏，也有经济增长明显乏力，增速勉强超过3%的辽宁、山西；各省在评估2016年本地区经济社会发展前景时，共性是都比较审慎乐观，特点是都把关于供给侧改革、一带一路发展战略、互联网＋、法治社会、高压反腐等中央政策迅速落地并有计划有步骤地实施，具体到发展指标，除了少数省份在2015年的基础上增速略有调升外，绝大多数省份都调低了发展增速，看来2016年总体经济形势仍不容乐观。

2015年全国"打虎拍蝇"搞得热火朝天，体现在这次省级"两会"上的又一个看点就是：省级人事变动。各省"两会"前或"两会"期间，几乎每个省都有副省级以上的人事变动，如福建、四川省选举了新省长，这两省的前任省长都因违法违纪下台。至于省级人大常委会副主任、副省长、省级政协副主席、省级法院院长、省级检察院检察长方面的人事变动，其数量之多也是近年少见。

2016年是全面建成小康社会决胜阶段的开局之年，也是推进结构性改革的攻坚之年。这次省级"两会"，描绘了各省今后五年的宏伟蓝图，明确了2016年各省经济社会发展的目标任务。春节前绝大多数省级"两会"已陆续结束，不少来自基层的人大代表和政协委员都表示，要把思想和行动统一到各省党委的决策部署上来，把智慧和力量凝聚到贯彻落实会议精神上来，以只争朝夕的精神状态和求真务实的工作作风，以强烈的责任感、使命感和紧迫感，狠抓工作落实，确保新年新气象、新年新开端，不断开创各省改革发展稳定的新局面，为"十三五"发展开好局、起好步。

◆案例◆

省级"两会"之精准扶贫篇
——所有省份都重视扶贫脱困①

党的十八届五中全会公报指出,"十三五"时期是全面建成小康社会决胜阶段。这个时期既是到 2020 年实现第一个百年奋斗目标、全面建成小康社会的收官阶段,也是中国经济发展进入新常态后的首个五年。

"小康不小康,关键看老乡",习近平总书记多次讲过这句生动而深刻的话。2016 年是"十三五"规划的开局之年,脱贫工作成为各省主要工作之一,精准扶贫也因此成为各省"两会"中的高频词汇。

各地政府根据自身情况,扶贫举措也各具特色。在已召开"两会"的省份中,至少 23 个省份明确了 2016 年脱贫的具体数字,更有贵州、四川、陕西等至少 11 个省份脱贫人口在 100 万人或以上。

至少 23 个省份明确今年脱贫数字 11 地目标超百万人

截至目前,已有 30 个省份陆续召开了省级"两会"。据统计,在 2016 年的工作部署中,至少 23 个省份明确了脱贫"军令状"的具体数字。其中,河北、山东、河南、湖北、广西、云南、贵州、四川、陕西、湖南、甘肃等 11 个省份设置的脱贫人口目标在百万人或以上。

比如,陕西为 2016 年脱贫工作立下"军令状",年内确保 130 万人脱贫。湖北更是提出,"力争全年实现 147 万建档立卡贫困人口稳定脱贫"。

多个省份不仅明确了减贫数量,还列出了贫困县"摘帽"的相关计划。例如,河南提出,今年实现兰考、滑县率先"摘帽",全省 100 万农村贫困人口稳定脱贫。广西指出,要确保全年减少贫困人口 122 万人,实现 1000 个贫困村、8 个贫困县脱贫"摘帽"。贵州提到,减少农村贫困人口 100 万人,8 个贫困县、120 个贫困乡镇"摘帽",

---

① 陈伊昕:《省级"两会"之精准扶贫篇——所有省份都重视扶贫脱困》,载《小康》2016 年第 5 期,第 34～35 页。

2000个贫困村退出。

其他一些省份虽未明确今年脱贫指标，但亦做出了相关部署。譬如，在经济富庶的长三角地区，江苏提出，对农村低收入农户全面建档立卡，60万以上低收入人口人均收入提高到6000元。浙江提出，加强低收入群体增收帮扶和精准扶贫，多渠道促进农民增收。此外，上海市则提到了自己的扶贫担当：积极帮助对口支援地区实施精准扶贫、精准脱贫。

在今年的政府工作报告中，多地还明确了"十三五"时期的脱贫目标。比如，甘肃省省长刘伟平在做政府工作报告时指出，"十三五"前两年争取每年脱贫100万人以上，后三年抓好巩固提高和冲刺扫尾工作，稳定实现农村贫困人口不愁吃、不愁穿，义务教育、基本医疗和住房安全有保障。

精准扶贫成高频词汇　各地扶贫举措各具特色

党的十八届五中全会通过的《中共中央关于制定国民经济和社会发展第十三个五年规划的建议》提出，实施精准扶贫、精准脱贫，因人因地施策，提高扶贫实效。在今年各地政府工作报告中，"精准扶贫"成高频词汇，不少省份都提到了通过发展生产、易地搬迁、生态补偿、发展教育和医疗、社会保障等方式推进扶贫工作。

以内蒙古为例，其政府工作报告指出，坚持精准扶贫、精准脱贫，确保21万人稳定脱贫、10个左右自治区级贫困旗县脱贫"摘帽"。通过实施易地扶贫搬迁工程脱贫一批，年内完成5万人搬迁任务；通过产业扶持脱贫一批，帮助4万贫困户发展特色产业，使每户都有增收项目；加大金融扶贫力度，让有发展意愿和劳动能力的贫困户，每户都能得到3万元以上的扶贫贷款，全年新增扶贫贷款150亿元以上；通过教育、医疗扶助一批，对不在低保范围的贫困户子女接受职业教育给予资助，提高贫困人口大病保险报销比例；通过社会保障兜底一批，将4.1万贫困人口纳入低保范围。

与此同时，各省份在部署扶贫脱贫任务时也体现了地域特点。

在西部，贵州提出，整合培训资源，对贫困地区农村青壮年劳动力进行规范化技能培训30万人以上。实施文化传承脱贫工程，培训多层次手工技艺传承人1万名。重庆指出,扶持一批贫困人口参与度高的特色农业基地,积极探索易地扶贫搬迁"统承统贷"投融资模式,加快高山地区农村贫困人口搬迁进度。

在中部省份,河南提出,推进扶贫搬迁后土地复垦及地票省内交易,引导资金、土地、人才、技术等要素向贫困地区集聚。江西提出,推进"一村一品"特色扶贫产业稳步发展。

在东部,山东提出,加快农业结构调整和农村脱贫攻坚。继续抓好高产创建、渤海粮仓、精准农业、高标准农田建设工程,全面实施耕地质量提升计划。黑龙江提出,重点解决贫困县中真正贫困人口和非贫困县中人口的脱贫问题。

此外,一些省份还在政府工作报告中提及了扶贫中的"注意事项"。例如,四川表示,统筹解决好"插花式"贫困问题。福建则强调,建立贫困户脱贫退出认定机制,对已经脱贫的农户加强跟踪服务,在一定时间继续享受扶贫政策,确保扶真贫、真扶贫、真脱贫。

(2)案例分析二。

2019年1月,某国家级时政新闻杂志刊发了一组"县级机构改革前瞻"的时政深度新闻。该组报道由5篇稿件组成,除了综述稿外,分别对大县、中等县、小县、市辖区的政府机构改革进行了报道。这组报道虽然在采访时间、地域上跨度较大,时效性也拉长了一些,但从头到尾都离不开会议新闻这一或明或暗的组织线。

从这组报道的不少细节可以看出会议新闻对这组报道的影响。综述稿一开始就交代了做这组报道的原因及这组报道的重要性。"2018年两会的一大重点可谓是深化机构改革。而2018年全年,从国家、省再到市、县,机构改革层层推进。2018年3月13日,十三届全国人大一次会议第四次全体会议听取了国务院关于国务院机构改革方案的说明。同年3月17日上午,十三届全国人大一次会议在人民大会堂举行第五次全体会议表决通过了关于国务院机构改革方案的决定,以期实现国家机构职能体系的全方位优化和重构。……其实,党的十九大就对深化机构和行政体制改革做出重要部署,要求统筹考虑各类机构设置,科学配置党政部门及内设机构权力、明确职责。党的十九届三中全会通过的《深化党和国家机构改革的决定》,就统筹推进党政军群机构改革做出了全面安排部署。"以上内容清楚表明,国家级的"三会"是这组时政深度新闻主题的重要依据和信息源。

具体到深度报道各组成稿部分,文章中虽然没有统一明确地采写某次会议,但所有县级机构改革都隐含了一个绕不过去的环节:任何政府机构改革的落实、机构的增设与废止、机构名称与挂牌,都必须由地方"三会"讨论并最终决定,报道中改革的任何进展都离不开会议新闻。

二、时政专业性与采访工作

时政新闻属于新闻的一个类型,兼具政治性与政策性。要理解时政新闻的专业性,须从时政新闻的政治属性和新闻属性两个维度进行分析与解读。我们强调时政新闻的专业性,即是在坚持新闻的强烈政治属性范畴内,尽可能地突出时政报道的新闻性。一组时政深度新闻是否具有很强的专业性,主要体现为文章的水平与质量,以及报道所产生的社会影响。

在时政深度新闻的新闻实践中,提高时政新闻的专业性,主要体现为采访对象的新闻素养和报道内容的质量。

(一)普通党政干部的采访

前文已重点说明对政要人物的采访,也就是对主要党政干部的采访。在分析与研究时政专业性与采访工作时,要重点关注对普通党政干部的采访工作。对于跑时政线的记者以及经常做时政新闻的媒体来说,与党政部门和党政官员打交道是工作的一部分,但真正采访党政主要领导的机会并不多。如何做好对普通党政干部的采访,如何使普通党政干部更好地配合时政新闻报道,对记者来说都是值得深入研究和探讨的问题。

1.采访对象的媒介素养现状

近年有学者专门做过调研,发现大部分普通党政干部都能认识到媒介的重要性，认为媒体对打造透明政府起到关键性作用；但仍有一些党政干部的媒介素养水平不高，存在媒介接触动机单一、媒介认识不全面、媒介应用技术缺乏、媒介利用不充分等问题。党政部门要建立健全相应的机制，党政干部要树立新闻执政的理念，培养媒体意识、互联网思维，通过培训、自我学习、到媒体机构进行体验式学习、主动锻炼等方式提升自身的媒介素养。

长期与政府部门合作的记者都会有这种感受：当前不少干部仍将"讷于言，敏于行"当作自己做官的原则，对媒体存在防范、消极、被动心态，有的干部把舆情当成"敌情"，不懂得用现代的方式善待媒体和善用媒体。目前，基本所有的政府部门都建立了新闻发言人制度，但不少政府部门的新闻发言人队伍难以保持在一个稳定的、较为专业的水平上的重要原因是缺乏权益保障。"发言要负责任，不发言不负责任。"新闻发言人多数是兼职，突发事件中新闻发布往往存在一些不可控的风险，造成一些发言人在新闻发布工作中存在后顾之忧，因而底气不足、害怕出错、患得患失。不少干部对媒介的认识不够，对媒介的应用技术运用不足，缺乏与媒体打交道的机会，缺少相关培训，对媒体有畏惧心理，因此不敢与媒体接触。有学者所做的调查表明，大部分干部都认为自己在"媒介的应用技术""媒介的参与互动""信息的辨识、批判能力"等方面的媒介素养还需加强。

2. 媒介素养提升与记者采访引导

习近平总书记在党的新闻舆论工作座谈会上指出："领导干部要增强同媒体打交道的能力，善于运用媒体宣讲政策主张、了解社情民意、发现矛盾问题、引导社会情绪、动员人民群众、推动实际工作。"国务院新闻办原主任赵启正也说过："在这个时代，新闻素养已经是执政能力的要素之一，不会和媒体沟通，执政能力就不完整。"[①]

普通党政干部想要提升媒介素养，可通过以下两个方面：一是健全落实相关机制，把与媒介素养相关的知识、技能纳入党政干部进

---

① 《赵启正：没有新闻素养，执政能力就不完整》，载《解放日报》2015年9月21日。

入、选拔、考核机制,通过培训提升党政干部媒介素养。二是党政干部平时也要加强自身学习,在工作实践中不断体会媒介特点、琢磨与媒体打交道的方式方法,不断提高自己的反应能力、解读能力、思辨能力和动手能力。

经常跑"政府线"的记者,大多数都比较擅长与各种党政干部打交道。一位优秀的记者,一定要善于掌控采访现场、把握采访节奏、维护现场气氛、引导采访对象。例如,在采访前做充分的采前准备,对采访对象所属职业与行业有一定程度的了解,对采访对象个人也有一定程度的了解;采访现场要让采访对象感受到记者的专业、真诚和用心,提问时注意语气与态度,凡事不要咄咄逼人,应先拉近记者与采访对象的心理距离。有时甚至可以谈一些与采访内容关联度不大的轻松话题,让现场气氛更加融洽,让采访对象放松、自然;采访结束后记者要与采访对象保持联系,建立长期、良好的关系,这既有利于采访内容的随时补充和更新,也有利于长期合作。

3. 采访内容的整理与加工

时政新闻的专业性,主要体现在报道内容方面,而报道内容的优劣,很大程度取决于记者对采访内容的后期整理与加工。一位优秀的记者,面对浩如烟海的文件与材料,面对采访对象几个小时甚至几天的谈话内容,在新闻的形成过程中,要有去粗取精、去伪存真、抓住重点、撷取亮点、拿来主义的本领与能力。具体到采访后的素材整理,要注意整理出读者、社会感兴趣的内容。记者要运用全局观来整理素材,围绕主题进行整理,让文章与结构逻辑性强,有所取舍。善于发现新闻价值高的素材并妥善利用。注意在素材整理过程中,对有违法律法规、有悖政治纪律和政治规矩的内容,应严格加以甄别、舍弃。

下面通过对普通党政干部采访的两个案例来分析时政专业性与采访工作的关系。

(1) 案例分析一。

2019年6月,某国家级时政新闻杂志刊发了一组"练江治污战役"时政深度新闻。选择一条河流的治污为主题进行一组深度报道,对一家国家级媒体来说比较特殊，但也是因为这条河确实比较"特殊"：这条河在 2016 年左右被广东省环保厅定性为"全省污染最严重的河流"。2018 年 6 月，中央环保第五督察组副组长、生态环境部副部长翟青在练江边上说："我看这样好不好，汕头市是不是可以在老百姓居住的臭水边盖几间或者租几间房子，市领导们带头住到那里，和沿河的老百姓住在一起，直到水不黑不臭。"翟青还曾在练江现场问潮阳区委书记蔡永明："这还叫河吗？"蔡无言以对。这使练江的污染一下子全民皆知。练江流经普宁、潮阳、潮南三市区，这三市区又分属揭阳、汕头两个地级市管辖。流经的三市区总人口超过 550 万，是潮汕地区工业较发达区域。练江干流如黄河，具"悬河"特性，支流水位比干流低，二级支流水位比一级支流低；入海口似钱塘江，喇叭口，海潮上溯距离长，咸淡水交换能力强；众多的二级支流多人工河（因居民多有"水为财"习俗，自挖支流到家门前），这就有大运河的特征了。从某种意义上讲，悬河、潮汐、人工河具有的弊病，练江都具备。这使得练江的治污就是放到全国的范围讲也有标本意义。因此，练江污染、练江治污的报道，极具典型意义，有很高的新闻价值。

这组报道的采访过程很顺利，报道推出后社会反响很大。报道结束后，媒体对此进行了总结。记者特别谈到这次报道采访过的一位官员——时任汕头市练江办专职常务副主任刘燕飞同志，她的业务十分娴熟，对各种数据和文件、领导批示、百姓反应等都熟知；什么是重点、什么是核心、什么是关键都能信手拈来、驾轻就熟，记者采访她很轻松，事后记者不禁感叹道："要是我们的采访对象都有这个水平，我们的工作不知轻松多少！"

在这组系列报道的综述稿里，就引用了刘燕飞大量的采访原话。

◆案例◆

练江，中国严重污染河流整治样本[①]

  练江的河流特点本就导致其容易造成污染。练江干流如黄河，具"悬河"特性，支流水位比干流低，二级支流水位比一级支流低；入海口似钱塘江，喇叭口，海潮上溯距离长，咸淡水交换能力强；众多的二级支流多人工河（因居民多有"水为财"习俗，自挖支流到家门前），这就有大运河的特征了。从某种意义上讲，悬河、潮汐、人工河具有的弊病，练江都具备。这使练江的治污就是放到全国的范围讲也有标本意义。

  "练江成为广东省污染最严重的河流之一是有其历史根源的。"生态环境部华南督察局党组成员、正司局级督察专员白保柱接受《小康》记者采访时说，首先是资源环境条件先天不足，"微容量、重负荷"问题十分突出。流域常住人口约430万人，人口密度约为广东省平均水平的6倍，污径比高达5倍以上，而人均地表水资源量仅为全省的1/5。

  汕头市练江办专职常务副主任刘燕飞也做出类似的解释，她告诉《小康》记者，枯水期河流中基本是生活污水、工业废水、养殖废水和农田排水，入河污染负荷远超河流自净能力，这些都是练江水质长期劣于V类的根本原因。

  除上述原因外，练江流域工业发展方式粗放、工业污染问题突出也是重要原因。练江干流流域内历史上分布着大量印染、造纸等重污染企业，印染行业在工作流程中除了消耗大量能源以外，也必须使用大量的水和化工原料，从而产生大量的污水排放。"客观来讲，练江水量较少，并不适合发展需要高耗水的行业，但是由于历史原因练江干流流域已经发展了印染行业。本来水量就少，还要排放大量污水，致污程度可想而知。"白保柱说，过去配套园区建设滞后，长期大量

[①] 麦婉华、张玉荣：《练江，中国严重污染河流整治样本》，载《小康》2019年第17期，第22~24页。

混杂在居民区、商业区中，大量工业污水得不到有效处理，工业污染问题突出。

刘燕飞提到，练江流域还有农业方面的污染，尤其畜禽养殖业污染最为严重。练江流域养猪最高峰期散养加集中养殖达到100万头一年，且大量高浓度废水未经处理直排，导致污染严重。

另外，环保投入不足，基础设施建设严重滞后也造成练江污染不断加重。受制于财力和思想认知制约，流域内大部分河涌未进行沿河截污，印染园区建设、垃圾焚烧发电厂建设、污水处理厂及配套管网建设滞后，生活污水、工业污水、各种垃圾得不到处理。

刘燕飞还提到，环境违法行为突出，执法监管能力亟待加强。企业守法意识不强，居民未能形成绿色生活方式，偷排漏排、随意丢弃垃圾问题突出。同时，执法体系不统一，有限执法力量散布于各个行业部门，不敢较真碰硬，震慑不够。

(2) 案例分析二。

2019年8月，某国家级时政新闻杂志刊发了一组主题为"新时代中国空降兵"的时政深度新闻。这组深度报道由9篇稿件组成，共34版（页），这是国内媒体第一次如此大规模地报道一个兵种的新闻，也是国内军外第一家媒体如此大规模地报道涉军新闻，极具新闻价值，社会影响极大。

这次报道的成功，原因比较多。其中之一便是记者在采访时，遇到了几位专业素质高、有一定媒介素养的官兵，让整个采访活动进行得十分顺利。其中有一名叫余海龙的空降兵少校，就是一位典型的业务能力精、媒介素养高的军队干部，给记者留下了很深的印象。下面是关于他的采访报道。

> 时政深度新闻实践

◆案例◆

余海龙：乘互联网快车传扬"红色基因"[①]

黝黑的皮肤，坚定的眼神，身穿空军浅蓝色迷彩军装，尽管刚训练完却依旧精神抖擞，这是某某记者对现任空降兵军某旅政治教导员余海龙的第一印象。其他战士对他的评价是阳光、细心、关心人。这位看上去像"邻家大哥哥"一般的军人实则成绩斐然。

余海龙，男，湖北枣阳人，1985年9月出生，2005年9月入伍，2007年12月入党，空军少校军衔。2014年10月，他作为空军唯一基层代表，参加古田全军政工会；2015年，被空军表彰为"一对好主官"，被空降兵部队评为"军人好样子"先进典型；2016年，在全军学习贯彻习主席系列重要讲话精神座谈会交流经验，参加空军学习贯彻习主席"七一"重要讲话宣讲团和学习贯彻党的十八届六中全会精神学习交流会。荣立三等功2次。

"作为黄继光连政治指导员的时候接受采访会多一点，但是现在少了。"余海龙说，过去作为英雄连的指导员，他搞了不少创新，比如组建家属微信群，拍微电影，拍MV，"蹭热点"讲历史。如今，余海龙到了新的岗位上，过去的创新给他更多的经验带领"新一代"的战士们，更好地传承"红色基因"。

言传身教做好战士榜样

在几千米高空中，机舱门缓慢打开。当离机信号响起时，官兵依次跃出机舱。他们从天而降，从远处看就像一朵朵蒲公英。降落到地面后，他们快速集结成战斗队形，向"敌"目标展开突击。这是空降兵某旅战备营进行伞降演练时的真实场景。

这也是少年时余海龙一直向往的军旅生活。2005年，余海龙报考了军校。"当时的想法很单纯，就是向往穿上军装，实现自己的报国志向。其实当时我已经20岁了，比一般同学年龄大，所以身体素质方面

[①] 麦婉华：《余海龙：乘互联网快车传扬"红色基因"》，载《小康》2019年第23期，第40～41页。

相对较弱。"余海龙说，在这样的情况下，只能比别人更加努力，一路坚持下去。当时，他还成了军校中的模拟连长，在更多的锻炼中成长。

2010年毕业后，由于余海龙学习的是防空专业，于是他加入了空军，成了空降兵。2014年3月，余海龙成了黄继光连第37任政治指导员。"当时很向往黄继光连这个连队，但同时也害怕进入这个连队。因为黄继光连是高标准的，而且非常严格。当时成了指导员，其实也是很有压力的，我常提醒自己必须要做好榜样。"余海龙说。

这样的精神，就算余海龙离开了严格的黄继光连，到达了新的岗位后也继续坚持。当有严格训练时，余海龙也会带头做示范，给战士们一个好的榜样。"不能光说不做，而是要言传身教。"余海龙表示。

乘互联网快车传承英雄精神

一腔英雄志，满怀强军梦，热血洒疆场，青春铸光荣。余海龙2015年以这句话为主题，组织黄继光连的战士们一起拍摄了视频，名为《渴望光荣》。这是他第一次用短视频的方式，向网友们展示空降军部队的风采。

余海龙介绍，因为当时网上出现抹黑英雄黄继光、邱少云等论调。历史真相不容歪曲，余海龙和连队官兵才决心用行动捍卫英雄，攻破谎言，守住网络"上甘岭"。连队通过"我们和英雄在一起"网络名人进军营等活动，携手新媒体挺进主战场、打响主动仗，实时发声传递网络正能量。

"现在这个网络时代，我们军人也要善于利用好网络，向群众传递我们的声音。除了对外，网络对内也很重要。现在的战士大多数是"95后""00后"的战士们也已进入军营。他们都是网络一代，对于网络的依赖程度非常高。过去我们做思想工作都是面对面的，但现在做思想工作还需要透过网络这个途径。"余海龙说。

他告诉记者，善用朋友圈是重要的一环。现在的95后战士们都喜欢用朋友圈表达自己的心情，所以余海龙都会不时看看他们的朋友圈，看到有负面情绪或者有什么困难的就及时关心，看到好的也给战士们"点个赞"，通过朋友圈的互动增进沟通。

余海龙还曾经在空降兵部队第一个开通了"英雄连的故事"官兵

亲属微信群，把官兵的家属都拉入群里，及时进行沟通交流。他说："当战士们有'成长故事'，我就会立刻放上朋友圈，让家长们看到。或者有媒体关于我们的报道，我也会放上朋友圈。过去家长们可能都不知道自己孩子在军队里的情况，以及在军队的荣誉，现在他们都知道了，而且还因此很自豪。"

为了更好地带领战士们，余海龙在不停地探索新方式。他介绍，最近他在探索"票房评价教育"的做法。"战士们除了日常训练，还需要政工学习，因此我们定时需要上课。最近，我尝试让战士们自己领课堂票选自己感兴趣的课，以'票房'来看学生们的学习倾向。同时，通过这种方式也能激励讲课的老师更加好地准备自己的课程，吸引学生来听课。"

2016年，余海龙还参与了湖南卫视"真正男子汉"节目的录制。在他看来，以活泼的综艺节目宣扬军人精神是一种非常新颖的方式。"其实影响是相互的，对于明星来说到军队生活几天，对他们内心也是一种洗礼。他们出去之后宣扬正能量，对英雄精神、军人精神则是一个很好的宣传。现在年轻人只用传统说教的方式教育可能不愿意接受，所以一定要适应时代的需求，多样化地向他们传扬这些优良精神。"

（二）专家学者的采访

媒体做报道时为什么经常要做一些专家学者的访谈？在当今时代，各种新闻事件、新闻现象层出不穷，让人眼花缭乱。有时对一起事件、一种现象、一次改革、一份文件、一项政策需要进行权威地、科学地、准确地评价和评判，这个时候，专家学者之言，相对于普通百姓所说，更能一语中的、切中肯綮。如果媒体在报道中引用专家学者的意见与建议，便能起到引领导向、以正视听的关键作用。

在新闻实践中，深度报道这种新闻类型，其组成部分中一般都离不开专家学者访谈的内容。时政深度新闻由于主题多与政治类题材挂钩，在专家学者的选择上要求更加严格一些。

1. 采访对象的选择

无论做什么采访，记者在采访前都要做一些准备工作，采访专家学者也是如此。采访前，首先要了解专家学者的学术背景、擅长的专业领域，这样才能有针对性地解决问题，满足读者的需要。时政新闻类的报道，在选择专家学者时，尤其要重视对专家学者背景的了解，因为对专家学者的采访不仅仅涉及专业与科学，还涉及政治，而且是时事政治。

2. 采访专家学者的注意事项

专家学者一般专业知识丰富，是某一领域内的权威人士。有些年轻记者面对专家学者，可能存在信心不足的问题。其实记者的主要职责是通过自己的提问，引导专家学者讲出他们的观点，为受众认识事物提供决策、判断和行为上的依据。记者只要在采访前对采访对象与访谈内容做好充分的准备，那么在主导话题方面便是没有问题的。

对专家学者的采访，问题宜小而具体，针对性要强。问一些泛泛而谈、大话套话、漫无边际的问题，不仅不利于采访主题的报道，还会耽误专家学者的宝贵时间。要提"内行"的问题，否则会让专家学者很为难，也会让他小看了记者，这就要求记者在采访前做好充足的准备工作。

时政深度新闻的话题离不开政治。由于在选择专家学者方面有针对性，入选的专家学者一般都会对时事政治相当了解，只要记者在采访前准备充分，引导话题得当，一般都会取得满意的采访成果。

"两会"[①] 报道，是时政新闻媒体重点关注的题材。每年无论是全国"两会"，还是省级"两会"，都会吸引大量媒体进行大规模报道。由于大部分"两会"都在春节后召开，这成为很多媒体年度报道的第一个高潮时期。2021年各省"两会"召开前后，《小康》杂志对全国各省"两会"进行了时政深度新闻报道。为了做好这组报道，媒体特别邀请了研究各省社会经济发展问题的专家学者，对各省"两

---

① 两会是对自1959年以来历年召开的中华人民共和国全国人民代表大会和中国人民政治协商会议的统称。

会"进行解读，取得了很好的社会效果。

其中，该媒体在对广东省"两会"进行报道时，就专门邀请广东省综合改革发展研究院副院长陈其海先生作为专家对该省的"两会"新闻进行了解读，陈其海多年来研究广东省的社会经济发展，专业能力强，政策能力强，对时势的判断与把握十分准确。下面是关于这组报道的部分节选，通过报道进一步了解专家学者在时政深度新闻中的重要作用。

◆案例◆

国家战略落地各省激发发展活力[①]

在今年的广东省"两会"上，"粤港澳大湾区"成为热词。广东省省长马兴瑞表示，今年将举全省之力推进粤港澳大湾区建设，在更高水平上扩大开放，将坚持深化市场化改革、扩大高水平开放，扭住建设粤港澳大湾区这个"纲"，统筹做好稳增长、促改革、调结构、惠民生、防风险、保稳定各项工作。

梳理2020年广东省政府工作报告，《小康》杂志的记者发现，广东为落实粤港澳大湾区中央重大战略部署，2019年细化实化了各项具体举措：充分发挥利好叠加的"双区驱动效应"，粤港澳大湾区建设取得积极进展，深圳先行示范区建设扎实推进；出台贯彻落实《粤港澳大湾区发展规划纲要》的实施意见和三年行动计划；以"湾区通"工程为抓手，大力推动三地规则衔接，境外高端紧缺人才个人所得税优惠政策全面落实，首期200亿元的粤澳合作发展基金运作顺利，建筑、旅游、医疗等职业资格认可取得新进展；推进粤港澳大湾区国际科技创新中心建设，深港科技创新合作区获批实施先行先试政策，支持港澳高校和科研机构参与广东省科技计划项目，首次实现省财政科研资金跨境港澳使用；基础设施方面，互联互通加快推进，港珠澳大

---

① 张玉荣：《国家战略落地各省激发发展活力》，载《小康》2020年第5期，第38～41页。

桥运营管理水平不断提升，横琴口岸旅检大楼建成，皇岗口岸重建工程启动，等等。

2019年4月2日，南沙大桥（虎门二桥项目）正式通车。作为粤港澳大湾区内又一条重要的过江通道，南沙大桥的建成通车标志着粤港澳大湾区交通基础设施建设步入新阶段，大湾区快速交通网络正在加快形成。

具体到2020年的规划，广东各市抓住湾区机遇，不断明确路线图、施工图，湾区建设进入"快车道"。深圳将积极参与广深港澳科技创新走廊建设，为大湾区建设国际科技创新中心提供有力支撑；广州已编制穗港、穗澳重点项目库、创新政策库等；珠海要推动29个涉澳重点项目取得阶段性成效；江门今年安排交通大会战项目94项、年度投资175亿元；东莞要全力建设大湾区先进制造业中心……

对于各地积极融入大湾区建设，广东省综合改革发展研究院副院长陈其海认为，城市群内的成员希望"特殊政策"普惠化。他对《小康》记者说，粤港澳大湾区的定位是世界级城市群，城市群内除了广州、深圳、香港、澳门这些中心城市，还有前海、横琴、南沙三个自贸区，而目前仍没设置自贸区的城市，如佛山、中山、惠州、东莞、肇庆等地市，热切盼望前海的利好政策对大湾区所有城市进行覆盖、普惠。另外，没有自贸区的城市，积极布局自贸区"延伸区"，等待广东自贸区"扩区"；或谋划自贸区"无水港"，对接自贸区延伸功能，如佛山市南海区大沥镇，以建设"国际贸易示范镇"的方式，分享大湾区的政策红利。在"一核一带一区"总体发展格局引领下，大湾区周边城市则在各自定位中，积极谋划融入粤港澳大湾区。如粤东汕尾提出"融湾强带"战略，利用革命老区政策优势，从产业、交通、科技、城建、民生、生态等融入大湾区建设，争取建设沿海经济带靓丽明珠。

"广东省政府工作报告明确提出深入推进粤港澳大湾区建设，支持深圳建设先行示范区和广州实现老城市新活力，加快构建'一核一带一区'区域发展新格局。"广东省委党校原副校长、广东省人民政府参事陈鸿宇接受《小康》杂志记者采访时谈到，粤港澳大湾区是各项工作的"纲",在空间布局上广东省基本思路越发完善清晰,整体统筹布局打破行政藩篱,让资源要素更加充分有效地流动,更有效发挥资源配置的效果和质量,在互动中使各个地方优势得以发挥,同时防止各行其是或不正常的相互竞争。

三、内容丰富性与采访工作

内容丰富是时政新闻的特点,同样也是时政深度新闻的特点。

政治本身的丰富多彩,政治与生活的密不可分,政治介入社会的方方面面,都是时政新闻丰富性的源泉。毛泽东同志说过"在我们国家,东、西、南、北、中,工、农、商、学、兵、政、党,党是领导一切的",这就是政治丰富性最直观的表述。

(一)题材丰富多样

1. 涉及范围广泛

报道对象、目标遍布全国各行各业、各条战线,没有行业界限。但仍有重点,就是各级党委政府、军队、工青妇、国企等重要单位与部门,由于这些部门的重要职能作用,对其他部门和领域产生着重要影响。

2. 没有行业、地域限制

政治本身没有行业、地域限制。从地域来说,全国不分南北与东西,不分城市与乡村,都有时政新闻;从行业来说,各级党、政、军、群、企,"三百六十行"都有时政新闻。没有限制不代表没有重点,新闻题材的丰富与多样,与社会经济发展的整体水平,是呈正比的。经济越发达,政治文明程度越高,新闻资源也相应地更丰富。具体来讲,在我国,经济社会发展最好最快的地区,如长三角、珠三角、京津冀地区、成渝地区、各省省会城市、各国家计划单列城市,都是新闻资源相对丰富的地区,也是各级媒体重点关注的地区。以政治新闻为主要报道内容的国家级媒体,首都北京当然是新闻资源最丰富的城市。而以政治新闻为主要报道内容的省级媒体,省会城市就是新闻资源最丰富的城市。

3. 没有等级限制

时政深度新闻的价值不取决于采访对象的高低贵贱，而在于新闻内容本身的价值和社会影响。但对于不同级别的媒体，面对的受众范围不同，报道所产生的社会影响范围也不同。如国家级媒体，为了报道需要，可能会采访国家领导人或国务院相关部委办负责人，所谈内容涉及全国领域；而省级媒体，面对的主要受众一般是所在省份，其报道该省主要领导人讲话或该省政府组成厅局的新闻内容，是其主要工作内容。

（二）采访内容丰富多样

时政新闻题材的丰富性，对媒体记者来说，在采访过程中既要"横"又要"纵"，既要"专"又要"博"，有时要多角度、多领域、多渠道收集信息资料，要培育自己"上下几千年、纵横几万里"的胸襟与视野。如果是一个全国性的题材，采访既要有中央国家级权威部门的法规、文件，也要有地方不同层级部门的贯彻落实与具体执行，还要有相关领域的专家学者的诠释与解读。如果是一个典型案例题材，不仅要剖析案例，还要以案类推，扩大题材的外延。

下面我们从一个案例来分析时政深度新闻采访内容的丰富性。

2016年5月，某国家级时政新闻杂志刊发一组主题为"出租车大变革"的深度报道。出租车与政治是什么关系？时政媒体为什么关注出租车改革？这组报道推出的一个重要背景就是：报道推出的时期，网络约租车（俗称专车）在老百姓的生活中从陌生变为熟悉。也因专车的蓬勃发展，出租车遇到了前所未有的挑战。那几年关于出租车改革的消息层出不穷。在2015年年底，出租车改革终于提上了日程。2015年10月，交通部起草了《关于深化改革进一步推进出租汽车行业健康发展的指导意见（征求意见稿）》与《网络预约出租汽车经营服务管理暂行办法（征求意见稿）》。截至2016年4月，深圳、苏州、无锡、常州、徐州、南昌、南京、宁波、金华、杭州、义乌、武汉等10多个城市相继取消出租车经营权有偿使用费，实行无偿使用。出租车改革在全国范围内正式实施。

看了这个背景介绍,谁都不能否认,出租车改革与政治的关系如此紧密,出租车改革与人民群众的关系也如此紧密,"出租车大变革"是极具新闻价值的。这组报道里面有一篇组成文章,其采写角度刚好与记者采访须具备的"横"与"纵"、"专"与"博"关联度极强,对新闻采写有一定的参考价值。

◆案例◆

中国出租车百年史——从贵族消费到"互联网+"①

出租车在我国已经有了100余年的历史:从平民不可及的"高档出租"到招手即停的"面的时代",从允许民间资本进入出租车市场到互联网时代催生"专车"业态……在出租车新一轮改革启幕之际,回首中国出租车行业百余年的"前世"与"今生",不禁让人感叹社会发展的迅猛。

改革开放前:出租车不能随便坐

早在20世纪初,汽车出租服务就开始在中国多个城市出现。

1903年,出租车进入中国,哈尔滨成为中国最早有出租车的城市。中华人民共和国成立前,中国一些城市的出租车公司虽然渐多,但是每家公司旗下的车辆却很少,主要原因在于当时小轿车需要整车进口,购置费用太高,即便是二手车购置费用已然不菲。

中华人民共和国成立后,出租车行业有所衰落,公交车和自行车逐渐多起来。1956年,全国出租车全行业实行公私合营。

"文革"期间,出租汽车行业急剧萎缩。直到20世纪70年代初,北京和上海、广州等大城市各类外事活动增多,出租汽车又在大街上出现。

不过,总体来说,中华人民共和国成立后很长一段时期,很多出

---

① 余弘阳:《中国出租车百年史——从贵族消费到"互联网+"》,载《小康》2016年第14期,第24~26页。

租车业务都是为外宾服务的。以广州为例，出租车专门负责接待来穗的外国元首与高级官员、参加交易会的外商、海外华侨、港澳同胞等等，被誉为广州市的"国宾车队"，需要外汇券才能乘坐。

此外，20世纪六七十年代，出租车的经营方式发展为定点候客，乘客到站找车，司机接单载客。而司机完成一趟接待任务后，必须空车赶回服务点等候下一次的出车指示，不得中途载客。

1978年春天，广州逐步打开对外开放的窗口，一些新的经营观念和服务方式开始冲击南粤大地。广州市汽车公司从香港市民"打的"中得到启发，毅然决定结束历年来"路上空驶的士不载人"的怪现象，在1978年4月春交会期间用中英文印制的近万张《告来宾信》送到了国内外乘客的手中："在没有汽车服务点的地方需要用车时，如遇空车可招手示意叫车。"这是国内出租汽车行业的第一次改革，打破了历年来传统的封闭型服务方式和经营老格局，随后"招手即停"服务迅速在全国铺开。

伴随着出租车的出现，"打的"这个词汇也进入了人们的生活。

然而，"打的"这个词语并不是现代汉语中本来就有的词语，而是源自粤语"搭的士"的说法。不过"搭的士"的说法传到内地却成为"打的"，那么，这"搭"和"打"的一字之差又是怎么产生的呢？有关人士认为，这可能与"搭""打"的音义有关。

改革开放初期：出租车司机是高收入人群

改革开放之后，中国的出租车行业迎来了一个快速发展的黄金期。

20世纪80年代，北京市兴办了一批国有、集体出租车公司，但是，车型多以丰田、皇冠等高档进口车为主，多以接送外国人、外企人员为主。

在老北京人的记忆里，那个年代的出租车司机是令人羡慕的高收入阶层，开出租车甚至成了身份象征。据一位老出租车司机回忆，当时出租车每公里0.8至1.2元的乘车计费，在普通老百姓眼中，打不起车，也打不着车。

转机出现在1992年。这一年起，为了解决打车困难，北京市提出"一招手能停5辆出租车"的奋斗目标,允许民间资本进入出租车市场。一大批私企加入,司机找出租车公司购车、一切经营费用都由司机自己打理,按月上交管理费,北京出租车业的"份子钱"由此而生。而这一模式,很快推广到全国。

这一时期,一款被北京市民简称"面的"的微型面包的士车出现在北京大街小巷。因价廉方便、客货两宜,"面的"风靡北京,出租车也开始进入寻常百姓生活。因为黄色涂装的面的遍布京城,北京市民还称其为"黄虫"。这一时期,应当是北京,乃至全国出租车发展的黄金时期。

与此大背景相适应的是,出租车司机在当时是一个高收入的职业。

比如在西安,整个20世纪80年代,西安的出租车以进口车型为主,车型很多,排量各异,堪称"万国牌",包括菲亚特126P(波兰产)、波罗乃茨(波兰产)、拉达(苏联产)、华沙牌(波兰产)、马自达、尼桑、皇冠等。在此前后,国营、集体,甚至个人,也开始参与到出租车营运中。

但要想成为一名司机绝非易事。老"的哥"龚师傅是在20世纪80年代学的开车,"首先所在单位得有车,然后需要单位出证明,一辆车只有2个司机的培训名额,为了学车,我没少给领导说好话"。龚师傅当上出租车司机后,月收入400元左右,是一般工人的10倍。

这一时期,根据市场发展的需要,国家有关部委相继颁布了出租汽车行业的管理规定,各地政府也根据本地实际制定了不少出租汽车管理办法,使出租汽车行业逐步走上了规范化、正规化的法制管理轨道。

20世纪90年代末至新世纪初:行业变局与改革并行

随着改革开放的深入,经济飞速发展也让城市出租车行业的发展节奏加快。

以北京为例,1994年开始,红色夏利走进人们视线,"面的"开始逐渐淘汰。到1998年,"面的"彻底退出北京市场,出租车价格也统一成1.2元每公里的夏利和1.6元每公里的富康、捷达。

虽然北京的这次出租车"洗牌"迎来了夏利、富康车型，但同一时期的上海、广州、深圳等地，已经换成了桑塔纳。

这个时代，出租车司机依然是人们比较羡慕的职业，收入稳定且较高，时间自由，在家用轿车并没普及的时候，家里有辆车是很有面子又很实用的事儿。

但变革随之而来。

从20世纪90年代末以来，北京开始对出租车业进行整顿，司机与出租车公司也迎来了利益大调整。

1996年，北京市出租汽车管理局下发《关于加强企业营运任务承包管理工作的通知》，出租汽车企业实行承包管理。与此同时，出租车司机的承包费（份子钱），也提高至每月四五千元。出租车司机与出租公司之间的矛盾开始凸显。

2011年，交通运输部参照国际惯例将出租车的社会功能界定为：为公众提供个性化的门到门便捷运输服务，满足公众特殊出行和具有一定消费能力群众的出行需求。即城市公交解决大多数人的普遍出行需求，出租车解决部分人的特殊出行需求。

至此，出租车司机这份职业没有了当年的神气和诱惑力。

在西安市当"的哥"18年的刘军航如今说起这个行业很是感慨，"屁股不离座位，双手不离方向盘，走进饭馆要碗面、喝杯水、抽支烟，不敢超过20分钟。谁敢休息？打个盹一耽误，就可能赔钱"。

互联网时代：出租车行业的革命性变革

近年来，一些城市中出现的"打车难"、拒载、司机罢工等现象，让出租车行业长期积累的矛盾与问题渐渐凸显。与此同时，互联网带来的全新出行模式也深刻改变着传统出租车业的生态。

手机叫车软件的出现，让打车不用去路上招手，专车、顺风车等新型出租模式的出现，让出租车的概念不再仅限于出租公司，出租车司机也可能是一位私家车主的临时身份。

"专车"抢出租车司机的饭碗，渐渐成为一种常态。

在市场迎来"革命性"变化的同时，传统出租车行业如何改革，新兴业态如何规范，备受社会关注，出租车行业的改革再度到达一个历史关口。

2015年10月8日,上海市交通委给"滴滴快的"颁发了中国第一张专车平台资质许可——网络约租车平台经营资格许可,专车合法化在上海率先破冰。

两天后,10月10日,交通运输部对外发布了《关于深化改革进一步推进出租汽车行业健康发展的指导意见(征求意见稿)》和《网络预约出租汽车经营服务管理暂行办法(征求意见稿)》,进行为期一个月的公开征求意见。

根据方案,"专车"等新业态纳入出租汽车管理范畴,将出租汽车分为巡游出租汽车和预约出租汽车新老业态共存的多样化服务体系,实行分类管理、错位发展和差异化经营。

此外,包括出租车规模的总量调控施行动态调整;经营权无偿使用且有期限;份子钱应协商确定并公开;网约车经营者、车辆和驾驶员实行许可管理;私家车不得接入专车平台;拼车不能以盈利为目的……各项一直备受争议的焦点问题也在意见稿中得以体现。

而就在不久前,有消息称,有关部门将对互联网专车市场出台规范,并将产生"地震"级的影响。究竟新一轮的出租车改革方案如何,人们拭目以待。

四、个案典型性与采访工作

典型性,指代表性、个性反映共性的程度。直观地讲,就是可以做标准、做代表的人与事。时政深度新闻的个案典型性采访,主要体现在以下两个方面。

(一)个案的选择要有典型价值

1. 个案一定要极具代表性

深度报道的特点就是由一组多篇稿件构成,每篇稿件之间没有外在的联系,却有内在的联系,组稿之间"形散而神不散",报道主题似一根红线,若隐若现地贯穿于所有组稿之中。一组成功的深度报道，尤其是现象类新闻题材，稿件之间的布局总是"有总有分"，有宏观"面"的报道，也有微观"点"的报道，宏观报道具有概述、综述、总括、提纲挈领等特征，采访对象或稿件布局可以选择的余地相对小一些；而微观报道在选"点"上，即个案选择上有较大的选择余地。

如何选好个案，如何让个案具有典型价值，也体现了媒体的选题策划人的高度。做选题策划既要站得高、看得远，有宏观视野，有全局高度，又要熟悉新闻规律，在采访对象的挑选过程中有高度的新闻敏感性和新闻感知力，在新闻价值判断上能快速透过现象看到本质，通过个性发现共性。善于发现有价值的个案与长期的经验积累、丰富的新闻嗅觉和新闻敏感性有关。发现有价值的个案的过程也不是固定不变的，它是个动态过程，可能有时会碰上原来早已确定下来的采访对象，但在实际采访中却发现并不是最好的采访对象，在工作中经过对比、挖掘，发现了更好更合适的采访对象。这时候，就不要墨守成规，而应灵活变通，及时"调头"，迅速更换采访对象，将新闻价值挖掘最大化，将典型意义发挥最大化。

通过下面这个例子，全面认识时政深度新闻个案选择的代表性：在我国经济发达地区，如长三角、珠三角地区，过去十多年（进入21世纪以来）一直存在这种现象，即每年春节过后，绝大多数大小企业都会出现"招工难"现象，而且这个"难"是越来越难，"难度"年年有提升。原因多种，有企业运营成本上升、工资整体水平提高、东西部差距降低等。针对这种现象，某国家级时政新闻杂志于2015年4月推出了一组题为"农民工荒"的时政深度新闻。报道推出的时间也很有针对性，即当年春节过后，各企业招工用工高峰时期。想要做好这组报道，组稿中除了综述稿对"招工难"进行全方位剖析外，还需要对劳务输出大省、大市、大县进行采访调查，对经济发达地区用工大户进行详细采访。当然，组稿中还要有对外来务工人员的采访和对人力中介等部门的采访。如何选择劳务输出代表省份和城市，如何选择用工代表城市，关系到整组深度报道是否有代表性和典型性。该组报道在个案的选择上，经过认真分析、反复比较，选出了几个最有典型代表意义的个案,下面是这组深度报道的其中两篇稿件,从中可以看出媒体在个案选择方面是如何做到典型性的。

◆案例◆

四川省劳务输出大市眉山市
——六成在外务工人员想"回家"[①]

"真没想到在家门口都可以找到称心如意的工作,这下距离家近多了!可以照顾家人!"3月4日,在四川省眉山市洪雅县举行的2015年新春大型招聘会上,来自洪川镇文化街的王娟高兴地说。现年42岁的王娟以前在广州市某化妆品公司当生产总监,虽然一个月能挣6000多元钱,但是除去各种开支所剩无几。现在能在家乡找到工作,既能照顾家人,尤其可以照顾上初中的儿子,还有积蓄,王女士非常满意。此次洪雅县举行的2015年新春大型招聘会上,96家县内企业和劳务公司提供的10026个岗位,让不少原本打算外出找工作的群众,在家门口找到了称心如意的工作。

像洪雅县这样的"送温暖、送岗位、促就业"现场招聘会,只是目前眉山市通过政府搭台,帮助本地企业留住返乡农民工的一个缩影。

大力支持农民工返乡创业就业

眉山市是四川省劳务输出大市,全市350万常住人口中农业人口占260万,其中约100万农业人口常年在外务工。随着近年眉山工业的快速发展,60%在外务工人员有意愿选择留在本市就业或创业。截至3月底,就有10余万名农民工有意到当地企业找工作。"目前本地一些企业出现招工难。为此,我们不得不从昔日注重劳务输出,到今日想方设法留人。"眉山市就业局局长李鑫刚在接受《小康》杂志记者采访时说。

[①] 阎洪:《四川省劳务输出大市眉山市——六成在外务工人员想"回家"》,载《小康》2015年第8期,第28~29页。

2月12日，中共眉山市委、市政府举行"新春回归看眉山"在外创业代表座谈会。105位来自北京、上海、广东等省市的眉山籍在外成功创业的优秀企业家代表应邀参会，在参观中，企业家们纷纷赞叹眉山巨变，激发回归创业热情。在座谈中，18名建筑、能源、餐饮、物流、商贸等领域的企业家代表精彩发言。市级主要领导和部门领导与企业家们亲切交流畅谈，市委书记李静诚邀企业家代表多回家乡走一走、看一看，发现更多商机，投资更好项目，与市委、市政府一道发展眉山经济、致富眉山人民。

近年来，眉山市以政策做"舵手"、以活动做"引擎"、以服务做"电瓶"，积极推动返乡创业就业。针对眉山是劳务输出大市的实际，大力实施"引凤还巢"计划，开展"回归创业促和谐"系列活动，宣传支持回归创业，取得良好效果。同时，眉山市全方位、多形式、多层次深度宣传全民创业就业，通过社会募集、政府补助等方式，筹集2000万元建立了眉山市创业基金，专项奖励优秀的创业主体和促进创业的先进单位和个人。实施"一村一品"劳务培训，开展竹编、苏小妹家政等特色培训，先后组织开展技能、品牌等培训9629人。带着岗位开展农村劳动力入库登记，完成108万人，就业愿望实名制登记68.8万人。全年新增就业3.2万人，8767名大学生成功就业。

廉价劳动力时代已成过去

就在几年前，眉山市劳动部门还在为帮助农民工寻找岗位而发愁，如今，外省企业主动找上门来要求招人，眉山劳动部门转而现在想尽一切办法截留农民工到本市辖区的铝硅、金象化工、彭山和仁寿视高等10余家工业园区工作。

今年春节后，眉山市部分区、县政府为了帮助招商引资企业招工，纷纷聘请中介在眉山市火车站对外出农民工进行截留。据他们介绍，一些大型企业在招商引资时，就将"政府帮助招工"作为投资建厂的一个前置条件。

"廉价劳动力时代已成过去，农民工正由'经济人'回归其'社会人'的本来面目。"目前，西部地区工资水平与东部沿海地区的差距日益缩小，这已经成为影响西部劳务输出地区农民工流向的重要因素。在接受记者采访的眉山市籍农民工中，大多数人对今年的工资期望值在2600元左右，比往年提高了300元以上。

眉山市仁寿县是四川省人口大县和劳务输出大县，据仁寿县劳动局就业中心介绍，仁寿县的回乡过年农民工中，有1/3的农民工今年不愿意再到东部沿海地区打工，其中一个原因就是工资，西部地区工资水平与东部沿海地区的差距日益缩小，甚至出现成都、眉山的部分岗位工资比中山、东莞还要高两三百元，足以说明廉价劳动力时代已成过去；另外一个主要原因是"家庭"和"归属感"正越来越多地成为农民工选择就业乃至选择生活方式的决定因素。

记者在采访中，相当一部分农民工为了更好地照顾孩子和老人，甚至愿意放弃过去在外务工积累下的资历和高薪酬，转而留在本地就业。从这个意义上说，农民工正由"经济人"回归其"社会人"的本来面目。

1月26日，在佛山市禅城区张槎大富南工业园，记者见到眉山市仁寿县文林镇石莲村的张少伟，他告诉记者："我来广东打工快15年，先后在中山、深圳、东莞、佛山打工，从最初的1000元到现在一个月4000多元，但是不能在年老的父母跟前尽孝，也不能照顾12岁的儿子，心里满是愧疚。10余年的打工生活已经让我感到疲惫和厌倦，虽然习惯了广东的生活，但内心深处始终觉得自己不是广东人，心是飘着的。2月4日我和妻子一同回家乡过年，我们打算在家乡找工作，毕竟这里才是我们的根，这样可以与家人团聚，哪怕工资少一些也没关系。"

搭建平台促返乡农民工就业

每年春节过后，全国各地都会出现招工难的现象，这也是职场人士求职跳槽的高峰期，为促进求职者实现就业，眉山市把今年确定为"创业就业惠民年"，以基层劳动就业和社会保障公共服务平台建设为基础，以大型招聘会、专场招聘会、日常招聘会等现场招聘为依托，发挥网络招聘优势，构建全方位、立体化的招聘模式，促进人民群众创业就业，增收致富。

今年以来，全市除日常招聘保持不断以外，针对返乡群众，走基层、下乡镇、进园区，先后举行专场招聘会12场，共630余家企业进场招聘，提供工作岗位12000余个，3万余人进场求职，8000多人达成初步意向。全市元旦、春节期间的系列招聘会将持续到3月底。

2月26日，中共眉山市委、眉山市人民政府主办春节后首场大型公益招聘会"同圆中国梦 共建新眉山"就业服务周暨现场招聘会在该市东坡区东坡湖广场举行，80多家企业推出2000多岗位供求职者挑选。

"此次春季大型人才招聘会为公益性质，参会企业费用全免，招聘现场以各招聘企业和单位现场设摊、交流洽谈的方式进行，此次春季招聘会筹备一个多月，主要是针对返乡农民工，希望他们能够留在家乡，建设家乡。"据现场工作人员介绍，大部分职位都是普工类，共吸引6000多人前来参加招聘会。

◆案例◆

珠三角用工大市之东莞市
——季节性缺工严重[①]

"是个人就能要""老板给员工带小孩""厂主街头'跪求'劳动力"……在东莞劳资市场供求关系上，近几年来发生了翻天覆地的变化。尤其是今年，"招工难"让不少东莞中小企业大呼头痛。不少老板表示，"缺口过大"让自己伤透了脑筋。

一些企业为了吸纳员工，增加人气，纷纷祭出了"撒手锏"：涨工资、提福利、拼温情……这是因为他们意识到"人力资源"才是他们最大的资源。

订单来了，人还没到

3月19日，东莞塘厦镇。工厂林立的环市东路上，红纸黑字的招工告示比比皆是。记者注意到，贴出招工告示的主要以电子厂、制衣厂等劳动密集型企业为主。其中，制衣厂的车工属招工大头，如第2工业区的金利制衣厂，负责人邹小姐称需招聘100名员工，生熟手不限，男女不限，能干活就行。

"我们都很焦急！"邹小姐一边和记者说话一边收拾桌上的招聘资料。几分钟前，她刚刚"热切"招待一对上门找工作的小两口。

邹小姐的焦急是有理由的。在二楼的加工车间和三楼的缝纫车间，一眼望去，偌大的车间里面，只能看到几十个工人忙着手头上的工作，一些机器还被盖上了遮灰布。

"尽管各地的生产订单接踵而来，因为人力资源严重短缺，只能望'单'兴叹。"邹小姐说，原计划是正月初十正式开工，可老员工回来的还不到五成。"现在生产订单已经排到年中了，如果要保证订单能完成，现在急需解决的就是劳动力问题了。"

[①] 陈标华：《珠三角用工大市之东莞市——季节性缺工严重》，载《小康》2015年第8期，第30~31页。

找工作的，高薪也犹豫

在宏利制衣厂的招聘告示上，车工、剪线工、烫工等普通技工的基本工资都在3000元以上，还标出了"月休四天、带薪年假、工龄奖"等福利来吸引求职者。"尽管这样，来应聘的还是寥寥无几。"人力资源部负责人陈小姐很失望。

顶着招工压力的陈小姐早上面试了一个求职者，应聘的是一位来自湖南的小伙子，二十来岁，做了两三年车工，最后谈成的月薪是3500元（不含加班费、补助费），陈小姐来来回回办理各种手续，准备要签字时，小伙子简单一句"我还是要回去再考虑一下"，然后撒腿就离开了。

还有一个也是来自湖南的求职者，也有一定的工作经验。对方一直都是电话联系，他要的月薪是3800元。"技工的选择很多，做不做这一份工作是无关紧要的。"陈小姐表示。

采访中，陈小姐不断接到各部门负责人的咨询电话，咨询的内容基本都围绕着"今天的招工情况怎样""工人们何时能到位"等问题。

"过完年都一个多月了，才招来30多个员工，很多求职者都在挑工作……"面对记者，陈小姐坦言，最近她的招聘压力特别大，"招工难年年有，一般3月底就能得到缓解，只不过今年求职者变得更为'现实'。"陈小姐表示，为了完成任务，她甚至牺牲了休息时间到网上发布招聘信息。

同样的情况也出现在服务行业。塘厦客运站附近有一家中餐馆，是当地比较火爆的餐馆之一，在门前也同样立着招聘的牌子，上面写着"招聘服务员，薪资3300～3600元、加提成加工龄工资"等字样。

记者通过对比发现，该中餐馆开出的薪金水平比行业均薪高出500～800元。

尽管如此，餐馆主管殷女士仍有抱怨：招工是一年比一年难，而且现在应聘者的要求也越来越高。殷女士深知其中原因：在饭店干服务员，先不说工资，一日三餐不固定，而且还没有正常的休息日，很消耗体力,所以大部分年轻人吃不了这个苦,干的人就越来越少。

"我们的招聘计划强调的就是福利待遇、人性关怀。"殷女士说,不过把工资待遇提高了,还是招不全人,这些求职者心里到底是怎么想的,他们实在也猜不透。

"村民车间"缓解季节性缺工

3月20日,记者走访了一些东莞镇区的人才市场,发现保安、厨师、文员、司机、会计、开单员等流动性大的岗位目前缺口仍然较大。普通技工仍占招工大头,多数企业急招焊接技工、电工、维修工、模具工等工人。绝大多数公司给技工开出的月薪都超过2500元,技能比较熟练的,月薪则多在5000元以上。

据石龙镇人力资源部门数据显示,截至3月4日,石龙镇企业开工率75%,现时企业节前返乡人员的返岗率为82%。石龙人力资源部门相关工作人员表示,用工缺口主要出现在制衣行业、中小型劳动密集型企业和个别因扩产招工的外资企业,石龙镇内缺工人数为9000多人,缺工严重的是制衣行业,用工缺口高达50%。

招工也成为虎门镇企业节后最迫切的需求,"缺口过大"让部分企业伤透脑筋,而有些企业却能利用"村民车间"资源,缓解季节性缺工带来的不便。

位于虎门南栅社区的某知名文具公司就是尝到"村民车间"甜头的企业之一。该公司"村民车间"成立于2009年,专门招收本地户籍"4050"就业困难人员,截至采访当日共吸纳这类人员60多名,有效缓解企业节后招工难题。

"虽然本地村民从事的大多是手工作业,技术含量不高,创造的效益也相对较低,却为企业补充了稳定的劳动力。"该公司管理人员王先生表示,随着企业订单量增加,工厂有意扩大"村民车间"的规模,一方面,本地村民流动性不大,厂方不需要提供住宿、伙食等,比较好管理;另一方面,"村民车间"起到调节作用,每年生产淡季时,部分车间员工可暂时回家休息,生产旺季时,员工又可复工。

虎门市人力资源分局就业股股长郑沛祥介绍,该镇共有村民车间35个,分布在全镇各个社区,安置"4050"就业困难人员750

多人。接下来，该分局还将对现有的"村民车间"进行扩大和完善，并开辟更多新的村民车间，继续当好企业和"4050"就业人群之间的"红娘"。

结构性缺工一时难以解决

尽管如此，记者从虎门镇人力资源分局获悉，虎门节后缺工预计达到2.3万人。虎门人力资源分局局长何卫锋表示，虎门镇企业的用工缺口大部分是由于春节前后工人流动而造成的季节性缺工，而非整体缺工形成的"招工难"。

何卫锋认为，虎门的企业中，服装企业比例较重，对车位工、装配、烫工等一线技工需求量也大，提高这些基层岗位的工资待遇，提供更好的发展平台可以增加吸引力，但又面临企业用工成本的刚性约束，因此结构性缺工现象一时难以解决。

"与往年不同的是，现在的求职者不再是求温饱，而是向'发展型'转变，希望提升自我的愿望更加强烈。"何卫锋表示，随着求职者的就业观念转变，不少用人单位开始转变用工方式。

他表示，企业要想留住员工，除提高工资待遇，还得在企业文化、人文关怀、技能提升等方面下功夫，特别是要给员工晋升的空间，对员工进行细化区别，组织他们参加职业技能培训，让员工更有成就感、归属感，这样才能真正留住员工的心。

2. 个案也可能是独家新闻

在新闻实践中，衡量一则新闻价值的大小，有不同的标准，但无论选择哪个标准，是否为独家新闻，几乎是所有媒体都认可的标准之一。什么是独家新闻？独家新闻是指由一家新闻媒体发出的具有较高新闻价值的新闻。独家新闻迄今为止还没有一个公认的说法。归纳起来，有以下四种具有代表性的说法：①由一家新闻机构向外界发布的新闻。②只有一家媒体报道或一家媒体率先报道的新闻。③独家新闻，就是"人无我有"的新闻，但并非任何一条"人无我有"的新闻都可成为独家新闻，它必须是影响较大能引起读者广泛关注的新闻。④独家新闻不仅是某一新闻媒介抢先刊载或播发的独自一家的消息，还应具有特殊的新闻价值和一定的权威性。

随着时代的前进、科学技术的发展，尤其是今天自媒体高度发达的时代，新闻媒体要想"抢到"一条绝对意义上的独家新闻非常不易。许多独家新闻都具有了一定程度上的相对性。深度报道与时效性强的消息稿相比，新闻主题的独家性越来越难，但其组成稿件中具体报道内容的独家性却相对容易。因此，深度报道产生独家新闻的机会也是比较高的，这主要在于个案的选择上，个案选择在某种程度上就是"策划""制造"独家新闻的，因为在选择过程中，媒体人会有意识地选择那些新闻性强、代表性强，又罕见报道过的个案。所以说，时政深度新闻的一系列稿件中，可能有一篇或几篇的组成稿属于独家新闻，或构成独家新闻价值。

（二）个案的采写要抓住核心和重点

深挖，才能有内容看，要把可读性采写出来。时政深度新闻的个案典型性，最终要通过具体的采写报道来落实，个案选择好了，还必须采写好，才能将个案的典型性变成公开报道，进而产生积极的社会影响。在新闻实践中，对个案的采写也能看出记者的素质与能力。优秀的典型个案采写，可考验记者的挖掘、发现、筛选、去粗可精、去伪存真的水平与能力。记者有时需要在大量材料里"沙里淘金"，有时需要在与采访对象交流中通过一两句话循线"顺藤摸瓜"，把最能体现采访对象新闻价值、个案中重点和核心的内容，把媒体需要的、受众需要的内容，比较全面、完整、客观地采写出来。只有这样，才能真正发挥个案的典型性。

2018年1月，某国家级时政新闻杂志刊发了一组题为"海南驻村第一书记"的深度报道。当时推出这组报道的新闻背景是：2018年已是我国脱贫攻坚的关键年份，经过前几年的扶贫工作，到当时为止，剩下的都是"硬骨头"。从全国角度看，海南岛面积不大，但贫困人口分布点多，脱贫攻坚任务压力很大。而战斗在扶贫工作一线的"驻村第一书记"就成了脱贫攻坚力量的先锋队，所承受的压力更是巨大。这个特殊群体对是否如期完成扶贫任务，具有决定性的作用。因此，媒体推出深度报道,专门报道"驻村第一书记"这一特殊人群。

即使是深度报道,选择的报道对象也是有限制的。"2015年7月以来,海南省先后从机关优秀年轻干部中选派1200多名优秀干部,离开机关奔赴党组织软弱涣散村、'十三五'建档立卡贫困村等类型村任第一书记。"[1] 尽管绝大多数驻村第一书记的工作都做得不错,但1200多名驻村第一书记不可能一一报道。如何选择报道对象?中共海南省委组织部对这组报道非常重视,由他们出面推荐了8位最具代表性的驻村第一书记。组织部是选拔、派遣、考核、管理、评价这些驻村干部最核心的部门,对驻村第一书记的了解也是比较详细的,他们推荐的人选应该说是1200多名驻村第一书记里面最具代表性、最有典型性的干部。

采访对象确定了,如何做好报道媒体也花了不少工夫。为了把驻村第一书记的工作报道好,记者采取了"体验式采访"办法,与被采访对象在一起较长时间地相处,跟着驻村第一书记一起"工作",从琐碎中理出头绪,从细节中挖掘亮点,从平凡中发现伟大。通过细节、故事,描写出驻村第一书记的酸甜苦辣、真情实感。这组报道公开发表后,引起很大的社会反响。海南省当年向中央有关部门汇报脱贫攻坚工作情况时,曾将这组报道作为汇报材料的一部分呈送,从侧面证明了这组报道的新闻价值与社会价值。下面这则案例是组稿中对其中一位驻村第一书记的报道。

◆案例◆

黄海军:第一书记不是村里的过客[2]

经过了弯弯曲曲的村道,《小康》杂志记者一行来到海南省琼中县的一个山区黎村——岭门村。这次要采访的是2015年便被中共海

---

[1] 张玉荣:《海南省驻村第一书记:脱贫攻坚的中坚力量》,载《小康》2018年第2期,第20页。
[2] 麦婉华:《黄海军:第一书记不是村里的过客》,载《小康》2018年第2期,第26~27页。

南省委组织部派往驻村的第一书记黄海军。黄海军,男,1984年10月生,是个典型的80后小伙。在担任驻村第一书记前他是海南省农村信用社联社人事处主任科员,之前并没有接触过基层的农村工作。

当记者联系他时,黄海军还在"巡村"中。每一天,在村里走动、和村民们交流已成为他必不可少的工作。进入岭门村自然村罗马村,记者遇到了当地村民王积标。黎族百姓很淳朴,王积标热情地邀请记者到他家坐坐。和王积标攀谈几句后,记者问到第一书记黄海军怎样时,他竖起了大拇指,用海南话说了一句"嘟哩"。翻译说,"嘟哩"是"很好"的意思。

谈话间,黄海军刚好经过此地,原来他正在探访村里的一户贫困户。据了解,黄海军刚来时全村有37户贫困户。"现在只剩下2户贫困户了,刚才就是探访其中一户。"黄海军说。

扶贫最大的难题是改变人的心

初见黄海军,让人最印象深刻的就是他黝黑的皮肤,和村民的肤色相比有过之而无不及。运动衣和运动长裤、运动鞋,是黄海军方便"跑村"的装备。

"我出生、成长在广东茂名,讲的是普通话和当地方言,而这边的黎族村民都是说海南话的,所以一开始和他们沟通时都是连听带猜的,当然现在沟通好很多了。"黄海军笑着说。

这样其乐融融沟通的画面可不是那么容易得来的。黄海军刚开始扶贫时,坦言工作压力非常大。他对贫困户摸底后大吃一惊,因懒和因赌致贫的贫困户占全村贫困户一半以上。

"其实岭门村土地、气候很好,你随便撒一把种子都能种出作物。只要不懒是不会贫穷的。只有真正解决了'懒'的问题,才能让村民们可持续发展。所以,我和村民的关系像曲线一样,时好时坏。和他们拉家常、聊天的时候很好。但要说服他们做事情,不要懒惰的时候,可能双方都会拍桌子吵起来。但不能放弃,要慢慢地和他们讲好处,讲政策。经过一番沟通之后,他们才会理解这是对他们好的。"黄海军说。

在黄海军看来,扶贫一线就是要处处用心。他说,曾经也给一些贫困户直接发放小猪或小牛等，希望他们可以养殖脱贫。但他发现，这些小猪也许会被吃掉或者随意卖掉。后来，黄海军不直接给贫困户这些资源，而是让他们也来"投资"，必须通过贷款的方式获得这些资源，利息由政府贴息，以后有钱了再还。

"这无形中给贫困户压力，他们的小猪、小牛不是白送来的，而是他们贷款买的。当然，政府也给一些补助。而且农信社，可以给他们带来金融政策和资源。村民们还是比较淳朴的，他们不喜欢一直欠着钱。他们会努力养殖，希望尽快还款。这样做的同时也能帮助他们脱贫。"黄海军介绍，目前海南农信社已累计向10993户发放小额贷款3.2755亿元。其中，岭门村没有一笔不良贷款。

王积标正是其中一个例子。之前王积标家也是贫困户，但两年来通过黄海军的扶贫帮助，他们家开始养牛，儿子们出去工作，如今的收入还不错，已经脱贫了。"标叔，最近一种作物的收成和价钱都不错，建议你可以种植。"黄海军告诉王积标。

王积标说可以考虑一下，但感觉兴趣不大。黄海军对记者说，看来又是一场"博弈"的开始，要推着他们去做。黄海军这种注重扶志、拔出穷根的做法，得到组织的充分肯定。

驻村第一书记不是村里的过客

走在岭门村的路上，村民看到黄海军基本上都会打一声招呼，而黄海军看到村口小卖部聚集的村民时也会和他们聊上几句，并且询问槟榔的价格。"今天槟榔多少钱一斤？""11块3。"这些简单的问候和对话黄海军几乎每天都会经历，村民们和他已非常熟悉。

已脱贫的村民王成安过去是岭门村出了名的"酒鬼"，欠着一屁股债却什么农活也不愿意干，过着"一天三顿酒，父子共一壶"的逍遥日子。黄海军最初连续几次上门走访，父子俩都是喝得醉醺醺的，甚至中午都睡在门前。黄海军不但和他们说不上话，还每次都被王成安家的狗狂吠。

如今，跟着黄海军再回访王成安时，他已是另一番模样。

王成安不但顺利脱贫扩大了养殖规模，还和黄海军探讨起怎样能更好发展并且如何解决一些问题。王成安这些变化让全村人刮目相看。

经过了一轮走访，终于到了吃午饭的时间。但黄海军却在饭前找矿泉水，原来是要吃药。"之前可能吃饭不够定时，现在胃经常痛，所以要吃胃药。"黄海军说。饭后，他又马不停蹄回到村委会写材料。原来，门岭村已经够条件申报贫困村退出了。黄海军告诉记者，按照县里的计划，岭门村将在 2017 年整村脱贫。

2017 年 9 月，黄海军获得了"2017 年全国脱贫攻坚奖贡献奖"，这是该奖项评选以来海南省首位获奖者。扶贫就是扶人，黄海军让脱贫攻坚真正做到一步一个脚印，对症下药，打破"人穷志短"与"志短人穷"之间的恶性循环，促进贫困户永续脱贫。

第五章　时政深度新闻的版面编辑工作

　　本书所讲的"时政深度新闻",指的是侧重于通过报刊进行报道的时政深度新闻。版面编辑工作是报刊新闻采编工作的一部分,也是一组深度报道中后期加工制作的重要一部分。这里所说的版面编辑工作,既包括编辑文字部分也包括版面设计部分。

　　媒体文字编辑的主要职责是编辑稿件并排版,对记者采写稿件进行正式发表前最后的加工工作。一篇篇耐读、值得品味的文章,离不开文字编辑独具匠心的点题,离不开文字编辑的点睛之笔加以修饰和装点,也离不开文字编辑耐心、细致的审阅。专业媒体对编辑要求更高,要求编辑能承担选题策划、组织记者采写稿件的职责。媒体编辑对文字基本功要求较高,很多文字编辑都有一定的采写经验,对全局掌控新闻策划和新闻大制作有丰富经验。

　　版式设计是现代设计艺术的重要组成部分,是视觉传达的重要手段。表面上看,它是一种关于编排的学问;实际上,它不仅是一种技能,更实现了技术与艺术的高度统一,版式设计是现代设计者所必备的基本功之一。新闻版式设计是新闻媒体通过文字、图片、色彩等符号向大众传递新闻信息的一种方式。版式的编排与设计是新闻媒体各种内容编排布局的整体表现形式,是帮助和吸引读者阅读的有效手段。新闻版式设计主要运用于电子出版物和印刷出版物两大类型。传统印刷出版物与电子出版物可相互转化,协同呈现,互为补充。新闻版式设计的目的,是将出版物以完美的形式展示和传播。随着信息技术的发展,新闻版式设计需要突破平面的范式,走向立体、多元、多维等基于数字时代的综合应用,从而设计出艺术、技术、商业价值兼备的好作品。

　　在传统报刊单位,版式设计者(一般称美术编辑)与文字编辑相比,专业性更强一些。美术编辑与文字编辑是工作联系最为紧密的伙伴，有分工但更多的是合作、互补，他们的主要职责就是将报道主题与采写内容，通过后期加工从而更好地呈现给受众。

因此，本书版面编辑工作所介绍的内容，实质上是编辑文字与版式设计有机融为一体的共性内容。

本章以《小康》杂志的版面为例，从版面风格与定位、版面语言的细节与技巧两个大的方向对时政深度新闻版面编辑工作进行全面分析与解读。

一、版面风格与定位

时政深度新闻与其他新闻类型相比，政治性和政策性都很强，对政治权威性要求也较高，不仅体现在采访与内容上，也体现在版面风格上。本章从时政深度新闻的封面设计、标题制作、栏花设计等方面，详细解读时政深度新闻版面风格与定位的主要特征，以及与其他新闻类型的主要区别。

（一）时政深度新闻的封面设计

正是因为时政深度新闻很强的政治性和政策性，时政报刊的封面设计不仅需要较强的美学专业知识，还需要较强的政治素质和新闻素质。一个好的封面设计，必须是在坚持政治方向绝对正确的前提下，尊重新闻常识与规律、符合大多数受众审美需求的完美结合。报道时政深度新闻的媒体人都习惯将时政深度新闻称之为"封面策划报道""封面专题报道"，有时直接简称为"封面报道"。封面是报刊的"脸"，将时政深度新闻称为报刊的"脸"，可见封面设计对于报刊时政深度新闻的重要性。

下面以《小康》杂志近年来的 8 期封面设计为例，来分析时政深度新闻封面设计的主要特征。

（1）2014 年 8 月的《小康》杂志中旬刊，该期报道主题为"发现陈璘"。为什么要做这个题材？新闻背景是当年 7 月，中共中央总书记、国家主席习近平上任以来对韩国进行首次国事访问，访问中习近平总书记到韩国国立首尔大学进行演讲，提到中国明朝与当时的朝鲜王朝联手抗倭的故事,特别提到当时明朝统帅陈璘的事迹。这是一位被历史埋没了几百年的英雄人物,新时代重新被"发现",一时引起中韩人民的广泛关注。《小康》杂志适时推出"发现陈璘"时政深度新闻,以21版(页)共7篇稿的篇幅对此进行了报道。

该期封面设计很有特色(见图1)。陈璘是明朝人物,历史上关

图1 《小康》2014年8月中旬刊

于他的记载不是太多，关于他的个人形象描述也很少。主题既然叫"发现陈璘"，如果没有陈璘相关的人物形象，突出主题的效果就有所欠缺。杂志社在策划、采编过程中一直在思考如何从封面体现报道主题问题。记者在广东省云安县采访时，当地正在筹建陈璘事迹纪念馆，在浏览馆内资料时，记者突然发现一幅手绘彩色连环画，这是画者根据史料加个人构思创作出来的陈璘在朝鲜半岛抗倭的形象，手绘连环画属于大众艺术，表达手法直观、通俗，画面的时代烙印鲜明，有现场亲历感也有历史沧桑感。杂志相关负责人现场看到后"茅塞顿开"，当场决定就用这幅手绘连环画做当期杂志的封面设计主元素。

新闻杂志的新闻报道题材，用一幅历史体裁的手绘连环画做封面主图，本身就是新闻，也确实给受众耳目一新的感觉。以这幅连环画为背景的封面，大标题"发现陈璘"配靛蓝色粗黑字体，再配以解释性副题"总书记赞赏的广东抗倭英雄"。突出、醒目，政治性强、新闻性强、故事性强，能立即引起读者急于阅读的强烈欲望。事后证明，这期封面设计相当成功，也产生了良好的社会影响。

（2）2015年是中国人民抗日战争胜利70周年，举国大庆，胜利日大阅兵更是全球瞩目。正是因为各媒体都对此重点关注并大规模报道，如何在众多媒体中让自己的报道更加出新出彩，在做好"规定动作"的同时做出自己的"自选动作"，各媒体也是使出浑身解数，各显神通。《小康》杂志在2015年9月中旬，推出了一期"华南敌后大抗战"系列报道，为中国人民抗日战争胜利70周年报道做出了自己的贡献。

华南敌后战场是中国抗战时期"敌后三大战场"之一。1945年，朱德同志在党的"七大"军事报告《论解放区战场》中将东江纵队与琼崖纵队等华南人民抗日游击队与八路军、新四军并称为"中国抗战的中流砥柱"。这些部队长期处在日伪军的分割封锁下，相互配合困难，回旋区域狭窄，且远离八路军、新四军主力，斗争极其艰苦。但在中共中央和中共广东省委的领导下，紧密依靠群众，独立自主地坚持游击战争，多次粉碎了日伪军的"扫荡"和国民党顽固派军队的进攻，积极配合了全国抗日战场和同盟国军的作战。1938年10月—

1945年9月，华南抗日游击队共作战2000余次，歼灭日伪军1.4万多人。华南抗日游击队发展至2.7万人，民兵5万余人，对取得抗日战争的胜利以及支持南太平洋盟军对日作战做出了重要贡献。

这期杂志的封面设计很有特色（见图2），简单明了，主背景图

图2 《小康》2015年9月中旬刊

由一幅当时的华南敌后战场地图配著名的"抗战之声"（埃德加·斯诺所著的《红星照耀中国》的封面人物照片），地图上的色块、箭头、地名，清晰分明，惠宝人民抗日游击总队和东宝惠边人民抗日游击大队、琼崖纵队、珠江纵队、韩江纵队、粤中人民抗日解放军、南路人民抗日解放军，活动区域与范围一目了然。大标题"华南敌后大抗战"白底红字，标题旁是中国人民抗日战争胜利70周年专用标识。该封面设计的政治方向正确，体现了新闻性，也体现了《小康》杂志"自选动作"特色，是一期比较优秀的时政深度新闻封面设计。

（3）2015年6月，《小康》杂志推出了一期"文化成都"的时政深度新闻。近代成都，是一个典型的移民社会。多元文化在成都这个大熔炉中激荡融合，使成都人的精神世界格外丰富，从而展现出一种多姿多彩、内涵丰富的城市气质。该系列报道对过去几年成都文化的发展与建设取得的阶段性成就进行回顾与总结，探究在中国一线城市群中的成都崛起的背后，有一种强大的文化支撑力量，而这种文化，在成都实现城市的有机更新过程中，也完成了自身的蝶变。成都也成了"中国最具幸福感城市"和"最具文化软实力城市"。

如何体现成都的幸福感和文化软实力？这期杂志的封面设计编辑为此颇费了一番功夫。几易设计稿，最后选择用一幅照片做封面（见图3）：在一处城市公园的两只熊猫雕塑旁，一名外国女孩微笑着模仿熊猫的姿势。这幅照片里面的几大元素都很有特色：熊猫代表城市，也代表城市软实力，外国女孩代表成都的国际化与开放性，公园的绿色背景则代表成都的生态建设成就，熊猫雕塑本身也展现不同的意义（一只彩绘雪山草地森林的熊猫、一只穿变脸脸谱肚兜的熊猫，都体现了成都生态城市、休闲城市、趣味城市的特色）。这张照片生动、形象、有趣，城市指向性明晰，用来做"文化成都"的封面十分贴切。

其实在美术编辑早期的设计中，方案之一是将川剧变脸与麻辣火锅元素作为封面设计主元素，但与这张照片相比，明显逊色。

时政深度新闻的版面编辑工作 | 第五章

图3 《小康》2015年6月中旬刊

（4）2017年4月的《小康》杂志中旬刊的封面，也是比较有特色的一期。同当年其他期杂志的封面相比，这期的封面设计有点"一反常态"。封面主题与封面主图分属两则不同的新闻，是该期杂志里的两组时政深度新闻在封面的同时展示。

这期杂志同时刊发了两组时政深度新闻，一组题为"广东整治为官不为"，一组题为"桂琼黔等省区欢庆'三月三'"。"广东整治为官不为"是这期杂志的主要报道内容，"桂琼黔等省区欢庆'三月三'"在报道篇幅和新闻价值上相对略逊一些。《小康》杂志作为一家全国性媒体，在报道主题的选择上，相对比较少对某一特定地域范围内的新闻进行如此大规模的报道，一般都以全国性的题材为主。但整治"为官不为"是当时党中央国务院高度重视的治国理政工作，广东作为中国第一经济大省、人口大省，在这方面的工作有一定典型代表意义。欢庆"三月三"，题材时效性强，地域范围较大。如果说整治"为官不为"属于政治性比较"硬"的题材，那么欢庆"三月三"则属于政治性比较"软"的民族文化类题材。一硬一软、一局部一全面（一省与多省的区别），"头条"主标题白底黑字，严肃、醒目；"二条"图片以穿少数民族服饰的女模特配白底红字，清新、活泼。整个封面设计，做到了软与硬、松与严的视觉平衡。

这期杂志的封面设计，与这期杂志主要报道内容是相适应的（见图4）。封面除了给读者一种视觉平衡外，也给了读者多一个重要新闻点的阅读选择。综合分析，该期封面设计是比较成功的。

图4 《小康》2017年4月中旬刊

（5）2018年，中国扶贫攻坚到了决战决胜时期，中央主导的东西部协作扶贫也进入关键时期。从2016年起，按照中央"东西部扶贫协作"的有关指示精神，广州市与贵州省的毕节市、黔南自治州进行对口帮扶，到2018年年底迈入第三个年头。在这三年里，广州市累计落实帮扶资金近 10 亿元，结队帮扶 23 个县（市、区），含 17 个国家级贫困县。推出互派干部挂职、引导企业投资、举办劳务输出、销售农特产品、发动社会捐款、推进旅游帮扶等具体措施，向贫困户提供 10 万余个就业岗位，帮助建档立卡贫困户 3514 人实现脱贫。2018 年 11 月，《小康》杂志推出"广州援黔三年记"系列报道，对广州对口帮扶贵州省毕节市、黔南自治州进行全面、深度报道。

这期报道做得很成功，报道推出后受到中央扶贫办和国家有关部门的关注，在粤黔两省也产生了积极反响，两省数百名厅局级干部都阅读了相关报道。这期报道的成功因素很多，其中该期杂志的封面设计就是一大亮点。

在报道筹备阶段，杂志相关负责人就开始考虑如何在封面设计中体现出"东西协作""粤黔合作"的因素，当时思考的方向就是以粤黔两省的地图为主背景图案（见图5），用两只手相握的示意图体现"东西协作"和"粤黔合作"。在贵州省毕节市扶贫现场采访时，记者了解到，广州援黔前线指挥部曾设计过一个类似"东西协作"的标识，一打听，也是以两只手相握为设计题材。双方思路"不谋而合"。最后定稿的封面设计很好地体现了这个构思：粤黔地图背景上两手相握，两手相握的画面又设计成"心"形，两只手均为红色调，一只浅一只深，红色醒目、热情，"心"形的设计又喻义两省心连心。

这期的封面设计，是政治性、政策性与新闻性、专业性的完美结合，也充分体现了时政报道的特征。

图5 《小康》2018年11月中旬刊

（6）2018年5月，《小康》杂志推出了一组题为"资源枯竭城市再生"的时政深度新闻。资源枯竭城市的转型与发展，是可持续发展里面的重要一部分，中国共有69个资源枯竭城市，另加9个县级单位参照执行（大小兴安岭林区9个县级单位参照执行资源枯竭城市）。

这些城市遍布全国各地,这个特殊的新闻题材有较强的可读性和针对性。

将"资源枯竭"与"再生"的新闻理念用画面直观、科学地进行表达,会有一定难度。经杂志负责人与美术编辑反复商量、沟通,封面设计的思路是将三个不同元素在一张图片上合成呈现,即枯裂的田野、绿草茵茵的大地、灯泡(灯泡里有绿色衬托的城市建筑),最后合成图片为左边是枯裂的田野,右边是绿色的大地,中间是过渡的渐变色,灯泡位于过渡的渐变色中间(见图6)。从左到右,体现了

图6 《小康》2018年5月中旬刊

"资源枯竭"到"再生"的过程,而灯泡有两层含义:一是社会发展必须是环保的、可持续的,并受到保护的;二是社会发展有其脆弱性,必须重视与加强防护。整个封面设计喻义十足,与主题十分贴切。

(7) 8月1日,是人民军队的节日。每年的"八一"前后,媒体都会加大对军队相关新闻的报道。2019年8月,《小康》杂志以"新时代中国空降兵"为题,刊发了一组非常有代表性的时政深度新闻。

空降兵是一个特殊兵种,中国人民解放军空降兵军即原"15军",这支从解放军陆军转型而来的重要部队,曾立下赫赫战功,其中以"上甘岭战役"最为著名,黄继光、邱少云即出自该部队。党的十八大以来,随着军改的深入,该部队直接命名为"中国人民解放军空降兵军",进一步强化了空军之内独立兵种的概念和意义。将中国人民解放军空降兵的光荣历史、军改成就、练兵备战、军政军民关系等方面进行全面、系统地公开报道,成为展示中国军队现代化建设取得的长足发展和进步的一个缩影,也体现了中国军队正在以更加自信自强、开放进取的姿态面向国际社会,即提高军事透明度、加大对外开放力度、拓宽对外传播渠道。

涉军报道在任何国家都要遵守严格的报道纪律和报道规则。如何做到既做好报道,又不能泄密、不能影响军队正常建设呢?在报道准备阶段,媒体与军方进行了多番交流沟通,并达成采访报道的各项共识。最后整个报道取得了圆满成功,《小康》杂志此次对空降兵军的报道,创下了两个纪录:第一次有媒体如此大规模地报道这个单一兵种[系列报道由9篇稿件组成,共34版(页)],也是国内军外第一家媒体如此大规模地报道涉军新闻。

这次报道的成功,封面设计也是一大亮点(见图7)。在明确报道纪律与报道范围后,杂志社从军方提供的、能公开报道的图片中选择了一张最能体现空降兵这一特殊兵种特征的照片:大规模空降场面作为封面主图的设计元素。湛蓝的天空铺满整个杂志的封面,一朵朵洁白的"伞花"吊着空降兵官兵错落有致地飘降在空中,远处是一架飞行中的军用运输机……配上主题大标题"新时代中国空降兵",极具震撼力,极具可读性。

图7 《小康》2019年8月中旬刊

(8) 2020年的春天,中国人民是在极度焦虑、极度不安中度过的。2019年12月,武汉市部分医疗机构陆续出现不明原因肺炎病人。

武汉市持续开展流感及相关疾病监测，发现病毒性肺炎病例27例，均被诊断为病毒性肺炎/肺部感染。2020年1月，世界卫生组织（WHO）正式命名新型冠状病毒为2019-nCoV。2020年除夕前一天（1月23日），武汉"封城"。此后，全国范围内的防疫抗疫工作全面展开，全国医护人员和相关人员支援武汉抗疫。

《小康》杂志于2020年3月适时推出"抗疫粤军"特别报道，为什么选择广东作为报道的主要对象？这是因为广东在此次抗疫防控总体战中，既是主战场，也是生力军。有先进社会治理体系和治理能力做保障，也有2002年抗击非典战争的经验，还有钟南山院士坐镇的专家团队，以及雄厚的经济基础做后盾，抗疫防控"粤军"成为全国疫情防控工作的一面鲜艳的旗帜。"抗疫粤军"主要报道广东省深入宣传党中央重大决策部署，广东省各级党委政府、广东各级医院医疗单位、广东主要企业联防联控、驰援湖北的措施成效，讲述广东防疫抗疫一线的感人事迹（个人和群体），展现广东人民团结一心、同舟共济的精神风貌，凝聚众志成城抗疫情的强大力量。

为了做好这期报道，在杂志封面设计上也是独具匠心，精心构思（见图8）。"粤"与"军"如何在画面上体现，是封面设计能否成功的关键。美术编辑选择了一幅中国人民解放军在大型运输机旁列队准备驰援武汉的照片作为封面设计的背景图，把"军"的气势和效果体现出来，由于此图主要是作为背景使用，图片画面适当虚化、淡化，以便给"粤"留出位置和效果。"粤"的最直观体现就是钟南山院士，他被网友称为"护国神山"，也是中国打赢防疫抗疫攻坚战在专业上的主心骨和"定海神针"。钟南山的人物形象在封面图片中辨识度高、权威性强，是整个报道成功推出的一大亮点。

「时政深度新闻实践」

图8 《小康》2020年3月中旬刊

（二）时政深度新闻的标题制作

"标题者，新闻之缩影，事实之骨髓""秧好半年禾，题好一半文"。有人说，看新闻一看标题二看导语，其他看不看就无所谓了，此言虽不免偏颇，但也说明了新闻标题的重要性。现在媒体多、信息多，谁有时间把所有的新闻都从头看到尾呢？要想让读者继续读下去，一个极具吸引力的新闻标题是基础。当然，必须反对那种"标题党"，反对无中生有、片面放大、夸大其词、哗众取宠、耸人听闻的标题，做这种标题，取得的效果只是一时，最终会被读者抛弃、被社会淘汰。

时政深度新闻是时政新闻的一种，其标题的制作与时政新闻标题的制作有很大的共通性，但也有自己的特征。时政新闻内容本身比较"硬"，如果标题制作还流于标语口号式、工作总结式，会更加不受读者尤其是年轻读者的欢迎。而时政深度新闻相对于普通时政新闻，其时效性、规模效应、主次顺序，都有自己的特点。时政深度新闻标题的制作，在保证正确政治方向的同时，也要符合新闻规律和市场规律，即将内容的主要新闻点放进标题，所制作的标题要得到受众的认可。

根据多年的新闻实践，笔者认为时政深度新闻标题制作方面主要有以下技巧。

1. 要简洁，戒冗长

简洁明快的标题使读者一瞥就能了解其中的意思，更利于被读者所接受。媒体，尤其是纸媒，在标题制作上特别强调精炼、简单、明了，有些境外华文媒体在制作标题的简洁要求上，甚至到了多一字就扣罚多少钱的地步，让编辑真正培养"一字千金"的业务水平。时政新闻强调政治性和政策性，但毕竟是新闻不是政府文件，标题冗长只会引起读者反感。要使标题简洁明快，应做到善于省略、锤炼语言，善于利用标题之间的关联性。

下面通过几则新闻标题，理解如何制作简洁明了的时政新闻标题：

《复兴大武汉》（2014年10月《小康》杂志上旬刊封面主标题）；
《二胎难生》（2014年4月《小康》杂志上旬刊封面主标题）；
《对口帮扶》（2015年1月《小康》杂志中旬刊封面主标题）；

《失眠症蔓延》（2015年4月《小康》杂志上旬刊封面主标题）；

《农民工荒》（2015年4月《小康》杂志中旬刊封面主标题）；

《故宫之变》（2015年10月《小康》杂志上旬刊封面主标题）；

《跑步经济》（2015年9月《小康》杂志下旬刊封面主标题）；

《县政新风》（2016年2月《小康》杂志上旬刊封面主标题）；

《国家公园亮相》（2016年9月《小康》杂志下旬刊封面主标题）；

《马拉松火》（2017年1月《小康》杂志中旬刊封面主标题）；

《官盐改革》（2017年2月《小康》杂志中旬刊封面主标题）；

《去哪过年？》（2018年2月《小康》杂志中旬刊封面主标题）；

《起底区块链》（2018年9月《小康》杂志上旬刊封面主标题）；

《绿动成都》（2019年5月《小康》杂志上旬刊封面主标题）；

《治理之变》（2019年10月《小康》杂志下旬刊封面主标题）；

《浦东再出发》（2020年4月《小康》杂志上旬刊封面主标题）；

2. 动词的必用与善用

有人把标题比作新闻的眼睛，要使眼睛活起来、动起来，制作标题时要善于巧妙地运用动词。动词，是指表示人或事物的动作、存在、变化的词。标题中使用动词也有一定的技巧，如使用动词时，尽量选择表示动作的活跃动词，少用表示状态的静态动词；多用主动语态动词，少用被动语态动词；恰当运用修辞手法，如比拟、拈连，对标题进行拟人化处理。如果这些技巧运用合适，就会使标题真正活起来，也会吸引读者更有兴趣读下去。

下面通过《小康》杂志近年的几则时政深度新闻，理解动词在标题制作中的运用。

2018年6月，《小康》杂志中旬刊推出时政深度新闻"珠三角乡村振兴实践"，其中有一篇文章标题是《盘活资源　复兴乡村文化》，这里的"盘活"一词用得好。盘活本来的意思是采取措施，使资产、资金等恢复运作，产生效益。用在这篇文章里，更多的是指精神层面、无形资产方面的意思，使用了拈连的修辞手法，让标题新颖生动。

2019年2月,《小康》杂志中旬刊推出时政深度新闻"App滥与治",其中有一篇文章的标题是《广告"弹弹弹"市民"烦烦烦"》,"弹""烦"这两个动词用得好,尽管"烦"这个动词属于相对静态的动词,但三个字重叠起来,效果就完全不同了,完全有了主动性动词的效果。"弹弹弹""烦烦烦"非常生动形象,结合报道内容让读者马上有拍手叫好的冲动。

2019年5月,《小康》杂志中旬刊推出时政深度新闻"大湾区县域机遇",其中有一篇文章的标题是《高要:成立湾区办抢抓发展机遇》,"抢""抓"这两个动词用得好,一是两个词都是活跃性动词,二是把政府政策措施拟人化了,让整个时政题材生动起来。

2019年8月,《小康》杂志中旬刊推出时政深度新闻"新时代中国空降兵",其中有一篇文章标题是《首踏军营探秘空降兵部队》,"踏"与"探",这两个动词属于活跃性动词,尤其是用在涉军报道中,很贴切,也很符合实际情况,能让读者马上产生读下去的欲望。

2019年11月,《小康》杂志中旬刊时政深度新闻"华南乡村振兴范例"中,有一篇文章的标题是《汕头澄海留住了乡愁》,"留住"一词很生动,有拟人化效果,让读者眼前一亮,产生读下去的迫切意愿,属于比较贴切运用动词的例子。

2020年3月,《小康》杂志中旬刊推出时政深度新闻"抗疫粤军",其中有一篇文章的标题是《中山筑牢疫情防控公安防线》,"筑牢"这个动词体现了力度和强度,也体现了决心和责任,从时政新闻角度分析,运用得很恰当。

2020年6月,《小康》杂志中旬刊推出时政深度新闻"民法典解读",其中一篇文章的标题是《人格权编:强化对人格的全面保护》,"强化"一词用得好。强化有加强,使坚强巩固的含义,用在这里程度明显加强了,体现了法律的力度与强度,给读者留下较深刻的印象。

2020年7月,《小康》杂志中旬刊推出时政深度新闻"旗帜·堡垒——广东抗疫复工中的共产党员和党组织",其中一篇文章的标题是《抗"疫"英雄魏悦粧：生命定格在挚爱的工作岗位上》，"定格"一词用得好。"定格"这个词既当动词，也当名词。用在这里的意思是"突然停止在某一个画面上"，当动词用，虽然属相对静态的动词，但用在此处很生动、很有画面效果，人物形象呼之欲出。

3. 虚实结合，以具体事实为主

新闻标题是对新闻事实和思想内容的高度概括，这就要求标题制作从实的方面要反映新闻客观事实，从虚的方面要反映思想内容。一虚一实、一抽象一具体、一宏观一微观、一全面一细节，互为补充，相得益彰。具体到时政深度新闻，尤其是杂志类的新闻稿件，在限制标题字数、尽量减少制作眉题或副题的前提下，标题多以实为主，平铺直叙，突出重点，直达核心，简明扼要，这是比较受读者欢迎的标题类型。时政深度新闻，题材多与政治性和政策性挂钩，其新闻内容相比社会新闻、经济新闻，虚的东西偏多，如果标题还是只有虚的没有实的，或者虚多实少，就大大降低了文章的可读性和影响力。

深度报道多数文章的篇幅都较长，于是出现了文章中须配与小标题（分标题）的情况，这些小标题的制作，更是要求必须以实为主，方便读者快速、便捷地理解新闻内容。

下面以2016年的《小康》杂志部分时政深度新闻的标题为例，理解虚实结合、以实为主的时政新闻杂志的标题制作实践。

2016年新年伊始，《小康》杂志1月中旬刊推出了"我们的2016"系列报道，选择各行各业的代表人物，表达新年愿望。这组系列报道的单篇文章都不长，但采访对象的选取覆盖面比较广。里面有几篇稿件的标题就很有代表性，例如，《保安员的2016：希望能够晋升做物业经理》这个标题非常写实，也很接地气，能吸引读者读下去；标题《技术工人的2016：希望买辆车　方便上下班》平实又生活化，反映了普通民众的生活愿望，拉近媒体与百姓的距离；同样在这组报道里，也有虚实结合的标题，标题《普通公务员的2016：让中央政策尽快落到实处》有虚有实，虚话实说，并不让读者讨厌；《军人的2016：多带出一些精英的兵》也是另一种虚实结合的标题，看起来虚，品起来实，思想内容与工作实际相结合，政治方向正确，读者也能接受。

2016年1—2月,各省陆续召开"两会",《小康》杂志于2月推出"攻坚之年第一仗——2016年全国省级'两会'重点解读"的时政深度新闻。这个题材属于比较"硬"的题材,如何制作标题,直接关系到这组报道的可读性。尽管题材比较"硬",但这组文章的标题仍然可圈可点,有不少点睛之笔。例如,标题《各省民生支出占比平均值为74%》,"民生支出""74%",这些都是很具体的内容,也是读者关心的内容,把这些信息直接放进标题,就把虚的政治内容直接做成了实的干货。标题《新任省长、副省长首次向宪法宣誓》,人事变动是每年各级"两会"最吸引人的内容之一,省长、副省长对一省来说是级别最高的官员群体,"新任"有新闻价值,"首次"新闻价值高,"向宪法宣誓"非常具体写实,整个标题既突出了新闻点,又虚功实做,是很好的政治新闻标题。标题《政府工作报告尽显各省特色》,看似很虚,却又抓住了新闻点"各省特色",特色是什么?必须有实货,标题容量有限不可能——列举,吸引读者进一步读下去。

2016年前后,专车(网约车)发展迅速,在老百姓的生活中由陌生变为熟悉。让出租车行业遇到前所未有的挑战——收入减少、份子钱高企、辞职潮涌现……因此,出租车改革的呼声越来越高,国家层面上开始出台相关政策。为此,《小康》杂志在这一年的5月中旬刊推出了一组"出租车大变革"系列报道。这个题材本身具有较浓的民生意味,因此组稿标题也很写实。例如,标题《出租车司机——交了"份子钱"所剩无几》直指问题核心,实得不能再实了,直接反映了出租车司机的心声,也勾起了读者马上阅读内容的欲望;标题《县城出租车市场现状——多数居民步行或乘摩托车》也很写实,直接把中国多数县城交通出行现状写进标题,让普通百姓对文章产生亲切感;标题《出租车新业态——鲶鱼来了,行业变革开始了》,虚多实少,但直接反映的却是现实,一个比喻胜过多少实例,而且从标题中可以感受到变革的"迫切感"。

2016年11月12日,时值孙中山诞辰150周年,中央和各地都陆续举行了系列纪念活动。《小康》杂志也于当年11月推出纪念特刊

"孙中山诞辰150周年"系列报道。这是一个时政味很浓的题材，文章如何做标题，对系列报道的可读性将会产生直接影响。这组稿件中的各篇文章标题拟定是比较成功的，例如，标题《境外足迹——海外侨胞是孙中山事业最坚定支持者》有虚有实，把孙中山在世界各地的影响直接写进了标题，突出了新闻点；标题《孙中山三次驻节梧州——提出以梧州为中心全面开发西江》很写实、很具体，"开发西江"现在正逢最好时机也是借古喻今；标题《南京城的中山情——选最钟爱城市为长眠之地》有虚有实，将情感放进标题，让城市形象更加具体、更加伟大。

4. 善用（政治、社会）流行词汇、术语

语言文字是为大众服务的，任何脱离了时代特点和大众需求的语言都会被淘汰。社会流行语对于社会大众，是时代生活最鲜活、最直接的反映。今天的时政新闻要适应新时代，标题与内容适当、恰当运用社会流行语，可以提高时政新闻的覆盖面、阅读率、影响力和美誉度。流行的词汇与术语用于时政新闻标题时，要严格把关、细致筛选，确保使用正面向上、积极健康的词汇，避免夸张卖弄、言过其实、低级庸俗的词汇。要尽量使用已被社会所接受的名词，避免过度求新求异，甚至自造新词。政治新闻适当运用党和国家领导人的个性语言、最新表达，可以使报道更亲切，更有传播力。以下几则标题可以全面了解社会流行语是如何灵活运用在标题制作中的。

2014年12月31日，中共中央总书记、国家主席习近平在致2015年新春贺词时说："为了做好这些工作，我们的各级干部也是蛮拼的。""也是蛮拼的"这句话非常形象，很接地气，一时成为全国人民耳熟能详的流行语。2015年1月，《小康》杂志推出一组系列报道，主题为"对口帮扶——广东振兴粤东西北战略"，这组文章里有篇重要的稿件，即对最具代表性的帮扶干部进行专访，当时选择的采访对象是殷昭举，他的身份比较特殊，既是中山市委常委，同时又任潮州市委常委、副市长、中山对口帮扶潮州指挥部总指挥、中山（潮州）产业转移开发区书记。根据广东省的"对口帮扶"政策，殷昭举等37名中山市的干部来到潮州，挑起了帮扶重担。要实现"对口帮扶"

的目标,要实现货真价实的"让结果说话",摆在殷昭举等帮扶干部面前的是短暂三年时间的"只争朝夕",唯有加班加点工作。于是,白天跑园区、跑镇街,晚上开会成了帮扶指挥部的工作常态;帮扶指挥部干部半夜三更经常接到殷昭举的电话也是工作常态;边吃工作餐边讨论工作也是帮扶指挥部的工作常态。记者在采访中,深深感受到,"对口帮扶"工作实施以来,"我们的各级干部也是蛮拼的"。因此,这篇专访文章最后定稿标题就是《在潮州的日子,他真是蛮拼的!》。

党的十八大以来,习近平总书记站在全面建成小康社会、实现中华民族伟大复兴中国梦的战略高度,把脱贫攻坚摆到治国理政突出位置,提出一系列新思想新观点,做出一系列新决策新部署,推动中国减贫事业取得巨大成就,对世界减贫进程做出了重大贡献。其中,习近平总书记在2015年6月18日的《在部分省区市扶贫攻坚与"十三五"时期经济社会发展座谈会上的讲话(节选)》中提到,"选派扶贫工作队是加强基层扶贫工作的有效组织措施,要做到每个贫困村都有驻村工作队、每个贫困户都有帮扶责任人。脚下沾有多少泥土,心中就沉淀多少真情。工作队和驻村干部要一心扑在扶贫开发工作上,强化责任要求,有效发挥作用。对在基层一线干出了成绩、群众拥护的驻村干部,要注意培养使用,让他们在扶贫开发工作中发挥更大作用"。"脚下沾有多少泥土,心中就沉淀多少真情。"这句话温情、亲切,通俗易懂,平凡又打动人心,很快就成为全社会广为传颂的社会流行语。

2018年11月,《小康》杂志推出"广州援黔三年记"时政深度新闻,其中,对杨伟强的专访是这组系列报道里的核心稿件。杨伟强,时任广东省扶贫办副主任,广东省第一扶贫协作工作组组长,广州市对口贵州省毕节市和黔南州东西部扶贫协作总领队。同时,杨伟强还兼任毕节市政府副市长、广东省第一扶贫协作工作组黔南组组长和黔南州政府党组成员……杨伟强是一位"老扶贫干部",在2010年至2013年,他曾作为援疆干部,任新疆疏附县委副书记。援疆三年、援黔三年,杨伟强为东西部协作做出了很大的贡献。因此,这篇专访的主标题就是《脚下沾满泥土　心中沉淀真情》。

在信息化时代，各级政府创新运用互联网技术治理和管理城市，从而达到提升城市治理管理体系和治理能力现代化的目的，由此开创"互联网＋城市管理"的新局面。2016年3月，《小康》杂志推出"微信政务"系列报道，其中有篇重要的组成稿，介绍三亚市如何运用微信政务治理管理城市，这篇稿件的标题是《三亚政务工作进入"秒时代"》，"秒时代"作为一个创新词汇，用在此处很贴切，也是时政新闻标题制作的一个突破。

近年来，全域旅游概念在全球实施，这是以旅游业带动和促进经济社会协调发展的一种新的区域协调发展理念。三亚市作为首批国家全域旅游示范区创建单位城市，在依法治旅、从软硬件双重发力、推动旅游产品提档升级等方面，全面探索实践全域旅游概念并做出了一定成效。2016年8月，《小康》杂志中旬刊推出"三亚旅游模式"系列报道，对三亚全域旅游模式进行报道。组稿中有一篇文章的标题是《"三亚旅游模式"之营销管理篇——精准营销，"圈粉"无数》，"圈粉"一词即为网络新词，不仅年轻人喜欢用，中老年人也知道是什么意思，这一流行词汇很恰当地概括了文章所要表达的主题。

2018年1月起，全国开展为期三年的扫黑除恶专项斗争。斗争伊始，中央就派出10个督导组，由正省部级领导带队，分赴河北等10省市实地指导"督战"。为报道扫黑除恶的进展与成果，《小康》杂志于2018年10月推出"聚焦10省市扫黑除恶"时政深度新闻，其中有篇组成稿的标题是《校园贷的社会危害》，"校园贷"就是那几年流行的社会热词，当然也是危害青少年的一种黑恶行为，是扫黑除恶的重点打击对象，这个标题通俗易懂、言简意赅、直指要害，运用得恰到好处。

App是安装在智能手机上的软件，完善原始系统的不足与个性化，增强手机附加功能。但个人信息保护不足、恶意扣费、强制手机App预置等问题近年频现。2017年6月1日，《中华人民共和国网络安全法》正式施行。作为中国网络领域的基础性法律，该法明确加强了对个人信息的保护，打击网络诈骗。同一天，中华人民共和国最高人民法院和最高人民检察院首次就个人信息发布了《关于办理侵犯公民个人信息刑事案件适用法律若干问题的解释》，以及国家网信办公布的《网络产品和服务安全审查办法（试行）》。这些法律规章，将从不同角度强化对公民个人信息的保护。针对 App 乱象，《小康》杂志于 2019 年 2 月推出"App 滥与治"时政深度报道，其中一篇组成稿的标题是《恶意吸费的乱与治》，"吸费"一词即近年广为传播的社会流行语，虽然这个词表达的意思是贬义、负面的，但也因其社会影响面广、损害性大，故而关注度很高。标题使用这个热词，加上"恶意""乱与治"的定位，使标题的可读性大大加强，从而吸引读者看下去。

5. 强调关键数据、突出主要人物、地名

政治新闻要遵守政治纪律和政治规矩，但作为新闻又要符合新闻规律，力求出新出彩。因此，时政新闻相比其他类型新闻，在制作标题方面可以"自选动作"的不多。为了让读者有兴趣阅读，为了让政治新闻表现得不那么"硬"，在标题制作上还可以探索把一些关键数据、一些重要人物尤其是政治人物、一些地名（城市名、省份名）直接放进标题，达到一目了然、言简意赅、突出重点的效果。

下面以《小康》杂志 2019 年的部分时政深度新闻的标题为例，分析如何将重要数据、人名、地名用于标题制作中。

2018 年，全国"两会"的一大重点就是深化机构改革。而 2018 年全年，从国家、省再到市、县，机构改革层层推进。从 2018 年 11 月开始，全国多省开始陆续发布《关于市县机构改革的总体意见》，全面拉开了对市县级机构改革的帷幕。各县级机构改革对标中央、省级机构改革，实现机构职能的上下统一配置；同时，县级机构改革方案因地制宜，各地改革有不同特点。针对这一重大时事题材，《小康》杂志于 2019 年 1 月推出"县级机构改革前瞻"系列报道，这组报道由五篇稿件组成，除了首篇综述稿外，其他四篇稿件分别从大县（县级市）、中等县、小县、地级市辖区解读县域机构改革，这四篇稿件的标题有个特点，即每个标题里都有重要数字，这四个标题分别是《大县（县级市）：机构设置 37 个左右》《中等县：机构设置 34～36

个》《小县：党政机构不超过35个》《地级市辖区：机构设置33个左右》。这种标题的拟定就是把关键数据放进标题，抓住最重要的新闻点，更直接、更直观。

2019年4月，《小康》杂志刊发了一组"广东县级基层党建巡视整改调查"的时政深度新闻。2019年年初，中共广东省委13个巡视组分别向30个县（市、区）、9个省直单位党组（党委）反馈了十二届广东省委第三轮巡视情况，在反馈的信息中，反映出关于基层党建的情况、问题以及需要整改的地方。基层要发展，党建是关键。广东应该如何加强基层党组织建设工作？广东各地在加强基层党建方面有哪些改进的举措？这是推出这组系列报道的初衷。这组系列报道由12篇稿件组成，除了第一篇综述稿以外，其他11篇稿件都是广东各县域的相关新闻，这11篇稿件的标题有个特色，即所有标题上均有县域的名称（县名），如《英德：党员先行谋划乡村发展》《澄海："书记工作室"解决基层实际问题》《高州：把"贪一罚万"写进村规》等，这是把地名放进标题最典型的例子。因为报道主题是县级基层党建，稿件直接把县名放进标题，一目了然，与主题相呼应，突出了重点。

2019年8月，《小康》杂志刊发"新时代中国空降兵"时政深度新闻，在八一建军节期间，对军改以来这个特殊兵种取得的成就进行全面、深入报道。这组报道里面有几篇稿件的标题，就直接把人名放进了标题，如《李振波：41年初心不改》《黄继光连：英雄精神将永远传承》《雷神突击队："特中之特"作战部队》，这三个标题中的人名，既有个人，也有群体，其都是空降兵这一特殊兵种里面最具代表性的人物和群体，放在整个中国军人、世界军人队列中都是熠熠生辉的人物和群体，极具代表性。把这些人名放进文章的标题，能使读者有进一步阅读内容的欲望。

6. 期刊新闻慎用引题与副题

党报、党刊都是以做时政新闻为主的媒体，但二者又有区别。相对于报纸，杂志的版面小、容量少，印刷更为精美，深度与可读性都比日报稍强一些，时效性与报纸相比则稍逊一筹。虽然都是制作新闻标题，但新闻期刊与报纸在标题制作上也各具特点。在新闻实践中，杂志的新闻标题与报纸的新闻标题最大的不同是，杂志的一篇文章以做一个主题（单行题）为主，少用引题（又称眉题或肩题）和副题（又称子题）。当然"少用"不是不用，只是相比报纸，数量上少一些。

主题是用来概括和提示新闻中最重要的内容的；引题是用来揭示意义、烘托气氛、交代背景、提供新闻来源的；副题是用来说明和补充主题的。主题、引题、副题三者各司其职且相互照应，它们之间有一种内在的逻辑联系。新闻杂志的新闻标题以一行题（主题）为主，少用引题和副题，又不能太冗长，这就要求新闻杂志标题拟定者必须有很高的专业水平和业务能力。

下面以《小康》杂志2021年1—4月的部分报道文章为例，了解新闻期刊标题制作中，是如何处理主题、引题、副题关系的。

2021年，《小康》杂志2月中旬刊共刊发了37篇重要稿件（不含简讯），其中35篇稿件的标题是一行题，即只有主题。只有两篇稿件在主题之外有引题或副题。这两篇稿件为什么要做两行题？第一篇稿件主标题内容为"共同构建人类命运共同体"，配发引题内容为"《求是》杂志发表习近平总书记重要文章"，引题交代背景和新闻来源，必不可少。第二篇稿件主标题内容为"拓展中伊新型关系"，配发副题内容为"伊朗驻华大使穆罕默德·克沙瓦尔兹扎德专访"，副题对主题起到了说明和补充的作用，内含的新闻价值不能省略，或者说省略了副题对理解文章的重要性会有所欠缺。

2021年，《小康》杂志4月中旬刊共刊发27篇重要稿件（不含简讯），其中只有一篇稿是"引题+主题"，其他稿件全都是单行题，即只有主题。可见，新闻期刊对单行题的重视和运用。

2021年1—4月，《小康》杂志共刊发了五组时政深度新闻，共计55篇稿。这55篇稿件的标题，全是单行题，即只配发主标题。可见新闻期刊的时政深度新闻在标题制作中，也是特别强调和使用单行题的。"一元钱看病"是这五组系列报道中的一组，由5篇稿件构成，这5篇稿件的标题分别是：《可持续发展是"一元钱看病"关键》

《广东："一元钱看病"撬动基层医疗改革》《广西：医改让百姓看病更便捷》《宁夏：打造多层次医疗保障制度》《浙江："一元村医"坚守半世纪》。从阅读需求看，单行题对新闻的概括与提示已足够了，不用再做引题或副题来交代背景和新闻来源，或者来说明或补充主题。

（三）时政深度新闻的栏花设计

时政深度新闻，即一组同一主题（题材）的多篇独立报道。既然是"一组"，在形式上必须串联起来，因此，每组时政深度新闻往往有专门的栏花设计（或者称刊头画设计、题头设计），栏花就像一根线，把一组报道中的各篇独立文章联结起来，起到"形散而神不散"中"神"的作用，把不同版面（页面）、不同文章串联到一起，形成一个整体。

栏花在版面（页面）上所占位置比较小，但往往很醒目。对于现代新闻期刊来说，由于印刷精美，栏花在设计上往往以彩色为主，颜色、字体、人物，适宜搭配，虚实照应，疏密相间，突出装饰美。栏花的设计，需要多方面的艺术修养，必须熟悉速写、白描、版画、剪纸、图案、照片等创作规律，掌握各种美术字和书法中各种字体的特点。而时政新闻媒体的栏花设计，设计者还应掌握一定的政治常识和新闻知识（至少应该与懂政治规律和新闻规律的同事紧密沟通与合作），保证政治方向正确和符合新闻规律。时政深度新闻的题材政治性和政策性强，栏花的设计除了政治上不犯规外，还要在设计中体现庄重、严肃、大方、大气，富有时代感和新闻时效性。

优秀的栏花作品，不仅是一件艺术品，也是一件优秀的新闻作品。下面通过《小康》杂志近年来的一些栏花设计，全面了解栏花设计与时政深度新闻的关系。

2019年是中华人民共和国成立70周年的年份，这一年的10月，各种庆祝、纪念活动达到了高潮。《小康》杂志也在2019年10月推出特刊，专门报道中华人民共和国成立70周年的重点新闻。对于共和国成立70周年这种大事，在具体新闻宣传方面是有专门的新闻纪律的，其中就包括活动标识的统一运用。2019年9月4日，国家知识产权局依据《特殊标志管理条例》对国务院新闻办公室提交的"中华人民共和国成立70周年活动标志"的特殊标志登记申请予以核准，标识以数字"70"和代表国家形象的国徽五星及天安门作为设计核心元素，紧扣中华人民共和国成立70周年庆典活动主题。活动标识中，"70"设计成翻开历史新的一页的视觉效果，突出党和国家各项事业的崭新形象，寓意在以习近平同志为核心的党中央坚强领导下，中国特色社会主义进入新时代，中华民族奋力谱写新篇章。"7"的造型又像节日的彩带，其飘动的效果与醒目的金色立体国徽五星及天安门所在的圆形构成了一动一静的互动关系，既体现了历史的厚重感，又蕴含了重大节日的欢庆气氛。该标识是庆祝中华人民共和国成立70周年活动的唯一指定标识，可广泛用于各地各部门庆祝中华人民共和国成立70周年活动环境布置和群众性主题教育活动用品制作。在使用范围规定上，还专门提到"用于新闻报道专题专栏、专题网页和宣传品、宣传折页、宣传标语、公益广告、招贴画等的制作"。《小康》杂志当期特刊的栏花设计就离不开这个标识的使用，通过这个案例可以看出时政新闻的栏花设计具有高度的政治性，设计人员必须严格遵循政治要求和新闻规律，单纯的信马由缰式的艺术创作肯定是行不通的。

  《小康》杂志由中共中央机关刊《求是》杂志社主管主办。最近几年，《小康》杂志一直开设有"求是摘读"这个栏目，专门转发《求是》杂志刊发的重要文章。为此，《小康》杂志专门为这个栏目设计了栏花，栏花就由"求是摘读"四个字加上相应的英文单词组成，这四个字里面，"求是"二字直接用《求是》杂志的原始刊头，即邓小平同志题写的刊头原字，颜色为红色；"摘读"二字用普通黑体黑色字，"求是"二字所占面积是"摘读"二字面积的近8倍，因此"求是"二字特别突出、醒目。英文单词部分所占面积约为"摘读"面积的2.5倍，黑底反白，与"摘读"的视觉效果形成对比。整个栏花设计简单大方、醒目、突出。该栏花的设计将时政新闻的政治性与艺术性很好地结合在一起。

2021年,是中国共产党成立100周年,举国欢庆,也是全国、全球媒体重点关注的题材。《小康》杂志从该年一月起,就陆续开设"百年党史""党史学习教育"等栏目,对中国共产党成立100周年进行全方位、深度、全面报道。这些栏目都离不开相应的栏花设计。在设计栏花时,也有相应的"硬性"规定,即设计元素中不能少了"中国共产党成立100周年庆祝活动标识"。中共中央宣传部于2021年3月24日公开发布中国共产党成立100周年庆祝活动标识,中宣部明确规定,活动标识可广泛用于各地区各部门庆祝中国共产党成立100周年活动环境布置和群众性主题宣传教育活动用品制作。使用范围里也专门有一条"用于新闻报道专题专栏、专题网页和宣传品、宣传折页、宣传标语、公益广告、招贴画等的制作"。在使用要求上也明确规定,"庆祝活动标识使用应当严肃、庄重,不得任意修改、变形或变色,不能因放大或缩小破坏标识的完整性"。《小康》杂志在设计相应的栏花时,严格遵循了上述有关规定,并结合媒体特点、栏目性质与内容、美术设计的艺术性制作了栏花。

2021年4月,《小康》杂志刊发"一元钱看病"系列报道,这是一个民生味很浓的时政新闻题材。在栏花的设计上,相对于那些政治性和政策性强的题材就略有不同。栏花构成元素中,有一个医生、一个病人的卡通形象,加上有红十字标识的大楼(医院)的卡通图片,再配以栏目名"一元钱看病"。整个栏花形象、生动、活泼、明了,把主题体现得很清楚。这是时政深度新闻栏花设计中相对自由、灵活的创作,体现了即使是时政题材,在栏花设计上也并非一成不变,不是所有的栏花设计都要千篇一律,该严肃则严肃,该活泼则活泼,应根据主题灵活运用。

二、版面语言的细节与技巧

版面语言是表现版面思想的手段和技巧,它是版面的特殊表现形式。版面语言的基本材料有两个方面:一是编排手段,包括字符、线条、图像、色彩等;二是版面空间,包括栏、区、版、空白等。如何运用和体现这些基本材料,就形成版面的布局结构问题,主要是通过刺激的相对强度、利用背景进行烘托、编排富于变化、增加稿件之间的内在联系等方法,来增强版面布局结构的表现力。

时政类报刊由于内容的庄重、严肃,在版面语言方面不可能表现得太灵活、太活泼,但为了增强可读性,增强社会影响力,仍然要求版面语言尽量丰富多彩,富于变化。新闻期刊相比报纸,版面语言在表现上的局限性更多一些。以下具体来介绍版面语言的相关细节与技巧。

(一)标题版面处理的细节与技巧

前文谈到标题制作,主要是从版面风格与定位的角度进行介绍,强调时政深度新闻标题的政治性与政策性。这里所讲的标题,侧重于版面的具体处理,更侧重于新闻的专业性和版面的艺术性。时政新闻杂志的标题版面处理不同于报纸的标题处理,也不同于非时政新闻类杂志的标题处理。时政新闻类期刊,在标题版面处理上,有自己独特的风格与形式,如标题字号的统一、标题字体的统一、标题字颜色的选择、标题与图片的搭配、标题与跨版版面的关系等。

下面通过《小康》杂志的一些时政深度新闻案例,来理解标题版面的效果处理。

《小康》杂志每期都会推出一个时政深度新闻题材,这个题材的一组稿件,或由五六篇,或由十几篇不等构成。在进行版面编辑时,组稿的头条稿件,其标题往往是整本杂志里字号最大或较大的,为什么要这样处理?因为头条通常对整组报道有总括、概述、引领功能,在版面上需要强调与突出,要从视觉上达到"总括、概述、引领"效果,将字号放大处理是比较适宜的方式。而其他组成稿件,标题字号会严格保持大小的一致性,这里讲的大小一致不仅体现在某一期,还体现在某个较长时间段,甚至有媒体自创刊以来就一直保持标题字号的一致性,这样比较容易形成标题的版面风格,也易得到读者的阅读认同。时政深度新闻头条的标题一般用28~30号字,正文标题统一用24号字,引题和副题用18号字。

在标题字体方面,《小康》杂志的时政深度新闻一般只用黑体与标宋体两种字体，而这两种字体在具体运用上，黑体常用和多用，标宋体少用或修饰、点缀用。一般一行字的正常标题都用黑体字；一行题但标题前面有地名、人名限制词汇并用冒号或破折号分隔后面标题的，人名、地名用标宋体，后面的标题用黑体字。需要做引题或副题的，主标题用黑体，引题、副题用标宋体。

由于《小康》杂志属于时政新闻类期刊，为了保持版面的庄重与严肃，每期时政深度新闻的标题颜色原则上只使用黑色，不使用其他颜色。当然，偶尔也有例外，比如春节期间推出的关于节日庆祝类的标题，还有国家重要庆典、重要纪念活动的新闻，标题会使用其他颜色。例如，2021年2月，《小康》杂志中旬刊正式出版时间正逢农历春节，当期杂志的报道主题为"新年愿景"，该系列报道的第一篇标题为《2021，你最牛》，标题就采用红色黑体字。除此以外，其他颜色用在时政深度新闻的标题上的，几乎没有。

《小康》杂志在版面标题的处理上，还有一些特殊情况，如跨版标题，由于跨版造成一定的视觉割裂效果，除非特殊情况，不建议使用跨版标题。另外，在标题与图片搭配方面，偶尔会出现标题压图的情况，如果图片偏暗，则标题会使用"反白"效果。由于标题压图会在一定程度上影响图片效果，原则上不提倡过多使用标题压图的形式，除非特殊情况（如必须配图但正文字数又不能删减等情况）。

（二）基础版面语言

基础版面语言主要是指最基础、最常用的编排手段和版面空间特征，包括字符、线条、图片、图表、分栏、留白、对开视觉习惯等。时政深度新闻运用最多的是版面语言，要有创意、有发展，但更多的是求真、求实、求稳。下面就一些具体案例谈谈《小康》杂志时政深度新闻的基础版面语言。

《小康》杂志属于时政类新闻期刊，政治性与政策性较强，在版面语言方面讲究严谨、庄重、大方、得体，鼓励谨慎地创新和可持续性地发展，反对花里胡哨式、哗众取宠式地取悦读者和市场（这种"炒短线"式的操作不可能持久）。在内文字符这个基础环节，"十几年一贯制",风格保持统一、稳定,一直坚持使用9号宋体。在线条运用上,一是少用,二是简用,杜绝花里胡哨和奇形怪状。在分栏设计方面,也是风格相对固定、稳定,时政新闻类题材基本都是一个版分三栏,长期不变。为了增强视觉效果,防止阅读疲劳,规范版面风格,《小康》杂志时政新闻类版面的留白有自己的特色:在标题版面,标题与正文间保留 1/3 版面留白;在非标题正文版面,版面顶部约 1/10 留白,这样不会让读者因面对"黑压压"的一片文字产生压迫感,降低阅读欲望。

(三) 图片搭配

现在是读图时代,图片的运用对报刊的可读性至关重要。图片如何选择与搭配,是版面语言设计的一部分。不少读者认为时政新闻相对其他新闻,可读性较差。因此,时政深度新闻特别强调图片的运用,新闻杂志由于印刷精美,更是重视图片的多用、巧用,在文字内容可能造成可读性较差的情况下,可用图片的生动活泼特性对可读性进行适当的互补。下面通过几个具体案例,介绍《小康》杂志时政深度新闻在图片运用这一基础版面语言上的经验与做法。

对优秀图片、主题图片,不吝版面,大胆创新用图。2014 年 8 月,《小康》杂志推出"发现陈璘"系列报道,挖掘、整理广东著名的抗倭英雄陈璘的事迹。这个报道的"主图"(系列报道的第一张配图)就是运用一幅油画的部分图案,该幅油画是韩国专门为露梁海战创作的,而露梁海战的总指挥就是陈璘。露梁海战发生于公元 16 世纪末,是朝鲜壬辰卫国战争最后的一场海战,交战双方为中国明朝与朝鲜的联军和日本军队,指挥官分别为:陈璘(中国)、邓子龙(中国)、李舜臣(朝鲜)、小西行长(日本)、岛津义弘(日本)等。海战以中朝联军获胜而结束。这场海战,中国明朝派出军队抗日援朝,取得海战胜利。这场胜利在中国至亚洲史上都有非常重要的地位,极大地影响了当时东北亚的地缘政治形势。深度报道排版时,将油画里战斗场面最激烈的部分截取出来,两个对开版面平铺,左右铺满,上方仅留 1/8 左右的版面做标题位用,主标题内容为:"广东抗倭英雄陈璘纪事",具备四大新闻点的两行引题分别为"习近平访韩特别提到抗倭英雄陈璘""陈璘精神激励抗战勇士大败日军""倭寇三百年不敢觊觎中华""陈璘指挥的露梁海战入选西方军校教科书",标题配图,两个整版篇幅,非常有气势和具有可读性。

2018年5月,《小康》杂志推出时政深度新闻"资源枯竭城市再生",第一篇稿即综述稿部分,选用的第一张图片的画面内容是几个小孩子手拉手走过一段城市公园里的废弃铁路,这是一幅有很强喻义的照片,有以下几个元素:城市公园、废弃的铁轨、绿色植物、天真的孩子们、走向未来,与系列报道主题"资源枯竭城市再生"十分吻合。而照片拍摄地安徽省铜陵市,就是这次报道主题中的代表城市。因此,选择这张照片作为头条主图,也作为整个系列报道的"主图"是合适的。图片确定后,图片如何排版也是有学问的。"资源枯竭城市再生",是一个相对比较"冷门"、谈起来比较单调、枯燥的话题,如果不处理好版面编排,这组系列报道的可读性会大打折扣。因此,大胆用图、灵活用图,是增强可读性的最可行的办法之一。基于此,主图直接铺满了一个版,在对开版面上,左侧是标题+正文,右侧是整版的图片(主图),既突出了报道主题,又能让读者轻松阅读。

2019年8月,《小康》杂志中旬刊推出了"新时代中国空降兵"时政深度报道,这是中国媒体第一次大规模报道中国人民解放军的某一特殊兵种,也是军外媒体首次大规模报道某一特殊兵种,是党的十八大以来军改工作的一次阶段式总结报道。为了做好这次报道,在严格遵循涉军报道纪律的同时,这次报道有一大亮点,就是使用了大量一手的、鲜活的、画面极具震撼力的照片。包括封面主图和头条主图。下面具体谈谈头条主图:画面上是一架大型军用运输机正在蓝天飞翔,数十名伞兵正乘着降落伞飘荡在蓝天,照片铺满两个对开整版,配上跨版大标题《中国空降兵:从"陆战王牌"到"天地雄狮"》,视觉冲击力极强,新闻性、可读性极强。这幅照片与当期的封面照片有相似之处,也有自己的特点,两幅照片虽然构图的主要元素都是运输机+空降兵,但封面那张运输机渐渐远去,伞花洁白、垂直、画面平静、优美;内文主图中运输机占据了整个画面的一半,伞兵正从机舱跳出，伞花正在张开过程中，画面凌厉、紧迫、冲击力强，与时政深度报道的主题"中国新一代天兵现已具备随时能飞、到处可降、降之能打、打之能胜的全方位、全天候、全疆域空降作战能力，成为人民解放军战斗序列中一支令人生畏的快速突击力量"紧密呼应，达到了最佳视觉效果。

2019年是中华人民共和国成立70周年。该年10月《小康》杂志推出"70年，南国故事"时政深度报道，这组时政深度报道的主图是一张照片，照片背景是夜幕中的广州城市地标广州塔，无数架无人机在空中摆出"我爱你中国"的图案。这张照片把共和国成立70周年的庆祝活动推向了一个高潮，选用这张照片做时政深度报道的主图十分贴切，在版面上用对开两个整版编辑此图，显示了时政媒体对主流图片运用的大手笔、大气势。

不吝用图，创新用图。在时政深度报道普通文章的配图上，《小康》杂志也摸索出很多经验。2019年3月，《小康》杂志中旬刊推出了"智慧公安"的中山模式时政深度报道。相对其他时政新闻题材，这个题材专业性更强一些。中山的"智慧公安"建设包含了"智情预警""智感防控""智侦合成""智服惠民""智管强警"五项建设，目的是建成一个高度集成、高度共享、高度智能，贯穿打、防、管、控、建等环节的"智慧公安"警务体系。这种题材的报道，在采写、编排上，如果不用心、不灵活，就容易造成文章"看不进去"，枯燥寡味。这组报道共有8篇稿，却配发了24张照片，平均每篇文章配图3幅，使用照片之多在时政新闻报道里并不多见。这组报道不仅用图多，图片的版面占位面积也很大，其中有13张图每张占版1/2，公安元素的照片相对其他时政题材照片，可读性更强，而超过一半的照片版面占位大，增加了整个时政深度报道的可读性，让读者阅读体验更愉悦，达到了科普类新闻的最大社会影响效果。

（四）图表运用

新闻图表能够有效地传达事物的有效信息、重要信息，过滤掉次要信息和多余信息，利用大量数据取代新闻叙事，文字比例相应减少体现了数据新闻简化事物的基本特征,并创新了海量信息的可视化呈现形式,丰富了数据新闻的表达。新闻图表的表现形式就是各种信息的叠加。

新闻信息图表不仅仅是一种新的表现形式,还意味着新闻操作理念的进步。这就要求媒体单位在策划新闻选题时要树立图表意识,打破单纯地以文本讲故事的思维定式,明确认识到图表也可以独当一面,讲述一个完整的故事。时政新闻的信息化图表的设计,要树立以人为本的理念,图表的设计要以帮助普通大众理解新闻内容为最终目标,切忌华而不实、可有可无。

《小康》杂志擅长做时政深度新闻,为了丰富版面,增强阅读体验,一直强调图表的灵活使用。从以下案例可以看出《小康》杂志做时政深度新闻时对图表运用的重视程度。

2020年是我国全面建成小康社会之年,也是脱贫攻坚收官之年。在2020年3月12日,国务院扶贫办主任表示,当时我国还有52个国家级贫困县尚未脱贫,国务院将挂牌督战。这52个挂牌督战的贫困县主要分布在我国西部地区的7个省(自治区),其中,新疆10个、贵州9个、云南9个、甘肃8个、广西8个、四川7个、宁夏1个。到2020年11月23日,上述所有的贫困县都已"摘帽",标志着国务院扶贫办确定的全国832个贫困县全部脱贫摘帽,中国创造了人类减贫史上的奇迹。《小康》杂志于2020年12月推出"最后52个县脱贫"系列报道,综述稿对党的十八大以来扶贫攻坚的主要举措及主要成就进行了全面、深度、客观地总结与回顾,另外7篇组成稿则分别从广西、四川、贵州、云南、甘肃、宁夏、新疆7个省(自治区)了解各自的国家级贫困县"摘帽"历程。这组系列报道在版面编排上有个特色,那就是图表的运用数量多、效果好。8篇稿件有7个图表,基本上每篇稿件都配发一个图表(宁夏因为只涉及一个县,没有制表的必要)。综述稿的图表是新华社制作的一个各省(市、自治区)脱贫进度表,这个表制作得很有特点:一是彩色的,红橙黄绿青蓝紫,多种色彩集于一表,视觉上很好看;二是表被制作成圆形,还分成三层,做成三层同心圆的形式,最中间是"脱贫"两个艺术字,中间一圈是省份名称、最外圈是相应省份对应的贫困县"摘帽"时间，这个同心圆还有一个题目——《这个圆，是咱中国人一点一点拼出来的》，不同色块的同心圆，确实达到了"一点一点拼"的效果。该图表既直观易懂、美观好看，又寓意深刻，让读者印象深刻。其他几篇分省区的稿件，文中所配表格，则是传统性的图表，一般都有这几项内容："贫困县名称、贫困县特征（县情介绍）、脱贫方案、帮扶情况、贫困程度、摘帽时间"等，很直观。这些表格一般所占版面位置大约为整版的 1/4 到 1/2 左右，但如果用文字表述，内容肯定超过一个整版，由此可见，适当运用图表，既突出了信息，又精炼了文字，还给阅读带来了轻松、愉悦体验。

　　《小康》杂志在版面语言的编辑处理上，还擅长运用另一个近似图表的处理形式，其设计出来的版面效果也很好。那就是在做政要人物报道时，在版面上专门"辟"出一块，用不同的字体（一般是楷书字体）把人物的履历做一个排列陈述，并用线框将这一块单独围起来，形成一个独立的版面区域。形式上不完全是图表，但效果上却达到了图表的效果。如此处理，可让主稿更加丰满，也让阅读体验更加轻松。以下两个案例就是这方面工作的典型实践：2015 年 11 月，《小康》杂志推出"文明河南"时政深度新闻，该组报道的重要稿件也即该组报道的头条稿件是对时任河南省委常委、宣传部部长赵素萍的专访，这篇报道在版面处理上，就在其中一个版面上辟出近 1/2 的面积，做了一个"人物履历"类图表的版面处理，单独画框，框内文字用楷书体，字距行距相对宽松，"人物履历"四字做一书夹状制图，美观好看又醒目；2019 年 12 月 20 日，是澳门回归祖国 20 周年，《小康》杂志于当月推出"澳门回归 20 年"时政深度报道。该时政深度报道最重要的一篇稿件是对时任澳门特别行政区第五任行政长官贺一诚的专访，在这篇文章的版面处理上，就又一次运用了类图表的"人物履历"版面处理，同上述"文明河南"版面处理一样。这种类图表的版面处理，效果好、影响大，丰富了新闻表达。

（五）目录的排版与设计

一组成功的时政深度新闻，版面编辑的每个细节都不能忽视，都必须精雕细刻。成功孕育于细节中。比如，时政深度新闻的目录编排，是期刊不容小视的版面编辑工作的细节所在。目录在这里是指期刊正文前所载的目次，是揭示和报道期刊的工具。杂志目录记录期刊各新闻报道的栏目、标题、页码、主要图片、广告索引等情况，按照一定的次序编排而成。目录的一个重要目的是便于读者翻阅、查找。

从多年的新闻实践分析，《小康》杂志目录页的风格一直相对固定，形成了自己的特色。具体讲，目录只有对开两个版面，可谓"方寸之间"，要在两个版的篇幅里将整本杂志内容主次分明地呈现，尤其是选图配图需要突出当期杂志的重点亮点。常规操作方面，左边版一般是重点导读，右边版是所有当期杂志的标题目录＋重点导读＋广告索引。由于版面有限，目录页常规操作是每期放三幅照片，左边版两幅，右边版一幅，这三幅照片对应三篇文章，即是该期杂志最重要的文章部分。而左边版每期必不可少的一张照片，必须是当期时政深度新闻中最具代表性的一张照片，也就是说，《小康》杂志每期封面突出处理的时政深度新闻，在目录上必然会有一张照片配标题导读刊发。另外的两张照片，一张放在左边版左下方，一张放在右边版右上方，按常规操作，这两张照片的内容一般一张以新闻人物为主，一张以新闻事件为主，"人"与"事"各选精华、彼此呼应、相得益彰。

（六）导读功能

新闻导读的历史不长，是近20年左右才开始出现的一种报刊创新的版面语言，是介于新闻标题和导语之间的一种类似标题，但又不是标题的一种版面语言。由于导读内容基本上都是全文精华的浓缩，导读也可以理解成是副题的一种（但由于字数远多于副题，并不适宜将导读放进标题范畴理解）。导读的主要功能就是为了方便读者阅读，及快速了解整篇新闻的主要内容。针对通讯类文体、深度报道新闻文体，由于导语不明显或不存在，导读基本上承载了导语的功能。

《小康》杂志的导读除了前面讲的封面、目录版面具备一定的导读功能外，导读主要体现在每篇文章的具体编排版面上。导读的版面表现形式是：每篇报道的标题（含主标题、引题或副题）下面就是固定的导读版块，再往下才是作者署名和正文。为了保持统一的风格和加强版面效果，《小康》杂志的导读文字在排版上与标题和正文不同的地方是字号、字体不同，最明显的特征是使用斜体字编辑导读文字。这样可以使整个版面层次分明、错落有致，便于轻松阅读。

（七）精品广告

媒体离不开广告（在当前的中国，只有个别媒体不刊发广告）。对于时政新闻媒体来说，在刊发广告方面，除了严格遵循相应的法律法规外，广告内容与广告形式也有严格要求，要与时政媒体的身份相配。

《小康》杂志以时政民生新闻为主，其读者对象主要是党政官员、专家学者、企业管理人员，因此，其主要的广告客户也是以各级党委政府、央企国企、知名民企为主。其广告制作与投放特点有：地方政府主导制作的、有强烈地方区域特色的"硬广"是所刊发广告的重要组成部分，政府或企业以文本形式出现的宣传材料为辅。重视媒体自身品牌宣传推广，每年超过一半的期刊都能看到自身品牌的宣传。媒体通过理事会、论坛、评奖、战略合作、共同举办活动等进行经营方面的合作。体现在杂志版面上的广告，一般都经过专业美术人员的精心设计，并通过杂志社严格的政治审核和把关，内容与形式都做到了精品化，与杂志的定位相符。

第六章 时政深度新闻的二次传播

时政深度新闻因为其题材的特殊性，采访编辑制作时间比较久，新闻影响力持续时间长，题材内容更适宜在更大范围、更长时间段进行传播。因此，时政深度新闻的二次传播无论是题材自身，还是题材制作者，都愿意并努力致其实现比较好的二次传播。

二次传播是指新闻媒体传播的信息，在被受众接受后，其传播过程并未结束，它常常又以别的信息形态继续传播下去，这种继续传播被称为新闻的二次传播。新闻的二次传播具有如下特征：非灌输性、传播范围广、不受条件限制。在互联网时代，二次传播除了以上介绍的特征外，又被赋予了新的特点，那就是二次传播的形态更加多样化，不同媒介之间进行二次传播。因为互联网与手机的加入，二次传播增加了互动性，使二次传播变得更加活跃和生动。二次传播甚至多次传播，过程中改变（更新）了部分传播内容，让内容变得更加生动和丰富多彩，也让内容产生更加广泛和深刻的社会影响。

针对二次传播的特点，对于时政深度新闻采编人员来说，不仅要重视原创过程中的方法与细节，也要重视并参与二次传播过程的全链条环节，让原创作品的影响力最大化。下面将从三个方面介绍时政新闻媒体如何做好时政深度新闻的二次传播：全面理解时政深度新闻影响力的延续性、重视二次编辑工作、因媒制宜灵活应对。

一、全面理解时政深度新闻影响力的延续性

优秀的新闻作品，生命力不受时间限制，也不受地域限制。重要新闻要让更多的人知道，要使用更多的形式广为传播。在中国，时政新闻影响力的延续性，与我国的战略方针政策的延续性是相关的，国家的建设与发展一直重视长期规划、可持续发展。我们不仅有五年计

划，还有中长期规划，"中国制造2025""两个百年"目标就是具体的中长期规划。还包括一些部门、行业的中长期发展规划，如《国家中长期科学和技术发展规划纲要（2006—2020年）》《教育信息化中长期发展规划（2021—2035年）》《中长期铁路规划2020—2035》等等。

时政深度新闻，很多的题材都是关注国家建设与发展的中长期规划，即使是某个新闻热点引起的主题，其背后也或多或少与国家或地方政府的发展规划相关联，由点到面、由微观到宏观，要将整个时政深度报道做到全面、准确、深入，就不可能不触及这些长远规划和可持续性的方针政策。因此，时政深度新闻相对于其他新闻报道类型，其报道的影响力持续性更久，这是此类报道自身具有的特质。

下面以《小康》杂志2015年的五组时政深度新闻的题材为例，比较五至六年后该题材的影响力的变化与发展，以此来全面、系统地理解时政深度新闻影响力的延续性。

（1）第一组报道解析。

广东省是中国各省份中经济总量最大的省，连续32年（截至2020年年底）经济总量居全国省份第一，如果单独把广东省拿出来与世界各国的经济总量比较，广东省与俄罗斯整个国家的经济总量差不多，在全球经济体里面能排到十一名左右。外表如此光鲜的广东却一直有个"难言之隐"，那就是经济发达的区域主要集中在珠三角，广东的粤东西北地区经济不仅不发达，甚至某些县市的经济水平跟中国西部的县市水平差不多，区域发展不平衡是广东社会经济发展的主要问题之一。广东的主政者早就意识到这个问题，也早就开始采取具体措施来弥补"短板"，其中珠三角地区对口帮扶粤东西北地区就是实施很多年的有效措施之一。《小康》杂志很早就开始关注广东省内各区域发展不平衡的问题，2015年1月的《小康》中旬刊就刊发了一组时政深度新闻报道"对口帮扶——广东振兴粤东西北战略"，全面、深入、详细报道了广东的珠三角地区帮扶粤东西北地区发展的工作。

这组时政深度新闻报道由11篇稿件组成，有点有面，帮扶重要措施都有报道,帮扶民生效果也有采访,上有对口帮扶总指挥的采访,下有接受帮扶的普通百姓采访,还有记者述评。整组报道把"对口帮扶"政策报道得"通通透透",取得了良好的社会效益。

转眼间五年过去了。广东过去五年的发展从未止步,珠三角过去五年的发展更是与经济欠发达地区的差距越拉越大。到了2020年年底,盘点广东社会经济发展中的问题,珠三角地区与粤东西北地区的差距仍是主要问题之一。对比2020年广东与江苏两省各地级市经济总量的排名就会发现,江苏省地级市最后一名的GDP为3262亿元,而广东省地级市最后一名的GDP只有1002亿元,广东21个地级以上市中,有14个地级市GDP排在江苏所有地级市后面。"强者愈强、弱者愈弱。"2021年1月,广东省省长马兴瑞在广东省政府工作报告中提到,"实现巩固拓展脱贫攻坚成果同乡村振兴有效衔接。落实'四个不摘'要求,健全防止返贫动态监测和帮扶机制,推动脱贫攻坚政策、机制、资金整体纳入乡村振兴战略,加强扶贫项目资金资产管理和监督。实施新一轮省内帮扶、乡村振兴定点帮扶工作,推进'万企兴万村'行动。健全农村低收入人口和欠发达地区帮扶机制,持续发展壮大扶贫产业,做好脱贫人口稳岗就业,拓展农民增收空间。大力支持老区苏区和民族地区高质量发展"。因此,省内帮扶仍是广东乡村振兴的重点工作之一。

如今再回头翻阅2015年1月《小康》杂志的"对口帮扶"时政深度报道,发现里面提到的很多政策措施至今仍然有用有效,里面有很多经验至今仍然可以采用,而粤东西北地区普通老百姓对美好生活的向往,从2015年到2021年从未有过变化。

(2)第二组报道解析。

中共中央总书记、国家主席习近平非常重视乡村振兴,对"乡愁"有特殊的理解。"乡愁是什么意思呢?就是你离开了这个地方会想念这个地方。"习近平总书记的阐释,真切又温暖。2014年3月7日,习近平总书记在参加十二届全国人大二次会议贵州代表团审议时说:"一个地方的幸福很重要,要记得住乡愁……"2015年1月20日,习近平总书记站在苍山洱海旁,看着古生村整洁的环境、古朴的形态，他不无感慨地说："留得住绿水青山，记得住乡愁。"2013年12月12日至13日召开的中央城镇化工作会议提出："……让城市融入大自然，让居民望得见山、看得见水、记得住乡愁。"

2015年2月的《小康》杂志中旬刊，推出"留住乡愁"时政深度新闻，这组报道推出的背景与2015年中央一号文件相关，该文件指出农村建设要"强富美"，其中强调"中国要美，农村必须美"。这与"美丽乡村"的现代农村建设息息相关。2014年12月23日至24日，中央农村工作会议也指出，"小康不小康，关键看老乡。一定要看到，农业还是'四化同步'的短腿，农村还是全面建成小康社会的短板。中国要强，农业必须强；中国要美，农村必须美；中国要富，农民必须富。我们必须坚持把解决好'三农'问题作为全党工作的重中之重"。除了综述稿，这组报道还在全国范围内选择了七个美丽乡村的典型进行了全面报道，其内容可读性强，社会影响力较大。

2020年年底，中国社会整体脱贫工作取得历史性胜利，中国由此进入全面小康社会。同时，中国"三农"工作的重心也从扶贫攻坚转向了乡村振兴。2021年2月25日，国家乡村振兴局正式挂牌。美丽乡村建设在前几年的基础上迎来了新的发展时期。《小康》杂志于2015年刊发的"留住乡愁"时政深度报道，五六年后再阅读，其新闻价值仍然很高，借鉴意义依然很浓。这就是经典报道的魅力所在，这也是优质新闻报道不因时因地而降低影响力的根源所在。

（3）第三组报道解析。

2015年4月，《小康》杂志中旬刊推出"农民工荒"时政深度新闻，全面、深入、客观报道了农民工短缺现象。

"民工荒"这种现象最早出现在南方一些主要城市，并在春节时期尤为明显。"民工荒"既包括"普工荒"，也包括"技工荒"，但无论哪种类型，其所反映出"荒"的特征都可以概括为一种结构性短缺。

最近十年左右"民工荒"现象的年年出现，被舆论认为是中国经济升级与转型带来的效应，也成为市场一大利好消息。沿海的不少缺工企业纷纷来到内地招人，一些劳务租赁公司也忙碌了起来，在全国各地的劳动力市场上竖起了招人的大旗。中国一些劳动力输出地的政府也在组织当地劳动力外出打工，以缓解过去一年外来务工人员返乡潮给当地带来的就业压力。无论是劳动力输出地还是输入地，都应当冷静地看待新形势下的这一轮"民工荒"。"民工荒"未必是一件坏事。从积极的意义看，长三角地区、珠三角地区甚至传统人力资源大省缺工，首先意味着劳动力开始从"无限供给"转而成为稀缺资源。无疑，农村收入的提高，以及内陆省份经济的发展，都为外来工群体提供了除沿海省份之外的更多选择；而随着60后、70后外来工的逐渐老去，80后、90后粉墨登场，与父辈相比，新生代外来工对个人自由的重视，以及对"吃苦耐劳"等外来工传统价值观的颠覆，更令不少传统制造业企业开始朝向更人性化的人力资源管理模式转变。种种迹象表明，当劳资供求关系发生逆转之时，外来工的议价权正在逐步提升。另外，珠三角地区每年春节过后闹"民工荒"本来就有，只是逐年加重，这其中与用人企业的管理制度有很大关系。值得一提的是，相对于"民工潮"而言，"民工荒"不仅预示着经济发展水平的提高，更预示着新一代民工觉悟的提高、权利意识的增强，是一种真正的进步。

《小康》杂志作为国家级时政新闻期刊，长期以来一直关注"民工荒"这种与政治经济密切关联的民生问题。2015年4月的"农民工荒"时政深度报道，由11篇报道组成，采访了农民工输出大省、大市，也采访了外来务工人员就业的大市、大县，还采访了具有代表性的用工单位和外来务工人员代表，并通过相关官员和专家学者剖析"民工荒"背后的原因以及如何应对之策，报道全面、细致，有点有面，透过现象看本质，具有很强的针对性和参考性。

2015年不是"民工荒"的起点，同样，五六年后的2021年也不是"民工荒"的终点。2021年4月16日，国家统计局新闻发言人刘爱华介绍，"沿海的工业和外贸大省，很多企业普遍反映存在招工难的问题。我们最近做的一项包括9万多家规模以上工业企业的调查显示，约44%的企业反映招工难是他们面临的最大问题，这个比例也是近几年来的新高"。对于传统制造业来说，"年年岁岁花相似"，其用工只会越来越"荒";但对转型升级成功的企业、对高新技术企业来说,"岁岁年年人不同","民工荒"对他们影响甚小。重温2015年的"民工荒"时政深度报道,新时期仍然存在老问题,旧新闻里有新体验。

(4) 第四组报道解析。

2015年4月,涉及湘鄂赣31市1.21亿人的《长江中游城市群发展规划》正式被国务院批复,这是国家批复的第一个跨区域城市群规划。2015年4月16日,国家发改委正式对外发布这一规划,内容包括城乡统筹发展、基础设施互联互通、产业协同发展、生态文明共建、公共服务共享等多个方面,为长江中游城市群合作联动与一体化发展指明了方向和目标。本次《长江中游城市群发展规划》的出台,进一步确定了长江中游城市群(以下简称"中三角")间的协同发展关系,其将成为新生代城市群的代表,打造长江经济带发展重要支撑,带动中西部地区加快发展,并被定位成中国经济新的增长极。

媒体的嗅觉总是最灵敏的。2015年5月,《小康》杂志中旬刊正式推出"中三角崛起"时政深度新闻,对长江中游城市群的建设与发展,进行全面、深度报道。这组报道由13篇稿件构成,内容全面、丰富,综述稿高屋建瓴地解读了国家的发展规划,组成稿对长江中游城市群的交通、产业、旅游、民生、"一带一路"都做了具体解读,并将长江中游城市群与长三角、珠三角、京津冀、成渝地区等城市群进行了比较分析,对长江中游城市群中的骨干城市武汉及群内的小城市群如"长株潭"城市群、"环鄱阳湖"城市群、"宜荆荆"城市群等进行了详细采写,这组报道还有一篇文章叫《安徽的尴尬与遗憾》,专门讲述安徽是如何无缘于长江中游城市群的。可以说,整个时政深度报道将长江中游城市群的主要新闻点"一次做完",可读性很强,极具参考价值。

关于长江中游的开发与发展问题,中共中央、国务院近年来高度重视,并采取了很多具体措施。2018年11月,中共中央、国务院明确要求以武汉为中心引领长江中游城市群发展。2019年12月,长江中游城市群省会城市第七届会商会召开,会议围绕"对接长三角一体化发展国家战略，推动长江中游城市群高质量协同发展"主题展开会商对话，武汉、长沙、南昌等城市共同发布《长江中游城市群省会城市高质量协同发展行动方案》，参会各市联合签署包括《长江中游城市群建设2020年合作重点事项》在内的一系列相关合作文件。2021年4月，中共中央政治局召开会议，审议《关于新时代推动中部地区高质量发展的指导意见》。2021年3月16日至18日，由湖北省委书记应勇、湖北省委副书记、省长王晓东率领的湖北省党政代表团，分别赴江西省和湖南省考察，并召开合作发展交流座谈会，而上一次三省之间这样声势浩大的高层互动，还要追溯到6年前《小康》杂志"中三角崛起"时政深度报道刊发的前后。

（5）第五组报道解析。

大学扩招以来，毕业季年年都是"史上最难"就业季。对于就业，"没有最难，只有更难"，年年难过年年过。2015年7月，《小康》杂志中旬刊推出"毕业季"时政深度报道，这一年高校毕业生是749万人，比上一年多了22万人，站在2015年来看确属"史上最多"。这组时政深度报道共发稿6篇，除了综述稿外，还从政府决策、高校对策、用人单位情况、应届毕业生个案等不同角度进行了调查采访，是一组覆盖全面、涉及广泛的时政深度报道。比较有意思的是，6年后，2021年6月，《小康》杂志又刊发了一期"毕业季"稿件，仍然是"史上最难就业季"，这一年应届毕业生是909万人，站在2021年来看又是属于"史上最多"。

6年来，对高校的毕业与就业领域，有"变"也有"不变"。人数变了，社会就业大环境也有变化，就业创业的领域也有新发展。不变的是，政府一如既往地提前做好政策引导、形势分析、措施制定，稳就业推创业，不断搭建服务新模式。就业市场一如往年般存在"就业难"与"用工荒"并存现象，用人单位看专业更重实干。对于高校来说，仍然存在名牌院校就业不发愁，地方院校就地就业多等特点。当然，对于应届毕业生来说，想当"高薪民工"的年年都有，但真正实现理想的寥寥无几；想创业的毕业生也是年年有，最终付诸实践的也是极少数人。

对比时隔6年的两组时政深度报道，感慨颇多。很多时政新闻题材也是常年常有，常做常新。常规题材所涉新闻规律差不多，采编方法与技巧也大同小异，但敏感的主题和优质的采编，什么时候都不过时，6年前的"史上最难就业季"，放到6年后，仍然恍如昨日。这就是时政深度报道、时政深度新闻的魅力所在。

二、重视二次编辑工作

现在有很多媒体集团，集团内有不同传播形态的媒体，如集团内既有报刊、网站，也有手机端、微信公众号和影音频道，这种集团内的二次传播基本上属于资源共享范畴。更多的二次传播，其传播媒体与原创媒体之间并无紧密关系，分属不同媒体领域、不同主管主办单位、不同媒体级别、不同媒体形态，这种二次传播属于转发、转载、内容有条件共享（授权）范畴，涉及知识产权和媒体间合作问题。

无论是资源共享型的二次传播，还是转发转载型的二次传播，都离不开二次编辑。二次编辑因媒体形态的不同，编辑手段与编辑力度也不一样。二次编辑有其基本规则，也就是人们常说的"三尊重"：尊重原创、尊重受众、尊重规律。下面重点讲讲二次编辑过程中如何体现"三尊重"。

（一）尊重原创

原创是独立完成的创作。原创不属于歪曲、篡改他人创作或者抄袭、剽窃他人创作而产生的作品，亦不属于改编、翻译、注释、整理他人已有创作而产生的作品。《中华人民共和国著作权法》第五条规定，时事新闻不受著作权法的保护。时政深度新闻属于时事新闻的一种，当然也不受著作权法的保护。

进行二次编辑时谈尊重原创，主要强调的是尊重原报道的新闻事实，以及转载时应该注明出处。真实是新闻的生命，无论是新闻的采写还是传播，都必须基于事实，决不容歪曲或篡改。如果在进行二次编辑时歪曲事实、虚构事实，则造成的后果由进行二次编辑时的媒体和责任编辑负责，原创文章的媒体与作者不负责任。同样，转载他人报道时应注明出处，否则也有可能构成侵权。

时政新闻以报道党和国家大政方针、战略决策、政策法规等为主，报道内容涉及千家万户，也涉及百姓民生，因而报道的转载转发频率相对较高。随着互联网信息技术的发展，"信息爆炸"时代来临，全媒体时代网络媒体要想吸引读者，聚集人气并非易事。特别是人们对消息的获取，更加"快餐化"，要想抓住读者的心弦，引读者入胜，没有精巧的标题，显然失去了一大竞争砝码。个别新闻媒体或自媒体在新闻标题上却大做文章，靠"玩花样"、猎奇等手段来吸引公众眼球，成为名副其实的"标题党"。尤其是在一些网络媒体的新闻编发和转载中，这类现象比较严重。

2017年6月1日起施行的《互联网新闻信息服务管理规定》第十五条规定："互联网新闻信息服务提供者转载新闻信息，应当转载中央新闻单位或省、自治区、直辖市直属新闻单位等国家规定范围内的单位发布的新闻信息，注明新闻信息来源、原作者、原标题、编辑真实姓名等，不得歪曲、篡改标题原意和新闻信息内容，并保证新闻信息来源可追溯。""互联网新闻信息服务提供者转载新闻信息，应当遵守著作权相关法律法规的规定，保护著作权人的合法权益。"

2018年年底，有人专门写了一篇文章，总结该年度的十大军事新闻"标题党"。此文所举案例属于"二次编辑"歪曲事实的典型案例，有一定的参考价值。

◆案例◆

2018年十大军事新闻"标题党"，你被套路了吗？[①]

军事新闻在社会上始终保持着较高的关注度。近年来，个别网络媒体为博取受众眼球，提高阅读量、点击率，不惜用夸张、歪曲、断章取义等手段，篡改权威军事新闻的标题，严重损害军队形象，误导

---

① 《2018年十大军事新闻"标题党"，你被套路了吗？》，见中国军网（http://www.81.cn/jwgz/2018-12/29/content_9391502.htm），2018年12月29日。

欺骗公众。

这些颠倒是非、混淆视听，恶意修改军事新闻标题的行为，是一种典型的构陷，不仅是道德问题，还是法律问题。为了避免更多读者上当受骗，"东线瞭望"对2018年以来最为典型的"十大军事新闻"来一次集中曝光，让他们的丑陋行径在阳光下晒一晒，共同守护军事新闻的朗朗青天。

一、无中生有体

主要特征：一些不良媒体为了制造"大新闻"，蹭重大军事演习的热点，充分发挥想象力，编造根本没有发生过的细节。

典型案例："《解放军全面进入战备，30万大兵打响第一枪，核导弹部队亮相》《中俄聚焦几十万大军，大批核导弹已就位，西方：发出强烈警告》"。文章在转引中俄媒体关于"东方-2018"演习消息的基础上，故意把"核导弹部队"写上标题，营造出大国对抗的氛围，给人热核战争一触即发的错觉。

事实真相：事实上，中俄参加演习的总人数为30万人，中方参演兵力约3200人，各型武器装备900多台，固定翼飞机和直升机30架，并无所谓"核导弹部队"参演。

二、夸张惊悚体

主要特征：为了凸显事态紧张、某款武器性能先进等，动辄就是"震惊""吓尿"，极尽夸张之能事，将正常事件加工成耸人听闻的大新闻。

典型案例："《台毒竟敢设公投时间表，我海军18号将在台海有重大行动!》《突发！你敢越红线，我必武统！振奋国人，万众期待!》"。文章引用了媒体报道消息，说解放军在南海的大演习提前结束，将于4月18日在台湾海峡进行实弹演习。该媒体将此次演习与叙利亚战争、台海局势联系起来，用煽情的笔调写"4月18号，解放军将用火力告诉美国，你敢越红线，我必武统！全国人民都盼着这一天呢！"让读者感觉战争箭在弦上。

事实真相：这次演习，只是解放军例行性演习，军方发布演习预告也是正常流程，却被小编"加戏"太多，成了"震撼世界"的大新闻!

三、张冠李戴体

主要特征：在发表新闻稿件时故意不写明具体是哪个国家，令读者下意识以为是中国的新闻，点开新闻才发现根本不是这回事。

典型案例："《航母造船厂出现大事故，干船坞意外漏水，九万吨巨舰遭殃了》"。初看这条新闻让笔者吓出一身冷汗，毕竟现在中国已经跨入建造航母的行列，在建、在修的航母都有，要是发生大事故岂不是损失惨重！

事实真相：点开新闻一看，原来写的是美国通用公司旗下的大型造船厂出现了严重事故，该船厂的巨型干船坞发生了漏水事故，船坞中正在建造美国海军的一艘九万吨军舰。小编你在标题上加上"美国"，是不是更有点职业道德？

四、全盘否定体

主要特征：在转发权威媒体文章时，并非原文引用标题，而是突出其中的负面性的题目，让人看了以后感觉部队一片黑暗。

典型案例："《军报：少数人在对待基层官兵的问题上出现偏差，时时揣摩领导》"。该文全文引用军报的评论，却把文章中批评的个别现象作为主标题，让读者感觉负面情绪满满。

事实真相：原标题为《多想着官兵 少揣摩领导——纠正"四风"不止步系列谈之四》，其实是一正一反、有破有立。

五、生拉硬拽体

主要特征：把两个根本没有太大联系的新闻硬放在一起，以"吸睛"的标题骗取读者关注。

典型案例："《海上大阅兵圆满结束，后方却传来不幸消息：又一国宝级巨匠陨落》"。文章前半段引用权威媒体关于海上大阅兵的报道，介绍了演习规模如何之大，海上编队气势如何磅礴，有什么样的深远影响，话风看起来都很正常。但不知何故，后半段突然笔锋一转，写起了战机隐身技术之父李天不幸离世的新闻。

事实真相：李老的离世，和这次海上大阅兵没有任何关系。个别媒体把两者硬是挂起钩来，制造噱头和所谓的"猛料"博取眼球。

六、找碴放大体

主要特征：有的人故意歪曲新闻本意，戴着有色眼镜在正面军事报道中找碴，用上下文割裂的手法进行负面解读，把已经解决的问题作为现在存在的现象进行攻击。

典型案例："《军媒首次披露一细节，这次歼20竟打输了？了解情况后让人松了口气》"。文章写道：《中国空军》杂志首次公开披露了今年6月份在西北某地举行的空军"红剑2018"对抗演习中的一些不为人知的细节，在字里行间，我们不难发现，我国现役最先进的第五代隐身战斗机在首次充当"橙军"的角色时，居然被第四代战斗机"KO"，遭遇了一次意味深长的"首败"。消息一出，让一众军迷大为震动，一些西方看客也蠢蠢欲动，开始新一轮冷嘲热讽。

事实真相：其实，所谓"橙军"就是模拟作战中第三方的介入，但"红军"在复杂的电磁环境中，根据预警机提供的信息支援，最终将其驱离。这只是正常的演习设定，却不曾想被网媒用"歼20首败"来吸引眼球。

七、玩弄噱头体

主要特征：打着揭秘的旗号，故弄玄虚地讲一些让人听起来十分稀奇的事情，其实看到最后才发现这是一件挺正常的事情。

典型案例："《解放军新式装备配发，杀伤不了敌人却能有效保证战斗力！》"。文章转发了部队媒体关于配发17式睡袋的新闻，写道："随着17式睡袋逐步地走入战士们的背囊，不过这装备虽然杀伤不了敌人，但是能保证战士在恶劣的环境下有一个好的睡眠，显然是能保证有效战斗力的。"

事实真相：睡袋是我军配备的后勤物资，却非要与"装备""杀伤敌人"挂上钩，可以说脑洞足够大了。小编倒是出来说说，哪个国家"装备"的睡袋可以"杀伤敌人"？

八、曲解政策体

主要特征：对权威媒体发布的政策制度做出错误理解，发布错误观点，误导舆论和社会公众。

典型案例："《经过中央军委批准与下令，这些军队文职人员也要统一穿军装了!》"。文章写道:"在部队里面有一种人是不穿军装的,就是文职人员。但是据最近军队权威媒体报道,文职人员也要开始穿军装了,要像军人一样规范自己。"

事实真相:文职人员制服不是军装,与军装有着明显区别。文职人员服装无肩章、无臂章、无资历牌、无八一标识,帽徽采用一个仿五角星的"文"字标识。

九、低级庸俗体

主要特征:把军方媒体原本严肃的报道内容,故意贴上比较低级庸俗、暗示性的标签,使其能够引起读者的关注。

典型案例:"《解放军有些娘,军报鼓励!网友这次评价很在理》"。文章写道,解放军在人心中是十足的硬汉,而"娘"这个词似乎和军人根本不沾边,而军队如果"娘"的话,似乎就是缺乏战斗力的评价,那么解放军有些娘,军报为什么还鼓励呢?原来新疆军区某团一位排长发现自己带的兵会使用化妆品,于是进行批评,但后来发现在大风、烈日等恶劣气候中,适当的护肤是非常有必要的,该名排长向战士们道歉。

事实真相:战士们用化妆品是为了抵御恶劣气候,居然被自媒体在转发时用上了"娘"的标签,也算是没有底线了!

十、移花接木体

主要特征:把国外发生的事情,改头换面放在中国军队身上,以此制造轰动性新闻。

典型案例:"《中俄军演意外发生,解放军深夜遇袭,双方激烈交火,死伤数人!》"。文章开头还是正常引用媒体关于"东方—2018"的报道,但后面画风突变。文章写道:"8月28日解放军一行先后到达了西伯利亚外贝加尔地区,然而这时候却是深夜,中方派出十几名士兵仔细检查了周围,等待交接,但是却发现一批超过50人的不明分子出现在视野里。面对全副武装的中国军队,一开始交战后不足片刻就结束了,其中歹徒被击毙三人,剩下基本上都是受了轻伤。"

事实真相:这条新闻把外军遇到有人投石块的行为,移花接木成了"解放军与劫匪交火"。这种做法简直唯恐天下不乱,严重误导了网民、干扰了军心。这个小编这么"有才",咋不去竞争奥斯卡最佳编剧呢?

(二)尊重受众

进行二次编辑时尊重受众的原则,主要从以下三个方面理解:一是尊重受众快速阅读和碎片化阅读的需求。要做到这一点,编辑人员要真正读懂原文、理解原文,抓住文章的核心和重点,在做二次编辑时去粗取精、留骨去肉,将原文编辑成简明扼要、通俗易懂的文章。二是尊重受众深层次阅读的需求。为了让受众更好地理解原文,更有兴趣地探讨文章意义与价值,二次编辑可以在案例、释义方面对原文做更多的补充和强化,甚至对主题的外延进行适度的、不偏离原义的延伸。三是照顾受众的年龄层次、文化层次,尽可能地满足更多人的需求。要让一件作品老少咸宜,就要在表现手法上尽可能多种多样,具体到新闻作品上,除了灵活运用图文搭配外,还应注意文字与影音的搭配使用,要从传统媒体的思维过渡到全媒体思维,在不歪曲事实、不违背原意的前提下,表现手段、表现方法不拘一格、灵活多样。

2019年是澳门回归祖国20周年,"逢十大庆"是中国人的传统,也是媒体关注的重点。为了做好澳门回归祖国20周年的报道,《小康》杂志精心准备,尽早谋划,策划制作了"澳门回归20年"时政深度新闻。这组报道的"重头戏"是对澳门第五任行政长官贺一诚的专访,采访取得了圆满成功。如何让这一重要新闻的社会传播影响更大化,除了《小康》杂志的报道,做好二次传播至关重要。《小康》杂志在做好"贺一诚专访"的二次传播上,做了一次有代表性的、特殊的"二次编辑"。

充分利用网络优势,在重大新闻报道方面突出新闻的时效性。按报道计划,"澳门回归20年"时政深度新闻正式推出时间是2019年12月中旬,即回归纪念日(12月20日)前夕。鉴于政要人物的时间安排紧张,对贺一诚的采访于当年的10月下旬即完成。为了抓住新闻的时效性，《小康》杂志对专访的重要内容，摘要性地先在杂志社所属网站——中国小康网和微信公众号（中宣部"学习强国"平台同一时间发布）发布了以下这条消息。

◆案例◆

《小康》专访澳门特别行政区第五任行政长官贺一诚
——"一国两制"令澳门成就辉煌①

【中国小康网讯】"1999 年澳门人均 GDP 仅约为 1.51 万美元。到 2018 年，澳门人均 GDP 已达到了 11.2 万美元，成为中国人均 GDP 最高的城市，在全球所有的国家和地区中排名前三名。澳门特别行政区护照可在 144 个国家和地区免签、18 岁以下及 65 岁以上居民可以享受到免费医疗……如今，'一国两制'在澳门成功实践，令澳门发展成就辉煌。"近日，澳门特别行政区第五任行政长官贺一诚接受了《小康》·中国小康网记者独家专访，就澳门回归祖国 20 年来实践"一国两制"方面所取得的巨大成就、澳门产业多元化探索与发展、大湾区机遇与粤澳深度融合等主题，进行全面、深入介绍。

记者了解到，在澳门回归前几年，经济情况令人担忧。1999 年失业率甚至高达 6.5%，居民收入减少，1999 年就业人口月工作收入甚至低于 1996 年。但是，澳门回归之后，情况就发生了天翻地覆的变化。贺一诚介绍，澳门的经济总量从原来 1999 年的 518 亿澳门元增长到 2018 年的 4400 亿澳门元。澳门月工资中位数从 1999 年约 9300 澳门元到如今达到 2 万澳门元。特别在民生领域，如今澳门政府投入非常大。其中，免费医疗、教育等方面就约占政府财政预算的 30%。

"在肯定成绩的同时，我们也要看到有不足的地方。"贺一诚认为，澳门的经济产业还是比较单一的，以博彩业与旅游业为主。因

---

① 《〈小康〉专访澳门特别行政区第五任行政长官贺一诚——"一国两制"令澳门成就辉煌》，见中国小康网（https://baijiahao.baidu.com/s?id=1648147645807692013&wfr=spider&for=pc），2019 年 10 月 23 日。

此，下一步的经济适度多元化发展必须加快进行。其中，中医药产业是澳门在多元化发展中重要的路径之一。

2011年3月6日，《粤澳合作框架协议》签署。其中，粤澳合作中医药科技产业园作为第一个落地项目，于2011年4月正式落地珠海横琴，由澳门和横琴共同组建公司进行开发建设与运营管理。"将来，要在粤澳合作中医药科技产业园加大产业与研究并行的力度，把高校例如澳门大学的研究成果转化为产业，让澳门的中医药产业继续良性发展。"贺一诚说。

澳门与横琴的合作共赢只是澳门与广东融合发展的缩影之一。2月18日，中共中央、国务院印发了《粤港澳大湾区发展规划纲要》，让澳门在大湾区的发展定位更进一步。贺一诚在采访中一再强调，大湾区的名称叫作粤港澳——珠三角的9个城市与香港特别行政区、澳门特别行政区共11个城市连在一起，澳门是其中一员。因此，大湾区要共同发展，而不是相互竞争。

"粤港澳大湾区中每一个城市都有自身优势，例如澳门有独立立法权、独立关税区、税赋比较低、没有外汇管制、对外交往比较方便等。而内地的城市地大物博、人才资源丰富、土地价格成本低、市场大等。如澳门拥有中西文化交流的旅游资源，可同珠三角西线的顺德、番禺等地一起规划旅游线路，实现多地游览。所以，澳门和广东之间的协同发展就是要利用澳门的长处，与珠三角城市之间相互合作，彼此促进。"贺一诚总结道。（详细专访内容请见《小康》杂志2019年12月上旬刊、中旬刊的专题报道）。

这则新闻约1000字。文末特别注明："详细专访内容请见《小康》杂志2019年12月上旬刊、中旬刊的专题报道。"该杂志上的专访内容全文约5200字。这是一则特殊的二次编辑报道，即消息稿发表于通讯稿之前，其内容摘自于通讯稿的部分内容。这种特殊的二次编辑形式，体现了媒体几大优势：一是重大新闻及时发布，没有耽误新闻的时效性。二是报道的强项——深度报道仍然显示了新闻价值和媒体的优势。三是网站消息稿给杂志深度报道稿"预发广告"，制造新闻悬念，引导受众关注。四是新闻杂志、新闻网站、自媒体公众号都对同一题材新闻进行了发布，方便不同层次受众阅读，使新闻影响力效果达到最大化。

（三）尊重规律

这里的规律指媒体传播规律，媒体包括传统媒体也包括新媒体。各种媒体有自身的传播特点，也有各自的传播优劣。如报刊的特点，就有记录性好，可做资料长期保存；选择性强，方便读者灵活安排时间阅读。但报刊的感染力就明显不如电视，听觉依赖不如电台，时效与互动远不及自媒体，等等。尊重规律，也就是了解媒体的优势与劣势，发挥优势，取长补短，多媒体融合形成合力，将新闻的社会影响力发挥到最大化，将新闻的价值体现得淋漓尽致。

新时代媒体的发展突飞猛进、日新月异。尤其在今天的全媒体时代，媒体人一定要掌握全媒体传播规律，能综合运用文、图、声、光、电等多种表现形式，全方位、立体式地展示内容，善于通过文字、声音、网络、通信等手段来传播信息。

从下面这则时政新闻，可以看出时政新闻二次传播及其二次编辑过程中的某些规律。2021年4月25—27日，中共中央总书记、国家主席、中央军委主席习近平到广西壮族自治区考察。2021年4月25日起，新华社每天都发布大量习近平总书记考察过程中的新闻，尤其是图片新闻和短视频新闻。2021年4月27日下午5点左右，新华社就习近平总书记此次考察发布了一则综合性新闻，新闻如下。

◆案例◆

习近平在广西考察时强调　解放思想深化改革凝心聚力担当实干 建设新时代中国特色社会主义壮美广西①

【新华社南宁4月27日电】　中共中央总书记、国家主席、中央军委主席习近平近日在广西考察时强调，要坚决贯彻党中央决策部署，完整、准确、全面贯彻新发展理念，坚持稳中求进工作总基调，解放思想、深化改革、凝心聚力、担当实干，统筹疫情防控和经济社会发展，统筹发展和安全，在推动边疆民族地区高质量发展上闯出新路子，在服务和融入新发展格局上展现新作为，在推动绿色发展上迈出新步伐，在巩固发展民族团结、社会稳定、边疆安宁上彰显新担当，建设新时代中国特色社会主义壮美广西。

4月25日至27日，习近平在广西壮族自治区党委书记鹿心社和自治区政府主席蓝天立陪同下，先后来到桂林、柳州、南宁等地，深入革命纪念馆、农村、企业、民族博物馆等，就贯彻党的十九届五中全会精神、开展党史学习教育、推动"十四五"开好局起好步等进行调研。

25日上午，习近平来到位于桂林市全州县才湾镇的红军长征湘江战役纪念园，向湘江战役红军烈士敬献花篮并三鞠躬，瞻仰"红军魂"雕塑，参观纪念馆。1934年年底，为确保中共中央和中央红军主力渡过湘江，粉碎敌人围歼红军于湘江以东的企图，几万名红军将士血染湘江两岸，这一战成为事关中国革命生死存亡的重要历史事件。习近平表示，我到广西考察的第一站就来到这里，目的是在全党开展党史学习教育之际，缅怀革命先烈，赓续共产党人精神血脉，坚定理想信念，砥砺革命意志。革命理想高于天，理想信念之火一经点燃就会产生巨大的精神力量。红军将士视死如归、向死而生、一往无

---

①《习近平在广西考察时强调　解放思想深化改革凝心聚力担当实干　建设新时代中国特色社会主义壮美广西》，见新华社（https://baijiahao.baidu.com/s?id=1698183390484862349&wfr=spider&for=pc），2021年4月27日。

前、敢于压倒一切困难而不被任何困难所压倒的崇高精神,永远值得我们铭记和发扬。在实现第二个百年奋斗目标的新长征路上,我们要抱定必胜信念,勇于战胜来自国内外的各种重大风险挑战,朝着实现中华民族伟大复兴的目标奋勇前进。

随后,习近平来到才湾镇毛竹山村。该村近年来积极发展葡萄种植业,有力促进了农民增收。习近平走进葡萄种植园,察看葡萄长势。农技人员正在指导村民为葡萄绑蔓、定梢,看到总书记来了,乡亲们纷纷围拢过来。习近平详细询问葡萄产量、品质、销路、价格等情况。他强调,全面推进乡村振兴,要立足特色资源,坚持科技兴农,因地制宜发展乡村旅游、休闲农业等新产业新业态,贯通产加销,融合农文旅,推动乡村产业发展壮大,让农民更多分享产业增值收益。

习近平步行察看村容村貌,并到村民王德利家中看望,同一家人围坐在一起聊家常。王德利告诉总书记,他们家种了12亩葡萄,农闲时外出务工,去年家庭收入超过14万元。习近平听了十分高兴。他指出,经过全党全国各族人民共同努力,在迎来中国共产党成立一百周年的重要时刻,我国脱贫攻坚战取得全面胜利。好日子都是奋斗出来的。希望你们依靠勤劳智慧把日子过得更有甜头、更有奔头。要注重学习科学技术,用知识托起乡村振兴。离开村子时,乡亲们高声向总书记问好。习近平向大家挥手致意。他深情地说,让人民生活幸福是"国之大者"。全面推进乡村振兴的深度、广度、难度都不亚于脱贫攻坚,决不能有任何喘口气、歇歇脚的想法,要在新起点上接续奋斗,推动全体人民共同富裕取得更为明显的实质性进展。

近年来,桂林市大力推进漓江"治乱、治水、治山、治本",改善了漓江生态环境。25日下午,习近平来到桂林市阳朔县漓江杨堤码头,听取漓江流域综合治理、生态保护等情况汇报,并乘船考察漓江阳朔段。他强调,要坚持山水林田湖草沙系统治理,坚持正确的生态观、发展观,敬畏自然、顺应自然、保护自然,上下同心、齐抓共管,把保持山水生态的原真性和完整性作为一项重要工作,深入推进生态修复和环境污染治理,杜绝滥采乱挖,推动流域生态环境持续改善、生态系统持续优化、整体功能持续提升。

26日，习近平来到桂林市象鼻山公园，远眺山水风貌，沿步道察看商业、邮政等服务设施。游客们高声欢呼："总书记好！"习近平同大家亲切交流。他指出，桂林是一座山水甲天下的旅游名城。这是大自然赐予中华民族的一块宝地，一定要呵护好。要坚持以人民为中心，以文塑旅、以旅彰文，提升格调品位，努力创造宜业、宜居、宜乐、宜游的良好环境，打造世界级旅游城市。

当天下午，习近平来到柳州市考察调研。在广西柳工集团有限公司，习近平先后走进公司展厅、研发实验中心、挖掘机装配厂等，听取企业发展情况介绍，察看主要产品展示，同企业职工和技术研发人员亲切交谈。习近平强调，制造业高质量发展是我国经济高质量发展的重中之重，建设社会主义现代化强国、发展壮大实体经济，都离不开制造业，要在推动产业优化升级上继续下功夫。只有创新才能自强、才能争先，要坚定不移走自主创新道路，把创新发展主动权牢牢掌握在自己手中。要坚持党对国有企业的全面领导，坚持加强党的领导和完善公司治理相统一，在深化企业改革中搞好党的建设，充分发挥党组织在企业改革发展中的领导核心作用。

随后，习近平来到柳州螺蛳粉生产集聚区，详细了解螺蛳粉特色产业促进就业、带动农民增收等情况。习近平指出，发展特色产业是地方做实做强做优实体经济的一大实招，要结合自身条件和优势，推动高质量发展。要把住质量安全关，推进标准化、品牌化。要帮助民营企业解决实际困难，鼓励、支持、引导民营企业发展壮大。

广西是我国少数民族人口最多的自治区。27日上午，习近平来到位于南宁市邕江之畔的广西民族博物馆，参观壮族文化展。博物馆外，三月三"歌圩节"壮族对歌等民族文化活动正在这里集中展示。习近平强调，广西是全国民族团结进步示范区，要继续发挥好示范带动作用。各民族共同团结进步、共同繁荣发展是中华民族的生命所在、力量所在、希望所在，在全面建设社会主义现代化国家的新征程上，一个民族都不能少，各族人民要心手相牵、团结奋进，共创中华民族的美好未来，共享民族复兴的伟大荣光。

当天上午，习近平听取了广西壮族自治区党委和政府工作汇报，对广西各项工作取得的成绩给予肯定，希望广西各族干部群众奋力谱写全面建设社会主义现代化国家的广西篇章，以优异成绩庆祝建党一百周年。

习近平指出，推动经济高质量发展，既要深刻认识贯彻新发展理念、构建新发展格局对推动地方高质量发展的原则要求，又要准确把握本地区在服务和融入新发展格局中的比较优势，走出一条符合本地实际的高质量发展之路。要推动传统产业高端化、智能化、绿色化，推动全产业链优化升级，积极培育新兴产业，加快数字产业化和产业数字化。要继续深化改革，坚持"两个毫不动摇"，优化营商环境。要加大创新支持力度，优化创新生态环境，推动各类创新要素向企业集聚，激发创新活力，推动科技成果转化。要主动对接长江经济带发展、粤港澳大湾区建设等国家重大战略，融入共建"一带一路"，高水平共建西部陆海新通道，大力发展向海经济，促进中国—东盟开放合作，办好自由贸易试验区，把独特区位优势更好转化为开放发展优势。

习近平强调，要弘扬伟大脱贫攻坚精神，加快推进乡村振兴，健全农村低收入人口常态化帮扶机制，继续支持脱贫地区特色产业发展，强化易地搬迁后续扶持。要立足广西林果蔬畜糖等特色资源，打造一批特色农业产业集群。要严格实行粮食安全党政同责，压实各级党委和政府保护耕地的责任，稳步提高粮食综合生产能力。要继续打好污染防治攻坚战，把碳达峰、碳中和纳入经济社会发展和生态文明建设整体布局，建立健全绿色低碳循环发展的经济体系，推动经济社会发展全面绿色转型。

习近平指出，要提高人民生活品质，落实就业优先战略和积极就业政策，做好高校毕业生、退役军人、农民工和城镇困难人员等重点群体就业工作。要完善多渠道灵活就业的社会保障制度，维护好卡车司机、快递小哥、外卖配送员等的合法权益。要全面贯彻党的教育方针，落实立德树人根本任务，加强对线上线下校外培训机构的规范管理。要深化疾病预防控制体系改革，强化基层公共卫生体系，创新医防协同机制，提升基层预防、治疗、护理、康复服务水平，毫不放松抓好常态化疫情防控。要严密防范各种风险挑战，有效遏制重特大安全生产事故，常态化开展扫黑除恶斗争。

习近平强调，要搞好民族团结进步宣传教育，引导各族群众牢固树立正确的国家观、历史观、民族观、文化观、宗教观，增进各族群众对伟大祖国、中华民族、中华文化、中国共产党、中国特色社会主义的认同，促进各民族像石榴籽一样紧紧抱在一起。

习近平指出，广西红色资源丰富，在党史学习教育中要用好这些红色资源，做到学史增信。学史增信，就是要增强信仰、信念、信心，这是我们战胜一切强敌、克服一切困难、夺取一切胜利的强大精神力量。要增强对马克思主义、共产主义的信仰，教育引导广大党员、干部从党百年奋斗中感悟信仰的力量，始终保持顽强意志，勇敢战胜各种重大困难和严峻挑战。要增强对中国特色社会主义的信念，教育引导广大党员、干部深刻认识到，中国特色社会主义是历史发展的必然结果，是发展中国的必由之路，是经过实践检验的科学真理，始终坚定道路自信、理论自信、制度自信、文化自信。要增强对实现中华民族伟大复兴的信心，教育引导广大党员、干部牢记初心使命、增强必胜信心，坚信我们党一定能够团结带领人民在中国特色社会主义道路上实现中华民族伟大复兴，努力创造属于我们这一代人、无愧新时代的历史功绩。信仰、信念、信心是最好的防腐剂。要始终抓好党风廉政建设，使不敢腐、不能腐、不想腐一体化推进有更多的制度性成果和更大的治理成效。

丁薛祥、刘鹤、陈希、何立峰和中央有关部门负责同志陪同考察。

此稿属重要时政新闻，全文超过 3800 字，并随稿配发了大量新闻照片。在此稿的二次传播中，选取三家有代表性的媒体，来具体分析它们在进行二次传播时在二次编辑中有哪些特色和规律。

（1）2021 年 4 月 27 日当天的中央电视台新闻联播节目，"头条"全文播发了新华社的这篇稿件。播发过程中，除了新华社这则通稿全文一字不漏地进行播报外，央视也结合自身影音方面的特点，播放了央视随行记者拍摄的大量视频场景，还在新华社通稿播放过程中，穿插了部分习近平总书记考察过程中的领导人原声录音。这与新华社通稿相比，更具直观性、更有亲和力、更接地气、更有可读性。在社会影响力和传播性方面，较新华社通稿更胜一筹。

（2）2021年4月28日出版的《人民日报》，头版整版刊发了新华社这篇通稿，并配发了通稿中两幅照片。但这篇稿在编发时，也体现了《人民日报》自己的"二次编辑"特征：一是将稿件的电头"新华社南宁4月27日电"改成了"本报南宁4月27日电"。《人民日报》作为中共中央的机关报，一定有派自己的记者随行此次重要考察活动，新华社通稿的形成也不排除有《人民日报》随行记者的通力合作。因此，《人民日报》刊发此文时，虽然内文与新华社的通稿相比，一模一样、一字不改，但电头改成"本报"，体现了党中央机关报的采编主导地位。二是从通稿的核心、重点、要点中，选取8段话，将其单独摘录出来，作为版面的核心导读，二次编辑时，用比内文大几号的字号、红色字体，突出处理。《人民日报》对新华社通稿的"摘要导读"处理，对报纸来说，突出了重点和亮点，方便读者阅读和快速理解整篇通稿，也让版面阅读更轻松，这也体现了通讯社与报纸在处理具体稿件时的异同。

（3）2021年4月28日出版的《广西日报》又是如何对27日的新华社通稿进行二次传播，以及二次传播过程中如何进行二次编辑的呢？《广西日报》是中共广西壮族自治区委员会的机关报，由于习近平总书记此次考察地就在广西，《广西日报》处理新华社通稿时，与《人民日报》又有不同。具体来讲，有以下三个不同的地方：一是头条整版导读，不刊发内文，包括"报眼"位置（《人民日报》当天的"报眼"放了两条其他重要新闻的导读）。这整版的导读内容，同当天《人民日报》的摘要导读内容完全一致，其中有一段话（是新华社通稿导语中的一段话）还在"报眼"位置重发了一遍。二是版面分布上，在标题与8段话导读之间，是一幅通栏的大照片，照片也是新华社通稿中的。大字大图、红色字体，喜庆、醒目、突出。三是当天的

《广西日报》第二版全文刊发了新华社的通稿,版面编辑时,通栏标题+通栏照片(新华社通稿中的另一幅照片)+通稿全文(包括"新华社南宁4月27日电"的电头,这也是《广西日报》与《人民日报》在版面处理上的不同)。

从《广西日报》2021年4月28日的版面,可以看出其对新华社通稿的二次传播和二次编辑,相比中央电视台新闻播报和《人民日报》,也有自己的编辑特色。它的二次编辑,生动形象地阐释了什么是尊重原创(这也是党报党刊的新闻纪律和新闻规矩要求)、尊重受众(尽可能增强版面可读性,照顾到不同层次的人群)和尊重规律(利用报纸特点在版面处理上让新闻更突出、更醒目)。

三、因媒制宜灵活应对

时政深度新闻,题材多与国家大政方针、国计民生相关,客观上需要让更多的人知晓,二次传播很有必要。对媒体和媒体人来说,时政深度新闻采编时间较长、投入人力物力成本较大,每一次大的时政深度新闻制作都是一次大的"工程",千辛万苦做出来的产品,当然希望其社会影响最大化,因此,重视二次传播也是时政深度新闻制作单位和个人的基础工作之一。二次传播做得好不好,报道影响力能否最大化,是对媒体和媒体人采编水平与能力的考验。下面从传统媒体和新媒体两个层面论述二次传播的现状与发展。

(一)传统媒体转型与二次传播

在谈论传统媒体二次传播之前,必须了解传统媒体的最新发展状况:2010年以来的媒体市场,纸媒不断衰落,发行量断崖式下跌,影响力随之下滑,不少报刊被迫停刊。但是在我国,尤其是党的十八大以来,党报党刊市场逆势上升,发行、经营、社会影响力强势反弹,这也是传统媒体发展的一大特征。在传统媒体整体下滑的同时,党报党刊逆势飘红,主要原因就在于时政新闻的加持。这对时政深度新闻的二次传播是极其有利的。

因此,谈论时政报道的二次传播时,不能离开党报党刊近年来在宣传舆论领域的强势主导作用。"工、农、商、学、兵、政、党，党是管一切的"，在我国，无论是传统媒体还是新媒体，都是党领导下的媒体，全国一盘棋，对重大、重要时政新闻加强二次传播是硬指标、硬要求，也是遵循"新闻纪律、新闻规矩"的基本要求。

但并不是说，时政新闻的二次传播不需要专业精神、不需要新闻规律。恰恰相反，面对传播生态的变化，面对受众需求的提升，时政新闻也需要不断改革传播形式和方法，不断适应技术进步和年轻人越来越严苛的要求，灌输式、说教式的宣传，表面上看即使能博得大量"粉丝"，也可能里面多数都是"僵尸粉"。只有改革创新、与时俱进，才能让中央的方针政策春风化雨、入脑入心。

传统媒体中，能做时政新闻的，其媒体本身具有一定的权威性，也拥有一批优秀的媒体人，与各级党委政府的密切关系也是一大优势。在进行二次传播、扩大新闻影响力方面，只要注意运用新技术、整合资源、发挥所长，就能不断找到新的增长点，面对逆境顺利转型。

现以《小康》杂志为例，看传统媒体如何整合资源，在逆势中做大做强。在纸媒不断衰落的时期，《小康》杂志社逆势上升，拥有《小康》杂志、中国小康网、圆点直播、《小康》手机报、《小康》微信客户端，以及中国全面小康论坛、中国生态小康论坛和中国（国际）休闲发展论坛等政府与企业品牌推广与活动的最佳平台。由《小康》杂志十多年独家发布的"中国小康指数"，是中国唯一一份由媒体发布的关于全面小康指数的调查报告。中国小康网是经国务院新闻办审批获得互联网新闻信息服务许可的国家级新闻网站，也是经国家广播电视总局审批、具有信息网络传播视听节目许可的国家级视频网站，具有国内少有的互联网视听节目服务及移动互联网视听节目服务。

（二）新媒体的"跨域"传播

时政新闻从不拒绝技术与创新。党和国家的大政方针、战略决策、措施法规，要进入千家万户，要影响亿万群众，必须重视新闻宣传工作的与时俱进和改革创新。传统媒体和新媒体在时政新闻传播方面，主要是作为工具和手段而存在的。在我国，所有媒体都是"党管媒体"，必须为中华民族的伟大复兴服务、必须为社会主义现代化建设服务。

新媒体是利用数字技术，通过计算机网络、无线通信网、卫星等渠道，以及电脑、手机、数字电视机等终端，向用户提供信息和服务的传播形态。从空间上来看，"新媒体"特指当下与"传统媒体"相对应的，以数字压缩和无线网络技术为支撑，利用其大容量、实时性和交互性，可以跨越地理界线最终得以实现全球化的媒体。可以从四个层面理解新媒体：技术层面是利用数字技术、网络技术和移动通信技术；渠道层面是通过互联网、宽带局域网、无线通信网和卫星等渠道；终端层面以电视、电脑和手机等作为主要输出终端；服务层面向用户提供视频、音频、语音数据服务、连线游戏、远程教育等集成信息和娱乐服务。

以数字技术为代表的新媒体，其最大特点是打破了媒介之间的壁垒，消融了媒体介质之间，地域、行政之间，甚至传播者与接受者之间的边界。新媒体还表现出以下几个特征：媒体个性化突出、受众选择性增多、表现形式多样、信息发布实时。

时政新闻的二次传播，也可以称之为"跨域"传播。"跨域"传播指的是在新媒体背景下，由于多种信息传播介质和接收终端的存在，内容生产和传播者（媒体）对某一内容以不同的表现形式进行横跨传输介质和接收终端的传播方式，是一种多面向的传播。针对"跨域"传播的特点以及时政新闻内容的特殊性，二次传播必须注意三个环节：①时政新闻的跨形态"版本化"生产、时政新闻的跨窗口呈现和跨媒体传播、时政新闻的无缝覆盖和接收。②时政新闻"跨域"传播可以优化配置和共享资源，降低传播成本，获得规模效益。③任何一条时政新闻信息，在网站、手机、报刊、电视等不同媒体和终端上都采用不同的表现形式，综合利用和有效整合各种媒体资源，改变各媒体单打独斗的局面，让时政新闻的社会效益最大化。

现以《小康》杂志一组时政深度新闻为例，分析研究时政新闻是如何做到"跨域"传播的。2021年4月,《小康》杂志中旬刊推出一组题为"一元钱看病"的时政深度新闻。报道刊发后,为了继续扩大新闻的影响力,杂志有意识地组织了"跨域"二次传播,先后通过杂志社的网站与微信公众号、中宣部"学习强国"新媒体平台、人民号(《人民日报》社的新媒体平台)、新华号(新华社的新媒体平台)进行了二次传播,让该组系列报道的社会影响力实现最大化,取得了很好的社会效益。

◆案例◆

可持续发展是"一元钱看病"关键[①]

"小病拖、大病挨,重病就往医院抬。"这曾是农村群众就医状况的写照。但2009年启动新一轮医改以来,上述情况得到了改善。这得益于许多地方的卫生部门、专家就如何解决农民看病难、看病贵的问题进行了长期的探索和实践。

尤其是农村基层医疗场所,可谓农村医疗的第一道防线。数据显示,农村居民在感到身体不适时,有33%的被调查者选择在乡村医疗机构就诊。由此看来,农村基层医疗改革举足轻重。

3月26日,《小康》杂志记者来到广东省广州市花都区儒林村卫生站,只见乡村医生邱华正在为患者陈伯做中医理疗,之后又给他量血压,询问他的身体情况,并且给他开药。经过一系列诊疗后,陈伯最终付费一元。

原来,广州市花都区探索开展"一元钱看病"工作,让村民在村卫生站看病,只收一元钱挂号费,若需注射则另交一元钱注射费,药品及诊疗费全免,足不出村便可诊治一般常见病、多发病。

基层医改有很多模式,"一元钱看病"的探索正是其中一种。除了广东地区,宁夏、广西等地都尝试过"一元钱看病"的医改探索,

[①] 麦婉华:《可持续发展是"一元钱看病"关键》,载《小康》2021年第11期,第20~25页。

全国个别地方也出现"一元钱看病"的个例。如在浙江省建德市乾潭镇梅塘村,乡村医生吴光潮50多年来坚守在村卫生室,为村民"一元钱看病"。

"'一元钱看病'模式是值得点赞的举措,这是政府为老百姓办实事的重要举措,是惠民工程中非常大的亮点。这种模式能给农村地区的老百姓切身的健康保障,也有利于新一轮乡村振兴的建设。"广东省公共卫生研究院副院长何群接受《小康》杂志记者采访时说。

那么,"一元钱看病"的探索对农村基层医疗带来怎样的影响?又有哪些挑战?在中国农村医疗的现状中,"一元钱看病"是否具有可复制性?

广州市花都区十多年来,不断完善村卫生站"一元钱看病",构建起了"小病不出村、中病不出镇、大病不出区"的三级农村卫生服务格局。

"一元钱看病"模式从何而起?

"一元钱看病"的探索最早可以追溯到2008年,广州市花都区正是"第一个吃螃蟹"的地区。早在20世纪60年代,广州市花都区就有部分经济条件较好的村办合作医疗由村卫生站对村合作医疗资金进行统筹包干。2007年,花都区通过调研发现,村卫生站年人均门诊费用为32.3元。当时新型农村合作医疗保险已经基本覆盖农村地区,花都区由此设想如按照每人每年30元的额度筹资,统筹资金全部由政府给予补助,只要监管使用得当,筹资额就能基本满足村卫生站正常运营需要。

2008年,花都区正式提出,村卫生站免费为农民治病,每次只收一元钱挂号费,若需注射则另交一元钱注射费。此后,"一元钱看病"经历了扩大试点、全面推广、规范管理、一体化管理四个阶段,其配套的制度措施不断完善,村卫生站的服务内容不断拓展。

同年年底,宁夏也开始探索"一元钱看病"的模式。回溯到2008年年底,宁夏、山东两省区开展涉及基本医疗保障制度建设的"人人享有基本医疗卫生服务"实验研究。按照相关要求,宁夏先行在银川市和固原市试点"一元钱看病"。试点主要分为基本医疗和公共卫生服务改革两部分。两市参加新型农村合作医疗保险的农民每次看病只花一元，涉及30种常见病、74种药品。看一次病，药费3元以下一分不收，3元以上只收一元。其费用由新农合基金中划出的30元来保障。

2010年，银川市启动城镇居民"一元钱看病"，市辖三区33家医保定点社区卫生服务站全部实行"一元钱看病"，免费提供30种疾病74种药品的医疗服务。2011年，银川市实行"一元钱看病"城乡统筹，所有村卫生室和社区卫生服务站提供50种疾病162种药品的免费诊疗服务。

到了2012年，广西容县也加入"一元钱看病"模式探索的阵营中。当年，容县在全县218个政府办村卫生室全面实施"一元看病，免费供药"。

通过推进实施国家基本药物制度，容县实行基本药物零差率销售。其还探索村级新农合门诊统筹新模式，按新型农村合作医疗保险人均筹资30%来提取作为村卫生室门诊统筹可调控资金，用于支付村卫生室一般诊疗费（3.5元）。其中，2.5元从新农合门诊统筹可调控资金中调拨补助，确保农民看病时只需支付1元钱。并建立完善监督管理制度，有效规范了乡村医生用药和医疗服务行为，使药品价格得到了明显有效控制。

为何要设置一元钱门槛而不直接免费？记者获悉，这一元可以作为乡村医生的奖金，提高他们的积极性。并且，这种模式可以控制乡村医生开药。乡村医生开出的药费超出定额，要从挂号费和注射费中扣除，医生才有动力控费。

"用一元钱作为象征，结合有效的医疗卫生服务监管，还可以防止医疗资源浪费。因为农民至少要付出一元，所以能在一定程度上避免医疗资源的浪费。"何群说。

"一元钱看病"推广条件

要做到"小病不出村"与推广"一元钱看病"模式，首先要改善的就是硬件设施，也就是村卫生室（站）的普及以及改造升级。

记者从国家卫生健康委员会（以下简称"国家卫健委"）获悉，

村卫生室是农村三级卫生服务网的基础，承担着向农村居民提供基本医疗和基本公共卫生服务的任务。截至2018年年底，全国共有62.2万个村卫生室，基本实现每个行政村都有1个村卫生室，80%以上的农村居民15分钟内能够到达最近的医疗点。

为贯彻落实深化医药卫生体制改革精神，进一步加强村卫生室管理，保障农村居民卫生服务利用的安全性、公平性和可及性，2014年6月，国家卫健委会同国家发展改革委、教育部、财政部、国家中医药管理局制定出台了《村卫生室管理办法（试行）》（国卫基层发〔2014〕33号），重点对村卫生室的功能任务、机构设置与审批、人员配备与管理、业务管理、财务管理、保障措施进行了规范。

另外，国家也加大财政投入，村级卫生设施设备条件得到改善。各地加大村卫生室投入力度，改善设施设备条件。一是加强村卫生室标准化建设。2011—2019年，中央财政投入52.5亿元用于10.8万个村卫生室建设。内蒙古、江苏、安徽等地加大投入力度，按照每个村卫生室5万~8万元的标准推进村卫生室标准化建设。二是推进一体机配备。健康一体机是集信息化和全科检查于一体的便携式医疗设备，具有心电图、尿常规、血压、血氧、血糖等检查功能。2014—2015年中央财政拨款21亿元为中西部22个省配备健康一体机。

确实，改善卫生室的硬件、软件设施是"一元钱看病"模式探索的首要工作。记者来到广州市增城区石滩镇元洲村卫生站，只见村卫生站内干净明亮，各类药品、器械摆放整齐，标牌颜色统一，室内的功能区划分合理。近年来，增城区投入资金，按照"四个统一"，即外观统一、布局统一、标识统一、设施统一的要求，对村卫生站进行改造或选址新建。

2019年10月，增城出台全面实施村卫生站"一元钱看病"工作方案，加入"一元钱看病"模式探索的大军。"卫生站不只是要硬件优化，还要提高服务能力，并且普及好信息化管理。这些都是'一元钱看病'模式能优化发展的基础。"增城区卫生健康局医政科负责人赖际益接受《小康》杂志记者采访时说。

硬件、软件改善的同时，人才的保障也非常重要。记者了解到，乡村医生技术水平普遍低下，由于收入较低，工作量大，条件又艰苦，技术较好并有职称的乡村医生留不住。而师承学医目前也已接近绝迹，导致农村医疗人员青黄不接、后继乏人，稳定乡村医生队伍面临极大挑战。

其实，不管在国家层面上，还是在地方探索上，受访者们都表达了吸纳和留住乡村医生人才是医改以及"一元钱看病"模式可持续发展的关键。

例如，从国家层面上，国家卫健委高度重视基层卫生人才队伍建设。为贯彻落实中共中央《关于深化人才发展体制机制改革的意见》，进一步加强卫生人才队伍建设，国家卫健委明确提出加强村级卫生计生队伍建设，完善劳动报酬和社会保障政策，建立退出机制，健全乡村医生管理制度。通过推动城乡联动、县管乡用、乡村一体化、柔性引进等多种模式，创新人才配置机制，提高对口支援、万名医师支援农村卫生工程、城市人员晋升职称前到基层工作等政策和项目的精准性，根据基层医疗卫生机构的人员缺口和专业需求统筹安排。

2018年，国务院办公厅印发《关于改革完善全科医生培养与使用激励机制的意见》（国办发〔2018〕3号），明确规定对经过助理全科医生培训合格并到村卫生室工作的助理全科医生，可实行"乡管村用"（乡镇卫生院聘用管理、村卫生室使用）。各地结合实际，订单定向免费培养农村高职（专科）医学生，毕业生经过助理全科医生培训合格后，重点补充到村卫生室和艰苦边远地区乡镇卫生院。

除此以外，国家卫健委标本兼治、多管齐下，持续建立和完善乡镇卫生人员保障与激励机制，加大培训进修频次和力度，提升乡镇卫生人才队伍专业胜任能力，狠抓政策落实，强化政策资源整合。各地以推进紧密型乡村一体化管理为抓手，在业务、药品等一体化管理的基础上，逐步加快推进人员、财务的一体化管理。如上海市乡村医生由社区卫生服务中心聘用，广州市花都区拿出303个编制将乡村医生纳入镇卫生院统一管理，两地乡村医生收入待遇均纳入财政卫生经费预算。内蒙古、重庆对在村卫生室工作的执业（助理）医师，通过考试和考察相结合的方式将其录用到乡镇卫生院工作。天津、江苏加快推进乡镇卫生院领办村卫生室,逐步实现村卫生室由政府举办。

"为了保证村卫生站的公益性,规范提高乡医服务水平,2012年,花都区率先单独核定了303个乡医编制,公益一类保障,统一由区向社会公开招聘,'区招、镇管、村用'。乡医不但要招得进,还要留得住。2018年,花都区突破原乡医编制管理政策,将乡医编制全部并入镇卫生院编制管理,即由区统一招聘、由镇卫生院统一日常管理、统一调配使用、统一发展平台、统一职称晋升渠道等,同时建立乡医职责、绩效评估等工作制度,定期对乡医进行业务培训,从技术提升和发展平台等方面稳定乡医队伍,成功打造了一支'引得进、留得住、流得动、干得好'的基层医疗卫生人才队伍。"花都区卫健局局长曹扬在接受《小康》杂志记者采访时介绍。

而增城区则在破解基层"乡医少"的难题上,推行"区招、镇管、村用"乡村医生队伍引进使用模式,按照不低于当年区直机关事业单位聘员(专业技术类)工资福利待遇标准,补助乡村医生。该区还鼓励区在职医务人员到村卫生站兼职,加强医术指导交流,安排乡村医生每年不少于2次2周全脱产培训,提高医疗专业素质,提升村民就近就医信心,改变"大病小病往大医院跑"的思维观念。

国家加大财政投入,村级卫生设施设备条件得到改善。各地加大村卫生室投入力度,改善设施设备条件。

财政、可持续等问题是关键

虽然说如今在卫生室软硬件、人才等问题上得到了进一步改善,但"一元钱看病"的挑战仍然不少。记者了解到,因机构改革,从2017年7月1日起,新农合正式移交人力资源社会保障部门管理(目前由医保部门管理),与城镇居民医保合并成立城乡居民基本医疗保险。因医保基金整合改革,自2017年7月1日起,广西试点开展的村卫生室的"一元钱看病,免费供药"模式停止运行。

而宁夏"一元钱看病"模式的相关报道只基本集中在2009—2011年之间,之后就甚少有相关报道或学术研究资料。记者采访了宁夏银川市的相关市民、村民以及卫生院的医生,他们已经没有再听说过关于"一元钱看病"的消息。

由此可见,"一元钱看病"模式在可持续方面还是受到相当大的挑战。究竟有哪些方面,可能会影响到"一元钱看病"这种农村基层医改模式的长期运行?怎么去克服挑战?

记者了解到,不少地区到已经持续了 10 多年"一元钱看病"模式的花都区调研考察时都会问到关于财政支持的问题。由于在村卫生室硬件优化时,政府就要开始支出一大笔财政。如今一些村卫生室的改造费用已经达到十几万元的水平。到了后续维持阶段,由于村卫生室不再收药费、诊疗费等,乡村医生收入受到影响。所以,政府为了留住乡村医生,也要一直提供相关补贴或者制度支持,如给乡村医生提供编制等。另外,除去医保报销后的药费、诊疗费支出等,还需要政府财政兜底。

那么会不会因为财政的关系,这种"一元钱看病"模式只能在相对发达的地区可持续发展?何群认为更需要"一元钱看病"模式的其实是相对落后地区,因此不应该因财政的缘故而放弃推广。而是可以在做"一元钱看病"模式探索之前,先做好体制、机制的科学评估,因地制宜地制定好符合地区现状的"一元钱看病"医改模式。

花都区卫健局副局长任伟俱也有相似的看法,他认为地区可以按照自己的情况划定服务人群范围。例如,"一元钱看病"模式可以针对该地区农村慢性病患者,而不一定要覆盖全部农村户籍人群。这样一来,农村中最需要"一元钱看病"的群体可以得到真正的帮助。

基层医疗不能单独行动

"一元钱看病"是基层医改的重要探索之一,但其也不能独自行动。作为基层的第一道防线,"一元钱看病"也与分级诊疗、医疗联合体等制度息息相关。同时,"一元钱看病"模式能让乡村医生有机会向农民宣传疾病预防知识,做到医防结合。

分级诊疗制度是我国"五项基本医疗制度"之首,是开展医疗卫生体系供给侧结构性改革的重要组成部分。2015 年,国务院办公厅发布《关于推进分级诊疗制度建设的指导意见》提出了推进分级诊疗制度建设的十六字方针,即"基层首诊、双向转诊、急慢分治、上下联动"。

"一元钱看病"促进了分级诊疗秩序的建立。"一元钱看病"模式通过诊疗费、药品费用全免等优惠政策，改善村卫生室就医环境和提高乡村医生服务能力，引导村民优先选择首诊在村卫生站，改变了村民的就医习惯，让村民小病不拖，及时就诊，降低了大病发生概率。

　　另外，"一元钱看病"模式也是在医疗联合体网格化布局的协作之下的。2017年国务院办公厅发布了《关于推进医疗联合体建设和发展的指导意见》，在指导思想部分明确提出"实现发展方式由以治病为中心向以健康为中心转变"，并明确了医疗联合体建设中的四种组织模式，即城市医疗集团、县域医共体、跨区域专科联盟、远程医疗协作网。

　　2020年7月9日，国家卫生健康委与国家中医药管理局联合印发《医疗联合体管理办法（试行）》（以下简称《办法》），加快推进医疗联合体建设，逐步实现医疗联合体网格化布局管理。

　　当时，国家卫生健康委卫生发展研究中心赵琨、赵锐两位专家对《办法》进行了解读。《办法》明确要求按照"规划发展、分区包段、防治结合、行业监管"的原则，网格化布局管理医疗联合体。其中，在农村，以县级医院牵头组建县域医共体，推动县乡一体化、乡村一体化。以设区的地市和县域为单位，将服务区域按照医疗资源分布情况划分为若干个网格，每个网格由一个医疗集团或者医共体负责。由牵头医院负总责，会同公共卫生机构指导基层医疗卫生机构履行公共卫生职能。

　　也就是说，村卫生室同时承担了公共卫生职能。记者了解到，如今村卫生室开展家庭医生签约服务、健康知识宣传、村民健康管理等工作，促进从治病向预防的转变。

　　"我们应该借着'一元钱看病'模式，鼓励群众对日常小病小恙要提高健康素养，愿意到村卫生室看小病，以防小病酿成大患。乡村医生借此能更多机会接触农村人群，给他们看病的同时也教育他们学习疾病防治知识，真正做到以医疗带动基本公共卫生服务，实施预防措施，开展精准预防，实现服务模式由'以治病为中心'向'以健康为中心'转变。"何群总结道。

该文属于"一元钱看病"深度报道的综述稿,即该组深度报道的"头条"稿件。杂志正式刊发后(杂志出版日期为2021年4月11日),中国小康网于2021年4月15日刊发电子版,杂志社所属的两个微信公众号分别于2021年4月8日("小康华南"公众号)、2021年4月12日("中国小康网"公众号)发布此文。中宣部"学习强国"新媒体平台于2021年4月15日转发了此文;《人民日报》的新媒体平台"人民号"于2021年4月19日转发了此文;新华社的新媒体平台"新华号"于2021年4月19日转发了此文。

◆案例◆

广东:推广"一元钱看病"撬动基层医疗改革[①]

3月19日上午,家住广州市花都区花山镇儒林村的钟阿姨走进该村卫生站,乡村医生邱华细致地帮她看病。加上拿药,钟阿姨总共只花了1块钱。"家门口看病,只花1块钱;如果要注射,再花1块钱。"花都区推行的"一元钱看病模式"让钟阿姨这样的当地人都实现了就近看病少花钱的便利和实惠。

"一元钱看病"撬动基层医疗改革。广东省尤其是广州市近郊农村试点"1元钱看病"在十多年前就开始了,而且成效显著。资料显示,花都区自十年前首批14个村试点"一元钱看病",如今已在辖区189个行政村全面推行。只要是花都户籍村民,且在村卫生站看病,个人只花一元钱就能看病拿药,如打针则多花一元。据悉,有关部门将在全省推广这种基层医改的"花都模式"。2020年起,增城区在全广州市率先落实全面覆盖农村居民"一元钱看病";2020年8月,白云区江高镇首个"一元钱看病"试点项目启动……

---

① 张玉荣:《广东:推广"一元钱看病"撬动基层医疗改革》,载《小康》2021年第11期,第26~29页。

在广东省清远市清城区，古城社区从1968年开始就设置了一个卫生室，并且由居委会聘请了两名乡医坐诊。居民们看病，只需象征性地交1元钱诊疗费，其他费用都是由居委会进行补贴。如今，清远市清城区通过在基层医疗机构实行全民公卫，实现基本医疗和基本公卫一体化。

广州花都：11年投入近2亿元

2008年始，为切实保障全区45万多农民的基本健康，花都区通过起步试点、全面推广、规范管理、健康服务一体化四个阶段，持续十多年来，不断完善村卫生站"一元钱看病"，构建起了"小病不出村、中病不出镇、大病不出区"的三级农村卫生服务格局。

为有效促进"一元钱看病"可持续健康发展，2016年，花都区全面推行村卫生站"一元钱看病"与广州市城乡居民医保制度衔接工作模式，制定了一系列的衔接文件，形成了先医保报销+后财政补助的服务模式。

"村民们过来看的主要是慢性病，比如高血压、糖尿病等，村卫生站有独立的药房，大概有二百余种药品，这些药品几乎覆盖了居民常见病所需药品。"邱华向《小康》杂志记者介绍，"一元钱看病"模式改变了村民的就医习惯，大大降低了大病发生概率，也提高了村民的健康素养。

花都区为何能敢为人先，推"一元钱看病"模式？据花都区卫健局局长曹扬介绍，2007年，该局对两个村卫生站近3年的门诊资金运行情况进行调研发现，村卫生站年人均门诊费用为32.3元。农村地区的百姓为了省钱，小病不去医院的问题还是广泛存在，于是他们按照每人每年30元的额度筹资，由新农合资金进行测算保障，应该能够基本满足村卫生站的运作，从而改变村民就医习惯。因此，2008年5月1日起，花都选择了16个村，试点农村卫生站免费医疗模式（又称"一元钱看病"）；2010年9月，实现了村卫生站全覆盖。"一元钱看病"模式推广以来，花都区每年村民诊疗人次大概有95万~100万，诊疗人次累计1184万。

"一元钱看病最初由新农合资金'买单'。在新农合和城镇医保并轨后，区政府积极与广州市、花都区人社局沟通，形成了目前的'医保+区财政补助'的方式。多年来这个模式一直不断完善提升，比如村卫生站的药品目录更新了好几版，从最开始简单的药物到现在日常药物都基本涵盖了。"花都区卫健局副局长任伟俱对《小康》记者说，通过测算，目前花都每年在这项工作上投入了1600万～2000万的资金，11年下来一共投入了1.98个亿。

为打造一支"留得住、干得好"的"乡医"队伍，花都探索"区招、镇管、村用"的人事制度，即由区统一招聘，由镇卫生院统一日常管理、统一调配使用、统一发展平台、统一职称晋升渠道等。从2012年开始，花都为村医提供入编机会，整个区有303个村医编制，并且在编乡医的待遇和卫生院在编职工的待遇一样。在招聘村医时，花都区要求应聘者有执业助理以上的水平，并且后续还会对他们进行培训，以提高他们的行医水平。

药品、人才稳住了，花都区逐步加强了信息化的建设。在走访过程中，《小康》记者发现，不同于传统的赤脚医生看病时的一个听诊器、一个体温计，花都区每一个村卫生站，业务用房均不少于100平方米，设置"六室一房一卫"，配齐19种基本医疗设备的硬件"标配"，还引进了智能体检设备、家庭医生随访包、家庭医生预签约设备，推进远程会诊系统等信息化建设。村卫生站的软件、硬件实力得到提升，稳稳接住了下沉的慢性病随访、健康管理等基本公共卫生服务，为花都区构建"公益惠民、防治结合、养生保健、健康管理"四位一体的农村医疗卫生服务体系筑牢根基。

在2021年广州市的两会期间，广州市公布了2021年广州10件民生实事，其中就包括"推广农村'一元钱看病'"。力争2021年年底广州市村卫生站实施一元钱看病模式覆盖率不低于65%。提到积累有丰富经验的花都区，曹扬认为，"一元钱看病"模式很有复制价值。"因为这确实关系群众的幸福感，关系他们整个健康的管理。我们老是说末梢循环的最后1公里打不通，其实末梢循环最后1公里就到群众的家门口了。"

广州增城：一年为民减负 150 多万元

在广州市增城区，2019 年 10 月，该区出台全面实施村卫生站"一元钱看病"工作方案，提出行政村户籍居民在一体化管理的村卫生站看病，其一般诊疗费和药费经医保报销后，个人只需支付一元钱，剩下部分由财政兜底。同年 10 月中旬，增城区石滩镇元洲村作为试点率先启动，相隔一个多月后，试点扩大到 100 所村卫生站。

2020 年，增城区将"一元钱看病"纳入区十件民生实事，要求所有村卫生站全面实施"一元钱看病"制度，破解农村"看病贵、环境差、乡医少、药品缺"等普遍性难题，打通基层卫生健康服务"最后一公里"。截至 2020 年 12 月底，增城区 284 个行政村中，262 个设有卫生站的行政村全部实施了"一元钱看病"制度，全年累计有 6.6 万名村民享受看病实惠，为群众减轻医药费 150 多万元。

近日，《小康》杂志记者走进增城区石滩镇元洲村卫生站。元洲村户籍人口 3000 多人，在增城属中型村，年轻人多出外务工，留在村里的大部分是老年人和妇女儿童。73 岁的刘阿姨有多年高血压病史，她说以前看病拿药麻烦，而且一年下来花费不少钱，有了"一元钱看病"政策，方便不少还能少花钱。

"来看病的人也多了，不像以前有的硬扛硬拖。他们一有小病就赶紧过来看，有点头痛脑热不舒服也不用再跑远。过来看的都是一些常见病、慢性病，医保报销后，一元钱可以刷卡也可以现金支付。"元洲村卫生站村医刘佩珍告诉《小康》杂志记者。

在城边村正果镇正果洋村，"一元钱看病"同样覆盖。为了村民看病方便，正果洋村卫生服务站就建在村的中心位置，村医也招聘了当地人。"我们的卫生站都是标准化建设，统一的标识、统一的大小、统一的人员、统一的配备。卫生站统一由所在区域的卫生院管理，村民可以就近在卫生站看病拿药，村医定期在卫生院进行培训。"正果镇卫生院院长黄剑鸣对《小康》杂志记者说。

在采访中，《小康》杂志记者了解到增城区推进"一元钱看病"，并非只是看病方便、费用减少，目的更在于让村民不仅少花钱，更要看好病，也即"一元钱看好病"。

2020年，增城区乡村医生招聘实行"区招、镇管、村用"，即乡村医生由增城区卫健局统一组织招聘，卫生院（社区卫生服务中心）负责管理，专用于村卫生站。据统计，在2020年新招聘113名乡村医生后，目前全区乡村医生的平均年龄由原来的55岁降至43.5岁，执业助理医师以上资格的乡村医生200人，由25%升至58%，其中大专以上学历148人。

在辖区（街镇）卫生院（社区卫生服务中心）的统一管理下，乡村医生还需要通过规范化培训，提高专业技术水平，承担起辖区居民基本公共卫生任务，为辖区居民提供常见病、多发病的一般诊疗和家庭医生签约等服务。如村民有身体不适，可以先到村级卫生站，如果病情严重，再由乡村医生联系卫生院（社区卫生服务中心）家庭医生签约团队负责转入门诊、住院或上级医院。

除了统一管理、定期专业培训，为保证乡村医生的稳定性，增城区卫健局医政科负责人赖际益向《小康》杂志记者介绍，增城的乡村医生都有兜底收入，他们的四大补助（基本药物补助＋村医补助＋看病减免补助＋公卫服务补助）加起来如果达不到当年直属机关单位专业技术类聘员标准的话，区政府就会按照就高不就低的原则对他们进行收入补差。

同时，药品上也有了更安全可靠的指引。赖际益说，在推进"一元钱看病"过程中，由区卫健局牵头，根据疾病谱的变化，在基本药物和医保药物目录的基础上，制定了"一元钱看病"药品目录，涵盖200余种药物，包括呼吸道疾病、皮肤病、肠胃疾病等常见病以及高血压、糖尿病等慢性病，各村卫生站根据各自用药情况，在目录中选取所需的药品，统一由辖区卫生院（社区卫生服务中心）配送，实行零差价销售，解决村卫生站药品不齐全、价格不统一等问题。

清远清城：基层医疗机构全民公卫促进医防融合

广州花都、增城的"一元钱看病"模式开展得如火如荼，清远市清城区接力早期古城社区卫生服务站看病只收一块钱，该区农村基层医疗服务也更深入群众，通过在基层医疗机构实行全民公共卫生服务，实现基本医疗和基本公共卫生服务一体化。这其中，家庭医生发挥了重要作用。

走进清城区龙塘镇卫生院，在门口预检分诊处，《小康》杂志记者一眼就能看到清晰的标识——老年人"无健康码"通道。看到两位老人前来就诊，正在值勤的护士长梁利先上前搀扶并协助老人完成了登记。

按照国家政策，65岁以上长者每年可免费体检一次，但许多老人健康意识不强，普遍意愿不高。为提高老人体检率，龙塘卫生院专门设置了老人体检室，并安排家庭医生团队电话联系预约辖区长者，分时段、分区域安排长者有序前来体检。

除了上门体检，另一种方式就是家庭医生团队下乡随访。龙塘镇卫生院院长何文林向记者展示的该院家庭医生群热闹非凡，由卫生院医生、护士和乡医组成的各支家庭医生团队分享了近期下乡随访的信息，不少患者也在群里向医生询问病情。随着家庭医生的下乡随访，医疗服务更深地触及农村基层。何文林也提出了更长远的计划："龙塘卫生院建立30年，已经不能满足基层看病需求。我们在附近地块规划建设新卫生院，届时不仅有更新更全的设备，科室分类也将更细。而旧址将考虑改建为疗养院，以医养结合的方式，为基层群众提供更优质的医疗服务。"

在洲心社区卫生服务中心内，全科医生黄建雄正为62岁的黄姨诊疗。黄姨3年前与黄医生签订家庭医生协议，平时遇到问题都会向黄医生咨询。"黄医生非常有耐心，每次问他如何吃药等问题，他都会细心解答。"黄姨说。"大多数慢性病患者都有不良的生活习惯，我们通过长期的沟通联系，改变他们的健康观念，让他们开始注意改善饮食、科学运动、管理情绪。这些对其病情控制很有帮助。而得到群众认可，我们医生也在工作中获得了成就感。"黄建雄对《小康》杂志记者说。

据了解，洲心社区卫生服务中心通过服务模式转变，实现基本医疗和基本公共卫生服务一体化。工作人员的工作意识从被动到主动，工作模式从医院逐步走向社区群众，服务项目也从单纯的诊治转变为预防、保健、诊治、宣教相结合。近年来，随着医疗环境的改善、医疗设备的更新、医务人员的专业技能的提升，门诊服务人次10年来从10万人次增加到29万人次。而基层职工待遇大幅提升，也为稳定基层人才奠定良好基础。据公共卫生科医生罗伟观介绍，卫生服务中心将家庭医生随访与坐诊相结合，为基层群众提供更优质全面的诊疗服务。而向辖区国家基本公共卫生服务项目重点居民派发的免费防疫健康包也让群众获得感更强。

清城区卫健局办公室主任房楠对《小康》杂志记者说，当前，清城区在辖区基层四个镇卫生院、四个街道社区卫生服务中心实行全民公共卫生服务，在提高医疗服务水平的基础上，也做实基本公共卫生服务，推动医防融合。同时，为提升公众幸福感，清城区决定加强卫健系统心理健康服务能力，并提出《关于加强清城区医疗机构心理健康服务能力建设实施方案》的三年行动计划。通过开展医务人员心理健康教育等培训、加强实战技能提升训练，指导区属基层医疗卫生机构建成标准化心理健康咨询室，逐步建立覆盖清城区城乡心理健康服务网络，改善公众心理健康水平。

该文属于"一元钱看病"深度报道的组成稿，主题是谈"一元钱看病"的形式，也可单独成篇。杂志正式刊发后（杂志出版日期为2021年4月11日），中国小康网于2021年4月15日刊发电子版，杂志社所属的两个微信公众号分别于2021年4月10日（"小康华南"公众号）、2021年4月12日（"中国小康网"公众号）发布此文。中宣部"学习强国"新媒体平台于2021年4月15日转发了此文；新华社的新媒体平台"新华号"于2021年4月16日转发了此文。

第七章　时政深度新闻的记者素养

人是一切社会关系的总和。人才是经济社会发展的第一资源。习近平总书记指出："人才是第一资源。古往今来，人才都是富国之本、兴邦大计。""媒体竞争关键是人才竞争，媒体优势核心是人才优势。"本书所谈的时政深度新闻，核心要素是新闻人才，没有优秀的人才和人才队伍，不可能做好时政新闻报道。关于采编人员的素质，各种论述比较充分。对于做时政新闻的采编人员来说，四种素质是必不可少的，即政治素养、业务素养、心理素质和身体素质。

一、政治素养

在我国，新闻宣传工作是政治性、政策性极强的工作，从来都不是单纯的业务工作，毛泽东曾说："工、农、商、学、兵、政、党这七个方面，党是领导一切的。"对新闻工作者来说，讲政治是第一位的。没有清醒的政治头脑，就无法做好党的新闻宣传工作。而对从事时政新闻报道的采编人员来说，讲政治更是重中之重，政治素养是时政新闻工作者最重要的必备素质。

如何做一名政治坚定的新闻工作者？以下五点是必须要做到的。

（1）牢固树立马克思主义新闻观。习近平总书记多次提出加强马克思主义新闻观教育，强调要确立马克思主义新闻观，认同党性和人民性的高度一致性，认清西方所谓"新闻自由"的虚伪性和欺骗性。随着中国整体国力的上升，西方对中国的打压不断升级，无所不用其极，表现在媒体上就是不断抹黑中国，公开玩"双标"。作为中国的媒体人，一定要认清西方敌对势力的政治图谋，不受错误新闻观的诱惑，增强自身免疫力，练就"火眼金睛"。2021年5月10日，《环球时报》这篇报道把西方媒体玩"双标"的嘴脸揭露得淋漓尽致，很有代表性。

◆案例◆

中国火箭残骸坠落击碎传言 俄媒讥讽西方对华"双标"[①]

"事实正如中方此前说的,(火箭残骸)不太可能引发损害。中国捍卫了其'国际惯例'的做法。"德国电视一台9日这样评论。过去几天,西方一些媒体和人士就中国长征五号B火箭残骸坠落一事,做出"失控""不负责任""设计不达标"等诸多指控,声浪可谓铺天盖地,但随着中国航天机构9日通报火箭残骸再入大气层的时间和位置,相关炒作戛然而止,或者说一哄而散。事实非常清楚,火箭残骸坠落地球完全是正常情况,自诩技术先进的美国同样如此,何况中美在此领域基本处于同一水平。这些炒作声音背后的目的值得深思。有分析称,他们故意抹黑中国在航天领域的发展,渲染中国技术进步对地球造成"威胁"。有媒体认为,这是美国舆论制造话题的"经典"案例,中美之间已经没有"小事",一些人强行加戏。但无论如何,这次事件让西方媒体的"双标"暴露无遗——很多人记得,一个多月前美国一家航天公司发射的火箭残骸坠入农场,一众媒体将其浪漫化为"点亮夜空"的电影大片场景。

残骸坠落,"猜测"结束

"担心显然没有根据",德国电视一台9日称,美国专家此前警告说,碎片可能会"不受控制"地进入大气层,人类居住地区会遭受碎片雨,引发全球恐慌。但事实是,中国捍卫了其"国际惯例"的做法。

据中国载人航天工程办公室9日通报,经监测分析,当天上午10时24分,长征五号B遥二运载火箭末级残骸已再入大气层,落区位于东经72.47°、北纬2.65°周边海域,绝大部分器件在再入大气层过

---

① 《中国火箭残骸坠落击碎传言 俄媒讥讽西方对华"双标"》,见环球网(https://baijiahao.baidu.com/s?id=1699317135501328743&wfr=spider&for=pc),2021年5月10日。

程中烧蚀销毁。

"美国之音"称，根据中国媒体的报道，中国最大火箭的残骸于9日坠落在印度洋，撞击点位于马尔代夫群岛以西的洋面。台湾"中央社"称，对照大陆提供的位置，残骸坠落地点是在马尔代夫西南的达卢环礁的西南方外海。

在中方通报后，按路透社的说法，"连日来人们对碎片坠落地点的猜测结束了"。"所有跟踪长征五号B火箭重返大气层的人都可以放松了。火箭坠落了。"美国空间跟踪网站在推特上写道。但美国国家航空航天局（NASA）新局长比尔·尼尔森声称，中国未能达到有关太空碎片的"负责任标准"。美国太空司令部在一份声明中称，碎片坠落的确切位置、影响及范围都尚不明了。

"这次中国火箭残骸的坠落总体上在正常范围之内，溅落时大部分是烧完了的，只剩几片可能由于大气环境差异没有充分燃烧。"《航空知识》杂志主编王亚男对《环球时报》记者表示，由于溅落过程中可能受到强风等因素影响，存在理论计算和实际溅落轨迹的差异，所有国家都一样，不会因航天器是美国的就不存在这个问题。或者说，除目前SpaceX的重复使用火箭外，所有传统航天发射运载工具完成发射任务后抛弃的第一级、第二级溅落残骸，没有一个国家是以主动可控的方式让其返回的，各国都是以预先规划方式无控溅落。

可耻的"双重标准"

尽管火箭残骸再入大气层时无法控制，但发射之前，科学家会计算好坠落轨道，以尽量减少可能的威胁。但过去几天，"失控""可能坠落在纽约或者更大的城市""技术落后"……西方舆论场对中国长征5号B火箭的议论和指责声一片。随着火箭残骸坠落，这轮"热烈讨论"突然平息，但余波仍在。

美国福克斯新闻网9日称，过去一周，世界各地都在追踪这枚"失控"火箭。美国太空部队第18太空控制中队此前列出哥斯达黎加、海地、澳大利亚等近十个具体国家，称其为可能的坠落地。在推特上，美国哈佛大学天体物理学家乔纳森·麦克道尔写道："看来中国赌赢了，但其做法仍然是鲁莽的。"

空气动力学家、航天技术专家黄志澄对《环球时报》记者说，为满足发射空间站核心舱的要求，长征五号B火箭与长征五号火箭相比，是将一级火箭作为末级使用，不增加姿态调整和速度修正，直接将有效载荷送入轨道。因此出现了末级残骸再入大气层烧毁的问题。其实这是航天火箭发射的一个正常做法。

王亚男说，不管火箭实际运行和预想的有什么差异，它在地球表面的投影轨迹必须精准，否则不可能完成运载任务。中国的"天和"号空间站核心舱已经顺利到达，太阳能板顺利展开，所以火箭不可能失控或没有足够控制力。"我有时候的确有些怀疑西方社会的科技常识，对于这样的评价逻辑竟然也会有人相信。"

德国技术新闻网站Golem称，NASA局长批评中国，但中国的处理方式是国际惯例。欧洲航天局以这样的方式处理火箭，阿丽亚娜5-ECA型运载火箭在推送卫星后，也以"不受控制"的方式进入地球大气层。俄罗斯《真理报》援引一名俄专家的话说，此前在俄北部和哈萨克斯坦都发生过火箭碎片掉落的情况，各级火箭落到地球上可以说是正常情况。

美国《国家地理》网站8日列举了太空碎片在人类活动区域坠落的几个例子：1979年美国"天空实验室"残骸失控，碎片坠落在澳大利亚西部；一个多月前，美国SpaceX的"猎鹰9"火箭残骸落在华盛顿州一个农场。《俄罗斯报》称，"猎鹰9"第一级火箭设计用于重复发射，第二级在完成任务后坠入大气燃烧，第二级火箭也是"不可控"的。

"中国的太空碎片？威胁，小心，它会砸中你！美国的太空碎片？它是一场电影场景般的绚丽灯光秀！""今日俄罗斯"8日用这样的标题讽刺西方媒体"双标"。在推特上，网友整理了一张左右对照的表：左边是美国《纽约邮报》、CNN、哥伦比亚广播公司、英国《独立报》等大炒中国火箭残骸如何"失控"，右边是这些媒体之前吹嘘"猎鹰9"火箭残骸带来"神秘光芒""点亮夜空"。

多名航天专家告诉《环球时报》记者，西方一些人指责中国火箭技术"老"同样是彻头彻尾的"双标"，要么是西方媒体采访了外行

"专家",要么就是故意为之。因为中美在火箭技术上处于同一水平线,主要差距是运载能力。

"中国人是好样的!"

黄志澄对《环球时报》说,与此前相比,以美国为首的西方国家这次对中国火箭残骸去向尤为关注,一方面,因为目前中美关系较为紧张,美不放过任何炒作"中国威胁论"的机会;另一方面,西方对长征五号B遥二运载火箭末级残骸的预测性分析,实际上也是他们的一种反导练兵。"虽然这次火箭的末级不是一枚真实的导弹,但其飞行轨迹和再入大气层性能参数的预测,可作为他们对预测真实的导弹弹头再入大气层的参数的演习。这种再入大气层参数的预测对以后精确反导是有很好的参考价值的。"

在"今日俄罗斯"看来,此次美国媒体对中国"太空垃圾"的风险感知,激起一种歇斯底里情绪。这是其惯用伎俩,体现了制造"话题"、主导"话语"的能力。美国政客、智库和媒体正在公开寻求通过编排"话题"来影响针对中国的对话。

文章称,SpaceX公司的碎片总是会落到地球和人们的财产上,但我们不会把它的星际飞船描绘成威胁或邪恶的东西。所以答案是,诋毁所有与中国有关的事,美国有地缘政治利益,而且它有一个非常成熟的剧本。就在前不久,美国的"战略竞争法案"承诺每年提供3亿美元,侧重有关"一带一路"项目的"负面新闻"。

香港01网站分析说,中美之间已经没有"小事",紧盯中美的媒体在这种氛围下很可能会强行"加戏",而美国政府的表态又给媒体提供了消费空间。文章提到6日美国防长奥斯汀在记者会上的表现——一边称"不会击落中国火箭残骸",一边将残骸脱离轨道归咎于中国的疏失。而"击落""索赔"等词汇让人感受到挑衅的意味。

北京外国语大学战略传播专家何辉告诉《环球时报》记者,面对中国国力发展,特别是对中国在航空航天领域的发展,西方媒体比较敏感,一旦出现相关话题,必然成为焦点。中国的崛起,尤其是航天进步,会成为一个结合中国政治的混合考察对象,使其不仅仅成为技术问题。

> 时政深度新闻实践

据俄罗斯"生活"网9日报道,俄天体物理学家弗拉基米尔·苏尔金表示,进入太空时代后,各种火箭残骸和航天装置就定期坠落到地球上,一年数十次。在太平洋中部约4公里深处,有一个"航天器公墓",被称为"尼莫点"。苏尔金说,中国即将建成自己的空间站,这表明中国已掌握当今最先进的航天技术,"中国人是好样的,他们在太空中将享有平等的权利"。

2021年5月13日,中国日报网刊发了一篇文章,可以让中国新闻工作者全面了解西方媒体的运作规律,增强自身免疫力。

◆案例◆

"去过中国80次,美国媒体却不让我说出中国真实的情况"[①]

为什么美国决策者的对华策略呈现出一种鸵鸟效应?尽管多个全球权威机构的民调都显示中国人民对政府的满意度位居世界前列,但美国政府和媒体却还在带头声讨中国政府在压迫中国人民。

"当美国政府质问(中国)有没有个人自由时,他们完全无视中国的改革改善了人们的工作和生活质量。"麦肯锡荣休董事彼得·沃克(Peter Walker)对周报君说。

过去15年里,沃克坚持每六周就到访一次中国,观察中国的发展变化,理解中国模式的内在逻辑。他密切关注西方媒体关于中国的报道和社论,发现很多关于中国的描述和他本人的个人经历并不一致。"中美彼此误解的一个主要根源,是美国纯粹从西方视角来评判中国,完全无视中国是如何发展到今天的。"

认识到这种东西认知差异的鸿沟,沃克将自己十多年的观察写进了 *Powerful, Different, Equal* 一书,并于2019年在美国面世。他认为自己有这个责任去告诉美国人中国究竟是个怎样的国家。"我不知道

---

① 《"去过中国80次,美国媒体却不让我说出中国真实的情况"》,见环球网(https://baijiahao.baidu.com/s? id = 1699613525154188032&wfr = spider&for = pc),2021年5月13日。

有没有人愿意去读,只是觉得我有必要说出来。"他说。

果不其然,美国的主流媒体,包括《纽约时报》《华尔街日报》《华盛顿邮报》,无一愿意刊发沃克的观点文章,"因为人们不想听到这种真实的经历"。反观所谓的"中国噩梦""中国即将崩溃"类似的作品却能获得西方主流媒体的青睐。尽管"中国崩溃论"的作者章家敦2001年预言"中国将在五到十年内崩溃"的论调早已被现实打脸,章家敦却依然以"中国专家"的名号活跃在美国社交平台。

沃克认为,拜登治下的美国,其对华策略相较于特朗普政府一时间很难有大的缓和,主要因为美国政府中长期存在着一些误判:认为中国要取代美国当世界老大、中国经济不可持续、中国人民不自由不幸福等。"这些根本站不住脚的假设,却让美国政府中的许多人深信中国的崛起是可以被遏制的,因而没有必要和中国进行建设性的接触。"

深究这种现象背后的原因,沃克认为是美国社会的二元对立属性所致,这和绝大多数西方国家一样。这种零和思维导致了"一旦中国在赢,美国就一定输"的逻辑。

同时,美国的例外主义根深蒂固。150年来,美国主导着全球经济和军事,美式民主和跨国企业的模式遍布全球。在沃克看来,这种美国梦的背后,"很少有人提及美国有丰富的自然资源,安全的边境线;同时,美国又搭上了工业革命的快车,盗取欧洲的知识产权大力发展了本国的工业等等"。而中国的情况完全不同,她被西方和日本列强侵略,遭受了鸦片战争,人民曾长期生活在困苦的战争中。

"许多美国政客在指责中国的时候,忽视中国自身的发展需求。他们非常欠缺对中国的理解,尤其是两国在历史和文化上的巨大差异。"

已进入耄耋之年的沃克和中国的渊源始于30多年前的一场精神之旅。"我想知道谁能真正做到'含笑而终',我看了所有我喜欢的西方作家的自传,他们都没能做到。"这个过程中,他发现西方的价值观本身就呈现出二元对立的特点:要么好,要么坏;要么赢,要么输。他意识到自己更倾向于东方的价值观,并且成为老子的忠实粉丝,他的中文名吴子也由此而来。90年代,沃克从麦肯锡咨询公司荣休之后,开始定期来中国。

"约有2600万中国人到过美国,但只有不到100万美国人到过中国。美国人对中国的历史和文化知之甚少,甚至一些美国精英对中国及其治理模式也一无所知。无知自然会导致误解。"沃克解释说。

(2) 同党中央保持高度一致。新闻工作者要在思想上、政治上、行动上同党中央保持高度一致,自觉增强政治意识、大局意识、核心意识、看齐意识,坚决维护党中央权威,与党同心同德,并把它作为检验政治家办报办刊的基本标准。《人民日报》原总编辑范敬宜曾说:"不了解大局的记者,只是一个文字匠。"谈到"了解大局",范敬宜还举了个例子:

在改革开放之前,农村报道就是唱"四季歌":春种、夏锄、秋收、冬季农田水利基本建设。1982年农村实行家庭联产承包责任制后,我去农村了解"夏锄"情况。去了两天以后发现,上午10点来钟的时候,田野里静悄悄的一个人也没有。而在承包以前当时的报道都是"红旗招展,人欢马叫"。实际上那时大家磨洋工,不出活,反正是吃"大锅饭","干不干,一毛半",一天就挣一毛五的工分。

为什么现在地里没有人了呢?在承包以前,人们都是八九点才出工,而现在包产到户了,人们早上四点就出工,等天大亮时已经收工回家了。以前认为带来活力是"红旗飘飘,人山人海",而现在却正相反。如果不了解大局,不了解以前的状况,就抓不住这个有时代特点的好新闻。我就此写了一篇四五百字的短新闻《田野静悄悄,地静苗情好》,结尾是这样写的:"当我们经过一个村子时,看见四五个妇女背着锄头急匆匆地从地里赶回来,一边走一边说:"快点,还来得及听《隋唐》呢。"

这篇报道得了一个奖……①

---

① 刘鉴强:《如果有来世,还是做记者》,载《新闻记者》2002年第6期,第3~6页。

（3）忠实宣传党的理论和路线方针政策。习近平总书记要求新闻宣传工作者忠实宣传党的理论和路线方针政策，让党的主张成为时代最强音，促进筑牢全党、全社会团结奋斗的共同思想基础。党和政府主办的媒体必须成为党的喉舌，党报党刊一定要无条件地宣传党的主张。

（4）严格遵守党的政治纪律、宣传纪律和长期形成的规矩。《中国共产党章程》规定："党的各级组织的报刊和其他宣传工具，必须宣传党的路线、方针、政策和决议。"习近平总书记强调，新闻宣传工作者要把纪律挺在前面，严格遵守党的政治纪律、宣传纪律和长期形成的规矩。新闻工作者要始终做到心中有党、心中有民、心中有责、心中有戒，做到政治上坚定、思想上同心、行动上同向，确保党中央的决策部署和工作要求得到贯彻实施。范敬宜在谈新闻记者的修养时说过："如果有人问我：做新闻工作最基本的政治素质是什么？我的回答是：就是对党的新闻事业的深沉的热爱。"

（5）增强政治定力。新闻工作一方面不能抱残守缺、不思改革，对于各种呼声置若罔闻；另一方面又不能人云亦云，不加辨别地跟着各种思潮跑，没有一个界限。增强政治定力是新闻队伍建设的一个重要着力点。当前，日益复杂的舆论场呈现出各种价值观的交锋、各种意见主张的表述，如果缺乏政治定力，必然会左右摇摆、无所适从。增强政治定力，就要不断增强政治敏锐性和鉴别力，在大是大非面前旗帜鲜明，在重大原则问题上敢于发声、敢于斗争。坚持什么、反对什么，说什么话、做什么事，都要符合党的要求，过得硬、靠得住，真正做到"千磨万击还坚劲，任尔东西南北风"，在"乱花渐欲迷人眼"的诱惑干扰面前，保持"乱云飞渡仍从容"的政治定力。要在新闻宣传工作中做"政治上的明白人"，特别是面对宣传思想领域大是大非原则问题时，能够坚定地履行党赋予的神圣职责和光荣使命，以战斗的姿态、战士的担当，敢于发表正面言论，勇于发表支持党和政府的言论，驳斥那些攻击、污蔑党和政府的言论，坚定政治立场毫不动摇。

二、专业素养

新闻工作者的专业素养,首先是苦练基本功。除了基本的新闻知识功底外,还要培养自己的新闻敏感性,不断提升自己与人打交道的能力和文字表达能力。对于时政新闻工作者来说,还要不断提高自己的政策理论水平,加强对各级党委政府的了解,加强对党和国家大政方针的认知与理解,努力成为全媒体型、专家型新闻工作者。

(1)脚踏实地、作风优良。树立以人民为中心的工作导向,坚持百姓情怀、人民本色。深入调查研究,练就过硬脚力、眼力、脑力、笔力。报道采写要改进文风,力求短、实、新。发扬职业精神,恪守职业道德。

中华人民共和国新闻事业的开拓者范长江,其成名作《中国的西北角》的采访报道,就是所有记者学习的榜样。1933年下半年起,在日本军国主义觊觎中国,全民抗战难以避免的时刻,范长江从一个记者的政治敏锐性中意识到:中日一旦开战,沿海一带必不可久守,抗战的大后方肯定在西北、西南一带,因此,对这些地方进行考察和研究,很有必要。范长江25岁时以《大公报》特约通讯员的身份,从成都出发,经川西、陇东、祁连山、河西走廊、贺兰山,到内蒙古……他走遍大半个中国,经历了长达2000余公里的跋涉。这段劳途不亚于两万五千里长征,不但如此,他还采写了大量通讯报道,真实地记录了中国西北部人民的苦难生活。1935年5月,范长江以《大公报》旅行记者的名义开始了他著名的西北之行。他从上海出发沿长江西上,在四川做短暂停留后,经四川江油、平武、松潘、甘肃西固、岷县等地,两个月后到达兰州。在兰州稍事休整后,他又向西深入到敦煌、玉门、西宁,向北到临河、五原、包头等地进行采访。范长江的这次西部之行,历时10个月,行程6000余里,取得了丰硕的成果。他沿途写下了大量的旅行通讯,真实地记录了中国西北部人民困苦的生活,对少数民族地区有关宗教、民族关系等问题也做了深刻的表述。更为重要的是,他的旅行通讯中还记载了红军长征的真实情况;更为可贵的是,范长江第一次以写实的笔法公开、客观地报道了红军长征的踪迹，字里行间显然倾注了他对红军的敬意。范长江的这些通讯陆续发表于《大公报》后，在全国引起了强烈的反响，《大公报》的发行数量陡增。不久，当这些通讯汇编为《中国的西北角》一书后，出现了读者抢购潮，"未及一月，初版数千部已售罄，而续购者仍极踊跃"。接着数月内，此书又连出了七版，一时风行全国。

范长江开朗热情，善交朋友。他常说，做记者重要的是交朋友，而且要交各种各样的朋友，上至军政要人，下至黎民百姓，什么人都要交，朋友越多，新闻来源越多，越能写出有分量的报道。从《中国西北角》可以看出，范长江的朋友无所不有：从政府的部长、军队的司令，再到土司、活佛、喇嘛、纤夫、水手等。他去采访时，还尽量帮助人家做一些力所能及的事，并经常同被采访对象保持联系。正是这种广交朋友的气概，使他采访路子广、新闻触角多，同时代的记者几乎无人能比。

新华社原社长穆青，他的每一篇报道几乎都成为中国新闻界的范文，他的新闻作品、新闻主张和新闻实践，均为20世纪中国新闻史不可或缺的篇章。尤其是报道《县委书记的榜样——焦裕禄》，是中国新闻报道的经典作品之一，这篇报道的采写过程，也值得所有新闻工作者学习和借鉴。1965年12月17日，在兰考县委的会议室里，穆青第一次听到焦裕禄身边的干部介绍焦书记的事迹。大家说着哭着，会议室里哭声一片。穆青坐不住了，他放下笔，不停地掏出手帕擦眼泪。他走到焦裕禄曾经坐过的因肝癌剧痛顶出窟窿的藤椅前，久久无语。接下来，他和同事冒着严寒，沿着焦裕禄走过的路，访问焦裕禄慰问过的农户，寻找焦裕禄的足迹和精神。穆青说，不把这篇文章写好，那简直对不起老百姓。三天以后，在开封宾馆，穆青和冯建、周原组成了一个写作班子。1966年2月7日清晨，中央人民广播电台第一次打破常规，占用新闻节目的时间，用1小时20分钟播出了长篇人物通讯《县委书记的榜样——焦裕禄》。焦裕禄的光辉形象影响了几代人的精神世界。

（2）努力成为专家型记者。习近平总书记强调，全媒体不断发展，出现了全程媒体、全息媒体、全员媒体、全效媒体，信息无处不在、无所不及、无人不用，导致舆论生态、媒体格局、传播方式发生深刻变化，新闻舆论工作面临新的挑战。媒体融合时代，比拼的不只是观念的创新、传播方式的创新，更重要的是新闻的真实性、准确性，谁能在第一时间攫取到事实的真相并以多种形式传播给公众，谁的传播力、影响力、公信力就大。在信息传播的过程中，专家型记者可以充当信息安全阀，从源头上切断不实信息的传播。此外，专家型记者的专业积淀，有助于其在更短时间内提取有效的新闻信息，快速做出新闻选择和判断。

2020年新型冠状病毒疫情肆虐全球，也成为全球媒体重点报道的题材。《小康》杂志社在2020年全年先后推出了"传染病的防与治"（2月中旬刊）、"抗疫粤军"（3月中旬刊）、"战疫十大思考"（3月下旬刊）、"中国疾控体系建设"（4月中旬刊）、"来自新冠的警钟"（7月下旬刊）共五期大规模的时政深度新闻，全方位、多角度、多层次、多领域报道了2020年新型冠状病毒疫情，报道中涉及大量专业知识和专业人员采访，对于参与报道的新闻工作者来说，要做好这些系列报道，必须掌握一定的疾控、医学、医疗知识。不少参与报道的记者在年终总结时都说，通过一年的报道，自己都成了半个疾控方面的专家了。

（3）努力成为全媒体型记者。全媒体报道形式的出现，正在对报刊和整体的新闻报道产生深刻影响。文字报道风格越来越倾向于短句和口语化，网络语言使用的频率更高，以往严谨的长句和排比等表达方式逐渐减少。全媒体记者具备突破传统媒体界限的思维与能力，并适应融合媒体岗位的流通与互动，集采、写、摄、录、编、网络技能运用及现代设备操作等多种能力于一身。全媒体报道便于突发新闻的实时同步报道，尤其是网络的实时滚动报道，突破了报纸次日才能发布消息、杂志发布信息更迟的瓶颈，突破了区域限制，扩大了所属媒体的区域影响力。所以，文字记者向一专多能转型是必要的，也是数字新闻时代的需要。记者只有平日进行常态化操练，才能保证临战不乱。

三、心理素质

心理素质是人的整体素质的组成部分，是以自然素质为基础，在后天环境、教育、实践活动等因素的影响下逐步发生、发展起来的。心理素质是先天和后天的结合，情绪内核的外在表现。一名合格的新闻工作者，在心理素质方面必须有一定的高度和水平。新闻工作是与人打交道的工作，采编人员在气质性格、意志品格、情感情绪等方面，相比普通人要求会更高一些。

具体来讲，新闻工作有其独特的环境、特殊的活动方式、特定的工作任务，新闻工作者必须对各种类型的特点有一个正确的认识，才能胜任复杂多变的采访活动。因此，趋向完美的性格对于新闻工作者来说是十分重要的。新闻工作者在感觉方面应该是主动观察型，而非被动顺从型。在鉴别与分析中，不能轻易为环境所干扰，要有自己独立的见解。在思维方面，善于独立提出问题，不囿于现成观点，深入一线、深入实际、深入基层，掌握最真实的情况。在意志品格方面，新闻工作者要培养自己的信心、韧性、自制力，不惧威胁刁难，热情奔放地工作，结合耐心苦干，不冲动、不急躁、不苟且。在情绪情感方面，新闻工作者要善于调控自己的心境，正确处理好自己与家庭、自己与他人、自己与工作的关系。具备较好的应变能力，处危不惊，稳而不乱，忙而不慌。同时要保持激情，将自己的真情实感投入采访中，投入写作中，写出真情实感的作品。

2021年1月22日，云南昆明发生了一起骇人听闻的劫持人质事件。歹徒的情绪很激动，他把刀紧紧抵在小男孩的脖子上。大家都很害怕，不知道歹徒会不会突然行凶，伤害小男孩。他要求警察10分钟内找一个女记者来，陪他聊天。现场有位27岁的女记者，她那天才刚刚拿到记者证，顾不上情况紧急，勇敢地站了出来。她镇定地走上前，不停与劫匪说话，逐渐稳定住了他的情绪，从而给后面的特警创造了一枪毙敌的机会。后来证实该蓝衣女子是云南广播电视台的记者。她虽然年轻，从事新闻工作时间不长，但她具备了良好的心理素质。

四、身体素质

良好的身体素质是一个新闻工作者非常重要的条件之一，新闻工作者常常需要出差和外出采访、调研，熬夜、加班也是新闻单位的工作常态，"一天24小时，一年365天，都处于待命状态"，只有强健的身体才能保障新闻记者能够顺利轻松地完成工作。

新闻工作者如何保持良好的身体素质？在条件允许情况下，尽可能保证充足的睡眠；保持适当适量适合自己的运动；尽可能保持饮食得当与平衡，不抽烟，少喝酒；要善于调节情绪，放松心情，减少焦虑。

后　　记

《时政深度新闻实践》一书终于付梓出版。此时，也迎来了《小康》杂志社华南新闻中心成立八周年的日子。八年来，在总社的关心支持下、在全体员工的共同努力下、在传统媒体普遍经营艰难的大环境中，华南新闻中心克服重重困难，稳扎稳打"练好内功"，一步一个脚印，日日有成长，年年有进步。

《时政深度新闻实践》一书从某种意义上讲，是《小康》杂志社华南新闻中心成立八年来新闻采编工作实践的浓缩，是《小康》杂志社华南新闻中心所有员工"一起"写成的。

值此新书出版之际，特向下列人员致谢，他们是：

《小康》杂志社社长舒富民。

《小康》杂志社其他领导：毛传兵、殷云、孙剑、赖惠能、罗素英、胡晓生、张凡。

《小康》杂志社华南新闻中心的同事：程道灵、余弘阳、麦婉华、张玉荣、黄运明、陈龙、沈敏明、胡妍、方怡晖、王际娣、高睿、宋艳华、陈海源、高超、王莉华、黄国平、高伟权、陈锦烁、杨帆。

《小康》杂志社华南新闻中心的原同事：陈标华、韩静、黄宝仪、闫洪、仇洁，等等。

《小康》杂志社华南新闻中心的长期合作伙伴：李文城、黄世钊、胡晓、陈燕、区建红、潘则羽，等等。

此外，还要感谢中山大学出版社的编辑王睿，她的用心与细致工作让此书得以顺利出版。

人生如白驹过隙，转眼到了知天命之年。这半辈子恰好亲历改革开放40年，也是中国几千年历史上最为波澜壮阔的40年，幸甚至哉。感谢诤友张吉、李绍随在我逆境时，给我安慰和激励，给我希望和勇气；在我顺境时，时不时泼一点"冷水"，让我警醒、让我戒慎恐惧。

新闻工作是一项24小时、365天时刻待命的工作，感谢我的太太柯小莹，她的理解与支持，让我有充足的时间可以投入工作。

《小康》杂志社华南新闻中心成立八年来的一路拼搏、《时政深度新闻实践》一书的写作过程，还得到了社会各界方方面面的关心、支持和帮助，在此一并衷心感谢！

谭海清

2021年10月